作者介绍

Introduction

丁晖 老师

- 改进咨询联合创始人、CEO，GPS-IE® 管理改进系统联合发明人
- 管理畅销书《管理的逻辑》第一作者
- 《改进公社》创始人及《改进 365》原创作者、《管理改进 30 讲》策划及主讲
- 国际绩效改进协会 IPP（国际绩效改进师）认证项目创始人、导师、教练和评委
- 国际绩效改进协会亚太中心（ISPI-AP）创始会员、副理事长
- 国际注册绩效改进专家（CPT，2017 年国际绩效改进协会 ISPI 颁发）
- 中国企业联合会管理咨询委员会副主任委员、中国管理科学学会（CMSS）理事
- 浙江大学西子研究院管理改进中心主任、《培训》杂志常务理事
- 多场国内外论坛的主讲嘉宾和主持，曾在美国、欧洲多次举办工作坊，向国外输出中国自主创新的管理方法论
- 曾担任中国管理培训联盟秘书长。拥有二十多年丰富的管理咨询、辅导、培养优秀人才的经验，自 2006 年开始为众多上市公司、全球财富 500 强公司及成长型企业探索管理升级和业绩提升的模式和方法，课程和辅导超过 20000 小时

顾立民 老师

- 国际知名管理创新、人才发展专家，以其对管理咨询行业的高度责任心以及在学习发展领域的成就著称于业内。被誉为“中国企业管理、人力资源发展国际化和中美人力资源交流重要推动者”
- GPS-IE® 管理改进理论联合发明人，《管理的逻辑》作者、改进咨询联合创始人
- 国际绩效改进协会 ISPI 候任主席（任期 2023—2025）
- 国际培训标准理事会（IBSTPI.org）前理事（2011—2017）
- 《国际培训大咖 50 谈》（英文）、《国际培训大咖 50 谈 · 新春特辑》总策划及主持人
- ISPI 国际绩效改进师（IPP）、ISPI 认证课程设计师（CID）国际认证项目创始人
- 天津外国语大学客座教授、中国人民大学特聘专家、华东师范大学人才发展研究中心特约研究员
- 前 IBM 全球执行中心学习与知识总监、爱立信中国学院高级经理、合益集团 HayGroup 资深顾问，美国贝尔资深绩效改进专家
- ISPI 明尼苏达州分会会长（2001 年和 2002 年），国际注册绩效改进专家 CPT（中国第一位，2003 年）
- 《ASTD 培训经理指南》《ISPI 绩效改进指南》及《ATD 学习发展指南》等著作的引进者及主译
- 美国 St. Cloud State University 人力资源理学硕士 M.S.，2012 年当选唯一该校年度“最佳校友奖”The Distinguished Alumni Award

IMPROVE

— Systematic Management Principles for Hyper-growth Organizations

改进

—— 高成长组织的系统原则

丁 晖 顾立民 著

企业管理出版社
ENTERPRISE MANAGEMENT PUBLISHING HOUSE

图书在版编目（CIP）数据

改进：高成长组织的系统原则 / 丁晖，顾立民著
. — 北京：企业管理出版社，2021.6
ISBN 978-7-5164-2407-0

Ⅰ. ①改… Ⅱ. ①丁… ②顾… Ⅲ. ①企业管理
Ⅳ. ① F272

中国版本图书馆 CIP 数据核字（2021）第 098979 号

书　　名：改进——高成长组织的系统原则
作　　者：丁晖　顾立民
责任编辑：尤颖　刘畅
书　　号：ISBN 978-7-5164-2407-0
出版发行：企业管理出版社
地　　址：北京市海淀区紫竹院南路 17 号　　邮编：100048
网　　址：http://www.emph.cn
电　　话：编辑部（010）68487630　　发行部（010）68701816
电子信箱：zbz159@vip.sina.com
印　　刷：河北宝昌佳彩印刷有限公司
经　　销：新华书店
规　　格：170 毫米 ×240 毫米　16 开本　21 印张　227 千字
版　　次：2021 年 6 月第 1 版　　2021 年 8 月第 2 次印刷
定　　价：78.00 元

前言

Preface

改进的原则

原则是选择的依据，对于企业的成长而言，大的“原则”可以上升到组织“价值观”层面，成为企业文化的一部分；小的“原则”可以落地到实施“方法论”层面，成为企业工具的一部分。

随着中国经济的进一步发展，中国企业也越来越成熟，不同的成长阶段自然会面临不同的机遇和挑战。过去推动中国经济高速发展的三驾马车已经发生了变化，受新型冠状病毒肺炎疫情等影响，进出口业务的速度大大放缓；国内投资业务从“老基建”走向“新基建”，内涵和结构都面临巨大调整；国内消费成为新时期的引擎，多年来的消费升级、互联网的发展已经形成了消费市场分类分级。传统的市场格局已经被打破，全新的市场格局没有完全形成。中国企业将何去何从？

从宏观上来看，中国经济在全球依然“风景这边独好”，中国企业依然在蓬勃发展。按照《财富》500强排行榜2020年的数据，中国公司数量达到133家，历史上第一次超过美国（121家）。1995年中国企业进入这个榜单的只有12家。看起来中国企业的发展很快，从另外一个角度就能看出挑战：中国企业盈利水平较低。2019年，上榜中国企业124家平均利润不到36亿美元，约为美国企业(70亿美元)的一半，也低于《财富》500强大公司平均利润41亿美元。

如果把银行单独计算，中国的非银行上榜企业114家的平均利润为22亿美元，而美国非银行上榜企业113家的平均利润为63亿美元，是中国企业的3倍左右。这是大企业之间的数据比对得出的结论，中国中小企业的发展更不容乐观。由此，政府提出了“对标世界一流”的目标、供给侧发展的路径等，目的是推动中国企业从“低水平的竞争”走向“高质量的发展”。

“高质量发展”的核心是“效率”，前提是“能力”。包括战略的能力、组织的能力、运营的能力、技术的能力、风控的能力等。事实上，在过去的二十多年中，中国企业在能力建设上不可谓不努力，投入了大量的时间和精力在学习上，但利润数据的差距还是提醒了我们的能力依然很低下。

自从弗莱德里克·泰勒把管理看作科学并强调管理者作用而被称为“科学管理之父”，他解决了管理者不知如何建标准、定量化的管理烦恼；亨利·法约尔提出了管理的职能和原则而被称为“管理理论之父”，他解决了管理者无法将管理标准化、可复制化的烦恼。从20世纪40年代开始，随着“二战”的结束带动了民用化管理浪潮，管理理论和工具迎来了百花齐放的春天，各种理论学派降低了小规模管理模式到大规模管理模式过渡中所产生的烦恼。到了20世纪70年代，知识管理带来了“现代管理”的系统理论，迈克尔·波特的竞争理论、迈克尔·哈默的流程管理、彼得·圣吉的学习型组织理论、爱德华兹·戴明的质量管理体系、明茨伯格的经理人定位，以及彼得·德鲁克面对知识型管理的集大成，他们对今天的大量管理者的管理认知和成长都产生着极其深远的影响。

德国、美国、日本的发展过程中，都催生了符合本民族特点的管理理论和方法论体系。到了今天，中国企业的发展也同样呼唤中国自己的管理理论和方法论体系的诞生、发展和壮大。现实并不容乐观，我们管理教育和培训所使用的教材、理论、方法论和工具基本都来自国外，在学习、吸收、转化、应用的过程中，水土不服的现象比比皆是，功利主义的绩效思维、短期主义的目标管理、割裂主义的专业思想、缺乏数据的管理过程等，都造成了大量企业管理实践的困惑。

在过去的十多年中，我们在探索中国管理理论和方法论方面做了大量的基础工作，在数百家企业咨询与辅导项目的研究基础上，结合中国企业和管理者的特点，形成了**“GPS-IE® 管理改进系统”的模型，从战略、问题、策略、执行到评估五个方面形成了组织效益改进的方法论，**并于2017年10月出版了《管理的逻辑》一书，受到了广大管理者的欢迎和应用。经过四年左右的发展，我们在原有逻辑的基础上，进行了进一步的拓展和延伸。《管理的逻辑》**强调的是“高绩效组织的改进语言”，本书则侧重于“高成长组织的系统原则”，从“高绩效”到“高成长”，从“改进”到“系统改进”，再从“改进语言”到“设计原则”，表达了我们在研究“组织改进”这条路上一以贯之**

的坚守态度。

我们坚信：未来优秀的企业必然是“设计”出来的，而设计组织必须要有系统的“原则”来进行指导。本书的核心读者对象是企业家及其管理团队，通过团队学习的方式建立起共同的设计思维和原则。我们将围绕系列的组织原则来展开介绍，大家可以结合《管理的逻辑》的方法步骤来一起学习和思考。

本书将分为五个章节，分别围绕：“组织发展的基本原则”“战略改进的原则”“团队改进的原则”“运营改进的原则”和“客户改进的原则”来展开。

在第一章“组织发展的基础原则”中，关键词是整体、系统、语言、变化。面对未来，中国企业最大的挑战是在“变革中如何改进”的困惑。军队中的元帅会根据战场形势的变化来调整队形、排兵布阵，才能取得持续的胜利，企业家同样如此，要根据外部环境和内部的资源变化持续进行组织的升级和转型，如何在转型中保持统一的思想、统一的组织、统一的语言来应对变化，企业的管理团队需要共同掌握这些基础原则。

第二章“战略改进的原则”中，关键词是思维、分析和设计，过去的战略工具通常是“根据历史来规划未来”，这样做法的前提是外部环境是稳定的、持续的。未来的环境变化会越来越快、越来越不可控，需要更加敏捷的规划战略、创造机遇、优化战术。打个形象的比方，过去的战略是打“固定靶”，而未来的战略需要打“移动靶”，需要有相应的“战略原则”来支撑企业的“战略柔性”。

第三章“团队改进的原则”中，关键词是组织、班子、管理和员工，强调在战略清晰的前提下，如何打造强大的团队，不仅包括企业内部团队，还包括企业外部的团队。构建团队的基础是组织优化，企业领导者要设计规划好组织，建立团结、专业、高效的班子，推动管理者成为“奋斗者”，持续培养合格的员工队伍。“问渠哪得清如许，为有源头活水来”。只有用组织的力量源源不断地培养人才，才能支撑组织的持续改进和发展。

第四章“运营改进的原则”中，关键词是变革、数据和成果。在《管理的逻辑》中，我们就提出了“业务发展四个阶段”的理论，在不同的业务发展阶段，需要遵循不同的运营原则。业务变革带来业务逻辑的变化，业务逻辑带来业务行为，不同行为提出不同的能力和绩效标准，因此需要形成不同的运营模式。“运营改进”是组织转型的关键，如果“运营改进”跟不上，很多企业就成了“长不大的小老人”，业绩将停留在某个阶段难以突破。

第五章“客户改进的原则”中，将站在“创造客户”的角度来梳理原则，关键词是客户需求、外部客户和内部客户。随着市场的成熟度加强，客户的需求也更加成熟，从“性价比”走向“服务”。服务的本质是“可承诺”，承诺的核心是销售、交付一体化的组织优化。各部门应思考如何在“可承诺”的客户满意目标下，系统地设计部门的客户、产品和交付标准，从而为企业持续地创造新客户、保有老客户。

中华民族需要实现“中国梦”，民族的自强来自民族文化和经济的强大。五千年的中华文明留下了深厚的思想积淀。在这样的文明沃土上，必然会孕育出新时代中国管理理念、理论、方法和工具，来总结并指导中国企业的实践。我们希望“改进的原则和工具”能够成为这其中的一支生力军，为企业的发展赋能，为民族的复兴担当！

目录

Contents

第四章 运营改进的原则

第五章 客户改进的原则

总 结 五项管理动作

CHAPTER 1

第一章

组织发展的基础原则

1 第一节 管理改进的思想与实践

一 我们为什么要提出改进思想

随着中国经济的持续发展，中国企业将走向全球化竞争的深水区，面临着更高级别的竞争环。政府也鼓励企业以“对标学习”的方法，将学习目标锁定到“世界一流”的标准，目的是提升“管理能力”。这个做法的积极意义在于，首先，承认自己和世界一流之间存在着管理能力差距；其次，我们愿意花时间、花精力学习先进、弥补差距。

对标学习世界一流的管理，我们要建立起自身的学习、探索和对标的能力。所谓“外行看热闹，内行看门道”，我们首先要掌握一定学习标杆的标准。作为新时代的企业，一流企业的发展也会打上时代的烙印，随着时间的推移，站在新时代的企业如何去学习在上一个时代积累成长起来的优秀标杆呢？通用集团的神奇 CEO 杰克·韦尔奇退休后来到中国参加活动，正值中国企业家集体学习欧美先进管理思想和方法论的鼎盛时期。很多企业家带着“朝圣”的心情去参加杰克·韦尔奇的活动，现场的交流结果显然不能让中国企业家满意，因为他们都希望得到管理提升的秘籍，但是，这个伟大的 CEO 却总是在强调浅显易懂的原则。后来有人干脆问他：韦尔奇先生，如果你来中国管理一家国有企业，你认为能创造伟大的奇迹么？杰克·韦尔奇先生回答：我不知道。

世界上没有两片相同的树叶，优秀企业的实践可以学习，但难以复制。我们需要站在历史长河的角度，透过那些企业盖世成就的繁华，去尝试看看他们在默默成长过程中所经历的重要时刻时做出的选择，以及选择背后所遵循的原则。今天我们看到的一棵棵硕果累累的大树，也许他们只是当初千万棵果树的幸存者，当我们去询问这些幸存者的生存和发展之道时，他们往往会用“幸运”二字概括了之，也许不是谦虚，而是事实。

子曰：“参乎！吾道一以贯之。”光明是正常的，正是因为有了阻挡物才有了黑暗；健康是正常的，正是由于异常的活动才导致疾病；企业赢利应该是正常的，正是由于大量的不符合经营规律的做法才造成企业的亏损。回到组织本来应该有的样子，对标的过程不仅仅是为了发现差距，更是为了寻找回家的道路。**从长期的角度来看，对标只算是阶段性的手段，未来还需要更多的中国管理者和学者能够共同努力，总结出符合中国文化特质的管理理念和方法论，改进思想作为其中的先行者和探索者，取得了一定的成果。**

（一）战略管理

随着外部环境的变化和竞争态势的调整，企业需要进行有效的战略管理，包括战略设计、战略落地、战略反思和战略优化几个方面。“任凭弱水三千，我只取一瓢饮。”贾宝玉的一句戏言却折射出了战略管理的关键点：战略就是选择，大千世界，包罗万象，三百六十行，行行出状元，选择做什么和不做什么就形成了战略的起点。很多企业的战略选择看起来比较偶然，但如果看到一家企业的长期战略选择，定能够反映出该企业核心团队的价值导向。以势交者，则势尽则疏；以利合者，则利尽则散；以义交者，则义浓则众。**从内心出发来确定的工作意义，生长出众人认可的愿景、使命和价值观，才能指引持续的战略选择。**

（二）组织管理

战略是生产力，组织是生产关系，生产力决定了生产关系，生产关系又会影响到生产力。战略是众人的共同愿景的里程碑，组织则是凝聚众人奋力前行的航母群。企业有六大关系人：股东、员工、客户、供应商、政府和债权人，**如何吸引越来越多的利益相关者围绕着企业发展群策群力、共谋大业，这就需要发挥组织的力量。**在不同的战略阶段，企业需要选择不同的组织结构来匹配，从小组制到直线制，从直线职能制到事业部制，从矩阵制到平台制等，需要做出不同的选择和挑战。另外，企业需要优化组织不同价值链之间的关系：销售价值链、交付价值链、支撑价值链和发展价值链等。在分配体系上到底是选择提成制，还是选择用增量奖金模式，还是直接走向合伙人制等。

（三）运营管理

如果说组织管理构建的是组织关系来和战略匹配，那么运营管理就是进一步选择团队模式来匹配组织管理。**在运营方面，企业重点是回答如何理顺“人”和“事”、“技术”和“产品”之间的相互关系。**在系统研究外部客户需求和竞争态势的前提下，各部门需要开发出有效的策略参与市场竞争，满足客户需求；同时，有效地组织内部管理团队研究各个职能的最佳实践，形成工具和方法论的沉淀，并传承给新晋员工和管理者。

（四）财务管理

企业的资源投入和产出均需要通过财务来统一组织，财务核心的三大职能中，核算职能的重点工作是培养合格的财务人员，给业务管理者提供合格的财务报表和财务分析报告，以辅助管理决策；融资的职能是根据公司业务的发展需要，合理安排好组织内部的资金计划，培育融资能力和投资能力；**财务管理的职能是围绕业务战略**，代表公司的领导对各业务部门进行财务规划、预算、风控标准建立、风控标准实施等检查监督的工作，**帮助企业防范财务管理风险，降低财务事故的损失额。**

（五）科技管理

对于企业而言，拥有核心技术是通往未来的门票，过去的企业依靠强需求下的强关系模式生存和发展，未来仅仅依靠关系导向就很难图谋发展了。如果说企业领导的核心工作是确定战略，那么打造企业未来的“明星业务”就是领导“战略中的战略”。“明星业务”的基本特征是：拥有未来广阔的市场空间，企业拥有核心技术的知识产权，生产工艺已经极其标准化，形成的 IT 系统能够用数据来支撑业务的复制。**在拥有“明星业务”的基础上，企业仍将继续重视技术的投入，持续形成战略级的预算，来投入并支持公司科技的发展。**

（六）风险管理

企业发展的明线是“价值创造线”，暗线则是“风险防范线”，一个是进攻，一个是防守。喜欢足球的朋友都知道，进攻性的阵型看起来甚是华丽和潇洒，但世界杯的冠军多数是依靠坚不可摧的防守来获得的。**随着企业竞争环境的加剧，最终拼的是谁能更少的犯错。**质量、安全、信息中心、财务等部门均需要围绕隐患和事故展开预防性的工作，过去的工作重点是如何处理事故，未来的工作重点是如何防范隐患，一个事故的发生是多个隐患在不同时空场景中的偶然相遇，因此，梳理隐患并清除隐患的工作比处理事故本身更加重要。

（七）人力资源管理

企业最活跃的资产是人力资本，人也是创造组织价值最核心的要素。基于企业的战略，需要进行系统的人力资源规划，形成战略人力资源发展体系，围绕关键岗位的设计和关键人才的培养，企业需要建立“以奋斗者为本”的人才发展原则，建立人才获取、人才评价、人才培养、人才保有等一整套标准，为企业战略目标的实现创建拥有“合格员工”的生产线。人力资源管理的责任不仅仅在人力资源部门，所有的业务部门负责人同样需要承担人力资源的重要责任，各方共同合作，为企业的发展提供源源不断的优秀人才。

（八）信息化管理

企业的发展除了需要有看得见的硬件的发展和升级，同样也需要软件的发展，软件就是指人与人之间的信息互通和形成共识的过程。作为组织能力发展的重要组成部分，**企业的信息化就是通过系统平台的标准化来提升组织沟通和组织学习的高效率，**在提升先进的生产模式的同时，还不断地积累行业或专业的数据，为未来企业向平台化转型奠定重要基础。

二　改进思想赋能于中国管理者

管理是通过他人达成目标的过程，因此管理者在工作中需要兼顾多个维度，既要关注经营的创新，又要关注管理的复制；既要规划未来的价值设计，又要促进当下的价值创造。在经营中既要面对创新型的业务，又要处理模仿型的业务；在管理中既要评估与改进个人的绩效，又要评估与改进组织的绩效。

我们把一个管理者需要做的任务归纳为以下八个方面。

（一）设计创新业务的需求和模式

企业每年均要制订新的目标，新目标要完成必然包含了老业务的目标和新业务的目标。新业务的目标制订与实现不是哪一个部门单独的事情，而是所有部门都要参与来共同实现的，因此，**公司的新业务就意味着每个部门都有新业务。**销售部需要面对新的客户开发新的销售方案；生产部需要根据新的产品需求设计新的生产工艺和生产计划；采购部需要开发新的供应链体系；财务部需要设计并制作新的数据报表；而人力资源部需要设计新的岗位需求和标准，协助组建新的团队等等。

这些新的业务将保障组织的可持续性发展，所以每个管理者都需要提前参与开展新业务的设计，而不是等到新的目标下达之后再匆匆忙忙地被动应付。在开发新业务过程中形成整体的设计而不是各自为政，需要在多个部门中确定设计新业务的关键部门，就好比是发动机中的那个最大的驱动齿轮，其他的齿轮都要跟着驱动齿轮的节奏来进行“咬合性”转动。在业务发展的不同阶段，这个驱动部门会发生不同的变化，起步期往往由销售部牵头，发展期由运营部牵头，到了成熟期则由市场部或技术部牵头。

（二）试点测试业务政策、流程和标准

当各部门确定了创新业务的方向之后，就要开始各自测试业务的政策、流程和标准。政策是指对利益相关者的承诺，确认大家参与的意愿和积极性；流程是新业务创造价值的过程，评估整个过程能否通过并形成结果；标准是最佳实践者的数据，

强调新业务可复制的效率和效果。

为什么新业务的开展会比较困难？因为客户、员工和合作伙伴对新业务需要有一个逐步认识的过程，对新业务的功能、特点和收益需要逐步地建立信心，在这个阶段中“信心比黄金珍贵”。如果新业务在这个阶段没有经过这三个方面的设计与测试，就会在未来大规模推广中形成业务的硬伤，从而影响大家对新业务的信任和信心，造成新业务半途而废、胎死腹中的后果。

（三）培育业务的氛围、资源、工具等

管理者围绕新业务的管理做准备，包括新业务开展的氛围营造、新业务运行所需要的必备资源和相关工具设备等。比如销售部开始传播新方案的概念和好处，人力资源部开始传播新岗位的需求，财务部开始关注关键数据获取的来源和方式，生产部开始进行新的生产工艺和设备的调试等。

上课的前期需要破冰，表演的前期需要暖场，体验比赛之前需要热身，同样，**新业务开干之前也需要做好充分的铺垫。**经营需要形成造势、借势、蓄势和顺势的做法，一鼓作气，再而衰三而竭，在面对新业务的开展中，多个部门的管理者需要“利出一孔、力出一孔”，齐心协力地完成新业务的准备工作。

（四）储备业务的人员能力和激励方式

新业务需要有新的能力支撑，可能是老员工来掌握新的能力，也有可能招聘新员工来实施新业务，无论是老员工还是新员工，都要考虑意愿和能力的建设。对于意愿高但能力弱的员

工要加大培训的力度，对于意愿波动且能力较弱的员工需要引导和教练，对于意愿低但能力强的员工进行更多支持和激励，而对意愿和能力都高的员工采取授权的方式，鼓励其独当一面地开展工作。

（五）规模化推广试点成功的业务

当年度的经营目标下达之后，管理者就要开始规模化地推广新业务了，在前期业务标准、流程、能力沉淀的基础上，需要扩大业务的规模。进入“模仿式经营”的过程中，管理者需要推动单项目到多项目，从单市场走向多市场，从单个团队走向多个团队。从小到大、从少到多的发展过程中，对于管理者来说会面临新的挑战，因为从创新的实验环境到实战环境的转换中，必然会遇到大量过去没有考虑到或者考虑得不够全面的状况，就需要管理者因地制宜地进行相应的调整。

（六）根据环境的变化持续优化业务模式

公司业务从不成熟走向成熟，伴随着持续优化和改进的过程，管理者需要根据环境的变化对新业务进行逐步地完善。每天要根据业务的发展反思几个问题。

1. 明天做点什么能够让业务的发展更加容易？
2. 明天做点什么能够推动业务更快的发展？
3. 明天如何做才能让新业务产出更大的成果？
4. 明天通过什么方式让新业务的成本更低？

每天优化一点点，最终会带来新业务从量变到质变的过程，形成更强的竞争能力。

（七）评估组织能力并发展组织能力

在业务的发展过程中，组织保障是基础，组织的核心是关系，关系不顺自然会带来业务的发展障碍，主要包括三大障碍。

1. 意愿性障碍。这个障碍通常来自制度和机制，由于承诺的稳定性和持续性不够，经常会对参与者的积极性产生打击，所以要经常关注业务的承诺是否有变化或者当事人对承诺的看法是否有变化，持续地维系和保护大家的工作热情。

2. 能力型障碍。能力跟不上也是两个方面造成的，一方面业务阶段发生变化后，人员对业务的认知发生变化，如业务本身的意义和业务对自己的意义等，缺乏进一步提升能力的兴趣；另一方面是业务发展后对工具、方法论提出更高的要求，但参与者没有及时更新形成了能力的障碍。

3. 制度型障碍。即有些制度不允许或不鼓励员工发挥价值，比如优秀的员工没有得到客观的评价、员工所需要的信息无法及时回馈等。管理者需要不断地发现这些组织障碍并有效地解决。

（八）评估个人业绩并改进个人业绩

管理者需要建立员工的业绩标准，来帮助员工进行绩效评估，**评估的目的不仅仅是为了开展奖惩，更是为了改进个人的业绩**。在评估过程中，首先要找到那些业绩优秀的员工，分析出他们高绩效的环境因素和行为因素，补充到业务的流程和标准中；其次要找到那些业绩较差的员工，分析造成低绩效的原因，形成相应的改进措施来帮助他们提升能力、改善业绩；还要观察那些处于中游员工的绩效状况，看他们是处于逐步提高的趋势还是处于下滑的趋势，也同样需要设计改进措施来调整这样的业绩状况。

以上的八大任务是一个管理者贯穿全年的工作内容，通常需要提前半年以上开始，因为管理者的工作节奏需要和员工相比形成提前量和时间差。凡事预则立，不预则废，管理者就是那个负责“预”的人，兵熊熊一个，将熊熊一窝，**一个具有整体规划和系统思维的管理者将是一个部门绩效提升的关键。**

三 管理改进的基本逻辑

给大家从整体上介绍一下“改进的逻辑”和传统的组织管理有哪些区别。在传统的业务模式中，中层根据高层制订的战略目标制订各自的年度目标，然后分解给各岗位的员工，并且制订相应考核指标来评估他们，希望他们能够付出相应的行动来创造相应的结果。在这种模式中，看起来好像目标也分解下去了，但更多的是从“结果”到“结果”的分解，本质上是结果责任的转移，而不是业务逻辑的分解，即使结果目标压下去了，也不能保证最终的组织业绩目标一定能够完成。

在传统的模式中，领导通常会面对三大难题。

1. 目标共识难。每年在制订年度目标过程中都无比的纠结，领导希望大家多定些，部门团队都希望少定些。大家其实都没有什么依据，最终虽然都能够通过谈判、妥协并接受目标，但是很少有人发自内心认可并愿意为之全力以赴。

2. 业绩达成难。由于过程没有系统的把控，导致过程管理成了简单且滞后的“任务式管理”，同事们也都做了很多的工作，结果却总不太令人满意。

3. 奖金分配难。到了年底分奖金总是会让人不愉快。没有奖金大家不开心，有了奖金大家可能更不开心，因为缺乏公平、公正、公开发放奖金的办法，导致不患寡而患不均事情的发生。

通过管理改进系统的应用，企业可以通过三个方面来统一战略思想，组织企业资源，形成上下统一的氛围。

1. 明确持续改进的理念；

2. 建立管理团队系统的套路，形成管理的标准；

3. 辅以大量的管理工具能够将改进理念进行有效落地。

（一）明确持续改进的理念

管理改进的核心理念就是协助管理者以最有限的资源和精力投放到最关键的绩效问题上形成最大的绩效产出。在这句话中可以看到三个“最”字。

1. 最关键的问题；

2. 最大的绩效产出；

3. 最有限的资源投入。

管理者就是要通过界定问题、分析问题和解决问题的过程来为组织创造最大价值的人。但是，多数管理者并没有经过系统的训练，多数人还是带着“任务导向”的思维做管理，即只是在以协助领导完成某些任务为导向，对于管理者而言，独立分析这些任务的重要性和必要性比任务的执行更加重要。

管理者需要通过对企业战略的澄清和理解，分解出本部门的多个结果性问题、过程性问题甚至是行为性问题；通过数据的积累、分析和挖掘，确定阶段性的关键问题；然后通过原因的分析寻找到有效的策略，就是“投入少却产出高”的策略组合，形成“行动计划”之后再有效地组织团队执行；在执行过程中通过数据的反馈对业绩进行阶段性评估的同时，还要不断地反思策略的匹配性和执行的彻底性。

每个部门的管理者都需要建立起属于自己的“管理仪表盘”，通过观察盘面的数据变化来进行决策。不能按照数据进行决策的管理者，很容易掉进“经验主义”或“感觉主义”的陷阱。管理者需要以“解决未来的问题”为主，面对未来，大家的经验和感觉往往失去了意义，需要有逻辑的数据帮助大家透过现象看到本质，才能持续地抓住“最关键的问题”来进行分析解决。

（二）打造基于标准的管理套路

彼得·德鲁克说过，管理者就要完成三件事：做正确的事情、正确地做事情并要把事情做正确。这三句绕口令式的表达其实在描述管理者需要有效地确定解决问题的方向，找到正确的过程管控方式和方法，最终要形成目标明确、责任明晰、利益明了的推进计划，才能有效地协助企业从战略目标到结果绩效。

在“做正确的事情”方面，管理者需要确定部门的关键结果指标（KRI）、关键过程指标（KDI）和关键行为指标（KAI）。各部门在实现企业战略过程中，都需要承担不同的职能，但职能和任务不同，职能是指该部门从年初到年底每天都需要做的事情，而任务是该部门阶段性完成的事情。多个职能的结果实现才能支撑起企业的战略目标。关键过程指标（KDI）又称为关键驱动指标，将结果指标通过业务逻辑的算法分解到具有关联关系的驱动要素，进入年度、月度和每周的数据评价系统。确定了关键过程指标（KDI）之后，管理者将进一步分解关键行为，即如何做才能有效地达成这个指标。

在“正确地做事情”方面，管理者需要把握“原因”“策略”和“计划”之间的设计关系。寻找问题的原因是一项技术活，否则很容易将原因分析成了抱怨他人的“借口”或不可控的“假设”，这样的原因都看似有道理，但都几乎无法执行和落地。确定根本原因之后再设计策略组合，包括常规策略和创新策略，高质量的策略能够达到“事半功倍”的效果。在“计划”的设计上，管理者需要关注任务的连续性和结果性，要确定走到计划的“最后一公里”。计划中需要包括“评估”，评估的目的不仅仅是为了兑现奖惩，更是为了更好地改进，过程性评估比结果性评估更加重要。

（三）有效发挥工具的作用来提升绩效

在管理改进中需要运用大量的工具，在业务战略的确定和优化环节，会包含卓越企业的成长路径图、战略的四根支柱、四流业务组合、业务发展的三大阶段、业务和职能全图和业务原型图等，通过这些工具的应用，能够协助管理者明确业务发展方向，设计最佳的业务组合，对业务的核心价值和阶段性的组织设计达成共识。高层主要对“该不该”的战略选择负责，但战略选择如果没有原则和工具支撑，很容易成为长期“议而不决”“悬而未果”的议题，从而形成组织顶层设计中的“硬伤”。

在问题界定方面，会包含系统思考、价值链、生意模式、驱动公式、三轮矩阵、三大数据表等工具，通过这些工具的应用，管理者能够梳理出业务的过程逻辑，形成满足业务和职能需求的过程数据。这个过程数据的逻辑极其重要，是构建整改组织神经中枢的基础，没有形成这样的数据逻辑，企业再高大上的软件系统也都是在“空跑”。只有形成“持续的”“活跃的”和“可比对的”的数据逻辑，管理者才能真正掌握业务的过程，佛求因人求果，过程好结果自然好。企业要跨过“长不大的小老人”的困境，就需要构建整体、系统的过程管理体系，避免成为“大脑灵活”“四肢发达”但整体抗风险能力低的“低级爬行动物”的状态。

在问题的分析和解决方面，会包含头脑风暴、4W 模型、冰山模型、六度策略、策略矩阵分析、标准操作流程（SOP）、SWOT 分析法、合格员工评价表、四大会议一张表等工具，通过这些工具的应用，管理者能够使问题解决、结果达成。在计划落地阶段就要解决“做得对”“做得好”“有人做”和“持续做”的困惑。通过赶学比超的执行氛围的营造，建立多个以不同主题为方向的“改进小组”，鼓励大家在研究中执行、在执行中反思、在反思中研究，形成工作和研究一体化的工作模式，不仅能够解决问题、达成结果，还能够总结提炼、分享复制，形成组织系统的知识沉淀和管理，为下一步的业绩增长打下基础。

四 改进方法论在中国的认证传播

做事需要讲科学，不能凭借蛮力苦干，科学的核心是方法论和工具，让工作的过程更加有效率，让工作的人得到应有的报酬和保护。自从工业革命以来，人类每次的效率大发展都是以“新工具、新方法”为特征，第一次工业革命以“蒸汽机的发明”为标志；第二次工业革命以“电气的广泛应用”为标志；第三次工业革命的标志是“计算机的广泛使用”；当下的第四次工业革命则以“大数据、智能化、物联网”为特征。

每次技术的升级也颠覆了不少职业，在农业时代马车夫是很不错的行当，当年汽车刚刚上路，也曾经遭受到马车夫们的嘲笑：这个怪物，又丑又慢，肯定会经常闯祸。可如今谁又能在马路上看到马车夫呢？最早的电梯都是机械式的，而且需要有专人操作，谁会想象到当下的无人快速电梯的出现呢？二十年前，几乎每个单位都有“微机操作员”这个岗位，现在还有吗？

人类曾经用双手和石块来刨土，经历了漫长的农业文明时代，自从发明了铁器之后，通过一把铁锹，人类加快了生产能力和效率。但铁锹带来的效率还是有限，当工业化文明到来之后，在大型建筑工程快速发展的需求引领下，挖掘机的应用场景大大地拓展，广泛的使用不仅提升了劳动效率，还保护了劳动者的身体健康。

每家企业的成长也是从“刀耕火种”的年代开始，创始人由于某种原因，突然决定在某个领域独立打拼一下，要么为了赚取孩子的学费，要么为了赚取自己的尊严，总之，不管自己是否会游泳，先跳下水扑腾扑腾。从一个人变成多个人，从数十人到几百人、几千人，企业鸟枪换炮一路狂奔，回头一看，发现一群没有驾照能力低下的人已经行驶在高速公路上，想下来找不到出口，往前走又心中没底，也有些遭遇事故人仰马翻。

每个管理团队都曾经有过无比快乐无忧的时光，那时候市场环境缺乏竞争，内部团队简单且单纯，每个人对领导充满了信任、对未来充满了信心、对自己充满了干劲，出差时的条件很差，每月的收入也不高，但就是满心的欢乐。随着公司的规模越来越大，组织体系越来越完善，物质条件和工资待遇也日益提升，奇怪的是大家的幸福感却在不断降低，工作中的烦恼越来越多。

我们提到过管理者的“烦恼公式”，即“烦恼 = 压力 / 能力”。在管理工作中大家遇到越来越多的压力：高目标的挑战、新技术应用、新的竞争格局、新生代的员工管理等等，这些因素都会给管理者带来新的压力。在压力持续提升的前提下，如果管理者的能力得不到同步提升，烦恼自然会越来越多，**只有不断地提升自身的能力，让能力提升的幅度高于压力到来的速度，管理者才会减少工作所带来的烦恼。**

中国管理者们在短短的十多年时间里，经历了大量的管理理论和方法的洗礼，但多数时候还处在讨论“是什么、为什么”的阶段。当某些学校在让学生讨论“挖掘机是一种什么样的设备？”和“挖掘机为什么比使用铁锹效率高？”的话题时，蓝翔技校的学生已走在能够驾驶挖掘机参与国家建设、为家庭创收的道路上了。**德鲁克一直在强调：管理是一种实践，不在于知而在于行。也在强调：管理者需要放下争论、立刻行动。**

企业投资培养管理者的能力，目的不在于帮助管理者成为某个领域的“学者”或者“知识分子”，而是希望管理者能够通过管理理论和工具的应用，帮助企业解决实际问题、提升收入、降低成本、获得利润。为此，**我们一直在研究如何帮助中国的管理者直接应用管理工具获得业绩的路径。经过十多年的沉淀，GPS-IE® 管理改进系统形成了“管理挖掘机”的工具设备，通过学习和掌握 GPS-IE® 的方法论，管理者可以不需要了解那么多的管理理论，可以直接用简单有效的管理套路来提升管理效率、达成高绩效的成果。**

每位挖掘机的驾驶员都要通过培训获得“驾照”，才能持证上岗，未来每位管理者也同样需要持证上岗，我们称为“管理驾照”。IPP 国际管理改进认证体系由初级、中级和高级构成，初级学习如何推动部门的“绩效改进”，中级学习如何促进多部门之间的“组织改进”，高级学习如何架构企业业务的“战略改进”的顶层设计。该认证获得了历史超过 60 年的国际绩效改进协会（ISPI）的官方授权，这也是该组织认可并授权给中国管理技术的项目。

马斯克说：人类最重要的发明是语言，那是人类和其他动物的根本性区别；其次是写作，写作就好像是硬盘的驱动器，让事物超越人本身来延续。这段话除了鼓励我们更多地写作之外，还带来启发：**优秀的企业也需要形成优秀的管理语言，管理者通过掌握这些先进性语言可以帮助企业内部统一思想，在企业外部提升竞争力。**而认证项目就是帮助管理者掌握这种语言的过程，再通过应用语言帮助企业开发可持续、可复制的制度流程体系，帮助企业走向长盛不衰的优质状态。

要形成一套“认证体系”原本就不容易，最大的难点在于标准和原则。如果一套认证体系没有形成标准和原则，就会造成各个老师讲解的内容不一致，学员在提问老师们同一个问题时得到的回答也不一致，不同的学员也不具备统一的标准和原则来界定问题、分析问题和解决问题，反而会加大大家对管理的困惑。IPP国际管理改进认证体系在形成和传播的短短几年中，数以万计的管理者参与学习并实践，甚至有些企业十年如一日地学习这些方法，并内化成了属于企业自己的管理语言。

中国的企业发展需要优秀的管理者团队，管理者的成长需要“学以致用”的方法论和认证系统。从这个角度来说，我们愿意成为协助中国管理者成长的“蓝翔技校”，放下理论门户之见和过度吹毛求疵，以“应用落地”为导向，以“创造业绩”为目的，对于挖掘机的驾驶员来说，能开机器、能盈利才是最重要的。

第二节 企业是一个有机体

一 卓越企业的成长路径图

从战略落地到绩效改进，一个重要的基础原则就是“系统思考”，而卓越企业的长成路径图正是最能够体现系统思考的底层工具。经营管理中常犯的错误为头痛医头脚痛医脚，这个工具可以帮助我们建立起相对完整的思维，协助企业领导人和管理者从“狠抓执行”的状态逐步过渡到“预先设计”的角色。不谋全局者不足以谋一域，不谋万世者不足以谋一时，当我们拥有了大局观，才能构建短期与长期、手段与目的、前因与后果、投入与产出等多种关系，胸有成竹，处变不惊。

以“运营能力”为中心，可以把这张图分为左一半和右一半两部分，多数管理团队经常围绕右一半讨论的多，即短期的、紧急的工作，但右一半又通常由左一半内容所决定，即长期的、重要的规划。一个组织如果不考虑左一半，就失去了长期主义，产生阶段性的战略迷茫；如果不考虑右一半，就容易掉进“理想主义”的坑，经常坐而论道却忘记了生计的来源，左右双方的平衡才是一家卓越企业的选择。

我们能够看到中间有一条清晰的因果线，即利润是如何产生的？围绕这条中线，我们设计了上下两条辅助因果线，上面是以“做人哲学”来驱动的几个方面，包括机制、管理、安全和销量，收与放、松和紧、得与失、大和小都是相对的，领导者对这些方面的认知直接决定了态度，这才有了企业的文化本质上是领导者文化的说法。

下面是以“做事科学”来驱动的几点，包括市场、经营、品质和定价，需要在前人的经验、理论、方法和工具的基础上持续改进，才能取得良好的效益。领导人如果不具备科学的精神，就容易带着一群人苦干甚至蛮干。从“不知道自己不知道”到“不知道自己知道”，就是团队持续学习、不断修炼、形成智慧的过程，总之，一个对科学具有敬畏之心的团队，定能够走得更加长久。

我们把左一半的内容总结为“战略解码”，把右一半的内容总结为“绩效改进”，贯穿左右两部分的是“组织设计”，这三者构成了企业战略落地的全景图。企业也是有机体，但我们的传统商学教育却习惯于“肢解主义”，即从不同专业的角度来看待组织，正如一群顶级的 NBA 球员不一定能赢球一样，一群专业能力最强的管理者不一定能给企业带来利润。

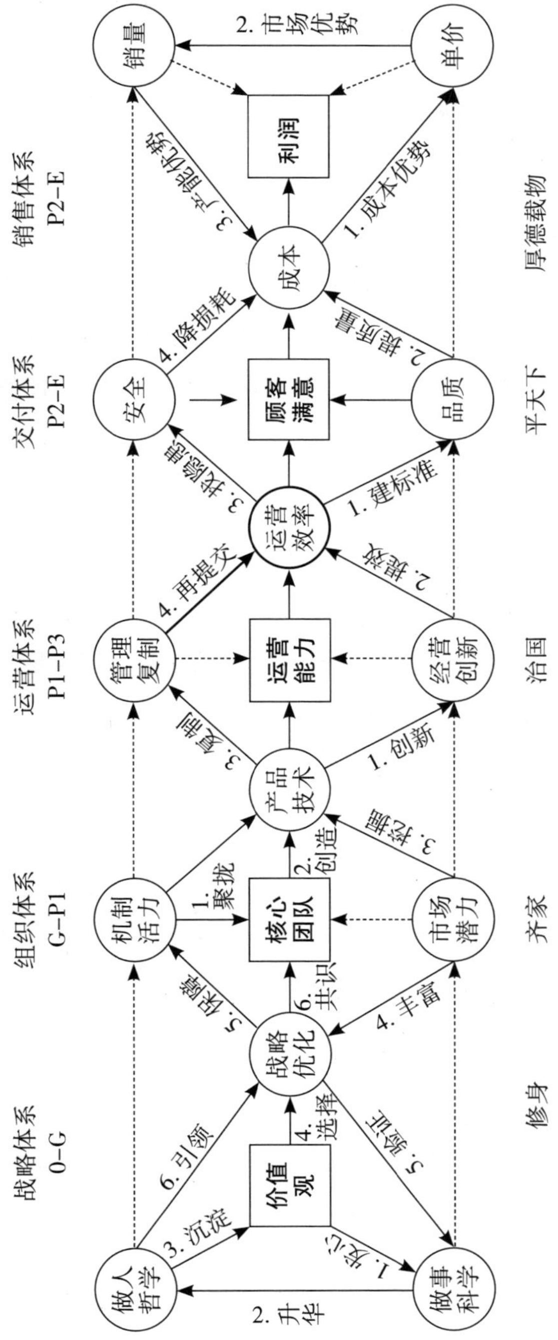
战略体系
0–G
组织体系
G–P1
运营体系
P1–P3
交付体系
P2–E
销售体系
P2–E
做人哲学
做事科学
价值观
战略优化
1. 实践
2. 升华
3. 沉淀
4. 选择
5. 验证
6. 引领
机制活力
核心团队
市场潜力
4. 丰富
5. 激励
6. 共识
产品技术
1. 聚拢
2. 创造
3. 挖掘
管理复制
运营能力
经营创新
1. 创新
3. 复制
运营效率
4. 再提交
2. 提效
安全
顾客满意
品质
1. 建标准
3. 控隐患
成本
4. 降损耗
2. 提质量
利润
销量
单价
1. 成本优势
2. 市场优势
3. 产能优势
修身
齐家
治国
平天下
厚德载物

卓越企业的成长路径图

二 系统思维

“在我们所有人身上都有某种东西——喜欢拼图，喜欢看到整个图像慢慢清晰起来。一个人，或一朵花或一首诗的美丽之处在于她的完整。系统思考就是看到事情全貌的一项修炼。它提供了一种框架，来帮助我们观察相互关系而非仅仅是事物本身，是用于观察模式和趋势的。”

—— 彼得·圣吉

彼得·圣吉在描述系统思维的这段话当中，最重要的一句话就是“观察相互关系”而非“事物本身”。系统思维强调的是要看到事物的整体，而不是局部，要看到全貌，而不是部分。著名诗人苏轼在《题西林壁》中写的“不识庐山真面目，只缘身在此山中”也表达了同样的意思，之所以我们看不清楚庐山真正的面目，是因为自己恰恰就身处在庐山之中，只有跳出了庐山来看庐山，就能看到庐山的整体容貌了。

作为管理者也很容易掉进这样的坑里，人力资源部门的同事为什么做了很多事情，领导却不够满意，总认为大家不了解业务，是因为人力资源的同事很少能够站在跳出人力资源的视角来看自己的工作；销售部门的同事为什么会形成思维的局限，也同样是因为大家更多地站在销售的角度看销售，而如果换个角度站在客户的角度看销售、站在竞争对手的角度看销售、站在生产技术的角度看销售、站在领导的角度看销售，可能得出来的结论就完全不一样了。

管理者在成长过程中，往往会经历三种心智模式：点状局限思维、线状因果思维和网状系统思维。

第一种我们称之为点状思维，点状思维又称之为局限思维，就是喜欢掉进自己的思维局限当中来。我们过去学过的寓言故事，盲人摸象，那几位盲人就是典型的点状思维。

接下来是线状思维，线状思维又称之为因果思维。即我们的思维模式是一种线形的。拥有这种思维模式的人，他们最喜欢思考的习惯是因为所以。拥有这种思维模式的人，往往是一条线走到底，有时候也能走成，有时候也可能走不成。走成和走不成的前提是，思考的方向是否是正确的？寓言故事当中典型的就是刻舟求剑，还有守株待兔，都表达的是一个线形因果思维的一个模式。

第三种模式是网状的，称之为系统思考，强调事物之间的关联，指向的寓言故事是“城门失火，殃及池鱼”。

HRBP 就是一个很好的实践。HRBP 又称为业务伙伴的人力资源，仅看这个提法就知道过去的人力资源是多么的不考虑业务。HRBP 有两种做法，一是让 HR 深入业务部门，甚至办公地点都搬到业务部门去；二是让懂业务的人员来学习 HR 的专业知识，然后来支持业务的发展需要。这两种做法其实都是在努力地让两种人进行换位思考，从而培养出业务发展需要的 HR。

机制决定了关系，关系决定了认知，认知能够突破局限。系统思考能够更加全面地看到事物与事物之间的相互关系，从

而找到新模式、新趋势，这就是创新的来源。我们的创新往往是来自于关系的重构。有一个人经常过一条河，可是有一天当他走到了河边，突然发现经常走的那座桥被洪水冲垮了，他就会感觉到特别着急。这个时候在他的旁边有座山，山顶上站着另外一个人看到离山脚下那个人的不远处，有另外一座桥的存在。

因为位置不同，无论是所处的高度还是眼界的全面，山上这个人才算是真正的系统思考，他能够看到山脚下这个人和另外一座桥之间的关系；而山脚下这个人却只看到他本人和这条河之间的关系，看不到另外一座桥和他、和这条河之间的关系，所以他找不到新的趋势和模式。而山顶上那个人很容易看到新的趋势和模式，会告诉他，请你左转300米，从另外一座桥过去。

我们在平时工作当中，很多管理者也是这样，当我们遇到困惑的时候，我们有可能暂时没有找到答案。你暂时没有找到答案，你不能轻易地说这个问题没有答案，并不是这个问题没有答案，而是因为你没有看到另外一个答案存在的可能。那是因为你站得还不够高，掌握的信息还不够全面。因此我们面对这些问题的时候，恰恰需要我们去做系统的、全面的、穷尽的调研，当我们看到了事物的全貌，那么我们解决的方案就自然而然出来了。这就是系统思考给我们带来了创新思维和创新方案的原因。

解决问题往往有以下三个层次。

1. 症状解。只能根据症状的表象分析后所采取的解决方案，看似缓解了问题的症状，但很快症状又会恢复；

2. 模式解。经过深度分析后找到了可以长期保持平衡的解决方案，虽然没有从根本上解决问题，但是能够比较长期地消除症状；

3. 根本解。经过系统分析后找到原因背后的原因，即根本原因，通过解决根本原因来彻底消除症状。

举一个生活中的例子，一口锅里的水已经烧开了，沸腾的水将锅盖不断顶起来，如何才能消除这种症状呢？第一种方法是症状解，称为“扬汤止沸”，暂时性消除；第二种方法是模式解，称为“边烧边灌”，给锅接一根水管不断地加凉水，建立起了相对稳定的模式；第三种方法是根本解，称为“釜底抽薪”，将锅下面的火关了，就能够彻底地解决沸水顶锅的症状了。

在日常的管理中，很多管理者会基于点状的思维给出“症状解”，头痛医头脚痛医脚，不断被动地救火；如果能够升级到进行“因果分析”的“模式解”时，就能称为非常优秀的管理者了；能够进入“根本解”，往往需要等待合适的机会，只是具有系统思考能力的管理者会把握住机会，不具有系统思考能力的管理者会眼睁睁地看着机会失去。因此，作为管理者需要不断地训练自己系统思维的能力，从而能够把握甚至创造机会来进行“根本解”的变革。

三 统一管理的语言

电脑由硬件和软件两部分构成，硬件包含机箱、主板、硬盘、存储器等，软件包含操作系统和应用软件。早期的DOS系统和当前的Windows视窗系统，相比较而言，当然是视窗系统更加先进。很难想象一台硬件设备最先进的电脑，却安装了DOS操作系统，这台电脑的运行状况会如何？一定无法达到使用者的预期效果。

企业同样如此，也是由硬件和软件两部分构成，硬件包含了厂房、设备、车辆、办公家具等看得见的物品，软件是指人与人的大脑之间的信息交换模式。这些年来，企业硬件设备的变化日新月异，几乎每年都会有相应的投入来改造或升级硬件环境，然而多数企业的软件却没有得到同步升级。老板心中有个想法，会像十年前一样，用会议或邮件的方式传递给管理团队，管理团队用同样的方式传递给员工，再由员工带给客户，在信息的传递过程中，自然会衰减、变形、丢失，导致老板心中的初始期望和团队最终执行的结果之间，总会存在较大的差距。

再次需要提醒多数企业，不能仅仅投入预算来升级硬件，更要加大软件方面的投入，即强化战略、组织和人之间的融合，以提升组织效率和人均产出为目的。系统的升级需要选择开发语言，如IT的系统开发中包括前端的JavaScript语言、后台的C语言、C++、JAVA逻辑语言，以及MySQL的数据库语言，开发语言的统一性才能保证系统的兼容性和延展性。在组织系统的升级过程中，同样需要有相匹配的开发语言，来保障组织升级的持续性和稳定性。

大量的企业缺少统一的语言体系，一些企业选择随机性成长模式，没有系统地引入科学的管理体系，于是整个组织就容易形成老板语言或能人语言，这样的组织语言当然会影响组织的发展。还有一些组织的领导很喜欢学习，不愿意带领员工一起学习。老板学习了先进的语言，回去之后没有人能听懂能互动，最终员工听不懂，老板认为员工太落后，双方思维脱节严重，同样影响组织的发展。第三种企业相对开放，老板自身不断学习，也带领团队进行学习，但是大家都偏重于专业导向，于是形成了“专业化的语言”特色，销售部门一说就是4P、4C、定位、品类等，生产部门一说就是PDCA、精益生产、六西格玛等，人力资源部门一说就是六大模块，财务部门一说就是三张报表、杜邦分析等，这样的专业提升当然是好了许多，但是专业认知带来的专业壁垒也会给组织发展带来障碍。

随着企业的发展，需要从外部获取“空降兵”人员，这些员工会自带其他行业、企业和专业的语言特征，而该企业又没有形成属于自身的语言体系，不能对每一位新进人员进行“入模子”的训练，于是就产生“语言排异”的现象。空降兵们说“我们在过去的企业是怎么怎么做的”，老同事们说“我们这家公司是有自身的特殊情况的”，于是两种语言体系之间开始碰撞、冲突甚至掐架，最终的结果往往会导致空降人员的流失。

一个组织语言的强大，反映了该组织的先进性，强势的经营思想必然形成强势的发展文化，强势的发展文化需要有强势

的语言体系来支撑和诠释。当年秦始皇统一六国之后，建立统一度量衡、文字等标准，做到“车同轨、书同文、人同伦”，本质上也是在统一国家治理的语言标准，某些方面甚至穿越时空、影响至今。华为在20世纪90年代自身发展还不是很强大的情形下，也不断地通过“请进来、促转化”的方式，向全球二十多家先进企业和咨询公司学习，最终形成华为的战略、文化、组织、技术、人才等多方面的标准，既统一了思想，又统一了语言体系，为后来的多次硬仗的胜利打下基础。

先进性的语言体系会形成组织势能，自动吸引更多的客户和合作伙伴前来学习、合作，从而给组织的发展提供了催化剂。反之，如果组织没能够形成统一的组织语言，老板面对着为数不多的几位高管想要在变革中达成统一，就要花费九牛二虎的力气，要想让更多的员工、更多的客户、更多的供应商达成共识更是难上加难了。因此组织如要得到快速的发展，除了要沉淀核心技术来创造出优秀的产品之外，也要形成先进性的组织语言来开发先进性的组织体系，产品和组织相辅相成、同等重要，组织语言在其中所产生的价值就不言而喻了。

当初我们在出版《管理的逻辑》一书时，特意把副标题定为“高绩效组织的改进语言”，从中阐述清楚GPS-IE®管理改进系统就是提升组织效率的管理语言，而且是可以建立起跨部门、跨职能的设计语言。这些年来，我们也协助大量的企业通过这套语言体系来优化组织、升级战略、提升能力，期待未来中国有更多属于我们自主研发的管理语言的产生，从而为中国企业持续、健康的发展提供组织保障。

四 变与不变

我们经常被一些口号式的管理语录所误导，比如“计划赶不上变化”，当我们认同这句话的时候，就失去了对做计划这件事的严肃性和必要性。事实上并不是“计划赶不上变化”，而是在做计划的时候没有充分考虑到变化，并对可能的变化做出提前的预案。还有一句和“变化”有关的语录，就是“这个世界唯一不变的就是变化”，看似很辩证，其实说了等于没说，而且通过单方面强化“变化”的表达让大家习惯于变化、乐于接受变化，甚至成为“变化”的奴隶。

中国古人研究变化是从观察日月星辰的转换开始的，那时候的人没有微信和抖音，更多的时间用于耕耘大地和仰望星空。在日积月累的实践和观察中，古人既看到了斗转星移、风吹雨打、霜寒日晒的变化，也看到了天地运行、寒暑交替、物极必反的规律。人们将这种日月轮转的过程总结为“易”字，来表达“定数”与“变数”之间的辩证关系。**“易”包含了“三易”，一是变易，说的是“变化”；二是不易，说的是“不变”；三是简易，说的是“简单”；当我们能够把握“变”与“不变”之间的规律时，事情就变得简单了。**

在管理中把这种规律总结出来形成组织“原则”，作为管理者每天都要面对选择，选择多做一点还是少做一点，选择前进一步还是后退一步，选择明哲保身还是舍生取义，选择担当责任还是推脱甩锅。如果管理者在面临选择时没有原则的指导，他们就会迷茫，就需要找领导请示，如果领导缺乏原则的话，今天给予的答案和过几天给予的答案很可能不一致，或者请示张三领导和请示李四领导给予的答案不一致，于是整个管理团队就不知道选择的方向了。

更不用说在工作中面临选择的纠结了。生活中也是如此，如果家里的浣漱台上只放了一支牙膏，早上洗漱时会非常的轻松，不会对选择什么牙膏而费心费神。如果有一天爱人突然给你放上了两支不同品牌和口味的牙膏，早上洗漱的过程就开始变得纠结：今天选择美白的呢，还是健齿的？一支小小的牙膏就会搅得心神不宁，更何况每天遇到大量更加重要事情的选择。

一个没有“原则”的人参与打麻将，都会难以享受这个娱乐的过程，在“得失心”的影响下，他的每一次出牌显得无比的揪心，抓上一手好牌，心花怒放，不能自已；抓上一手烂牌，懊恼之情，溢于言表。已经听牌了又上了一张好牌，开始纠结是否要换牌，思考之后决定换掉，结果在抓一张牌后开始打脸，因为把自摸的牌打掉了，考虑再三，再次换回来，再抓一张牌之后继续打脸，因为又把自摸的牌打掉了，这样一惊一乍的牌局往往打到最后自然会引起口角，不欢而散。

面对麻将这样的游戏也是需要有“原则”的，原则一：玩麻将的投入程度以自己可承受为标准；原则二：牌好的时候多和几把，牌差的时候少点几炮，早点放弃，秋后再战；原则三：一旦听牌，尽量别换牌，除非看到桌面上已经被打绝，因为你永远不知道下一张底牌是什么，只要敬候佳音即可；原则四：赢了不要太开心，输了也不要太伤心，潮涨潮落，花开花谢，一切都会从头再来。

当我们能够以更加超然的态度面对游戏，就能做到不以物喜、不以己悲，心静神自归，理顺精气神，从而进入“静如处子、动如脱兔”的敏捷状态。治大国如烹小鲜，同样在游戏过程中也能体会管理的道理。我们为什么要花这么多的精力来写作这些“管理的原则”，就是因为很多管理者在面对大量决策时缺乏依据，我们通过观察大量的企业实践，并结合古今中外的管理理论的融合，形成了可以指导实践的原则体系供大家参考。

如果把一个人或者一家企业看作是一棵大树，大树由根、干、枝、叶等多个部分组成，越往根的部分，能够变化的就越少，越往叶的部分，能够变化的就越多。如果大树的根部经常的变动，树的生命力就会受到影响，这就是俗语所说“树挪死”的道理；反之，如果根部能够深扎于大地，无论经历什么风霜雨雪，无论枝叶轮换多少次，这棵大树依然会朝气蓬勃。

一个人的为人处世，也需要把握“变”与“不变”之间的规律，如果他相信了“这个世界唯一不变的就是变化”的话，他当然会比较适应这个社会，在不同的环境下努力改变自己，以最大程度来匹配于环境。但是来自环境的所有变化，此人都应该永远追逐并跟随吗？关键看他是否找到了自我成长的底盘，这个底盘由信念、理想、情怀、目标等构成，如果这个底盘找到了，他就能在环境的变化中不断沉淀、优化、成长。孔子说过：三十而立，四十不惑，说的就是关于人的“底盘”建设的。如果没有形成个人成长底盘，每天人云亦云、随波逐流，他迟早会迷失自我，找不到未来的方向。

企业的经营过程同样如此，我们也需要说清楚“变”与“不变”之间的规律。从创业之初开始，创始人往往都拥有“创业初心”，没有“利他”的初心，企业就难以起步。随着企业越来越发展壮大，越发考验创始人及团队对“创业初心”的坚守，乱花渐欲迷人眼，当客户越来越多，规模越来越大，收益越来越高，荣誉越来越多的时候，很多人开始离初心渐行渐远。企业家看似“独上高楼，望尽天涯路”，为了内心不断膨胀的贪婪，四处出击、东征西战，努力达成一个又一个目标；“衣带渐宽终不悔，为伊消得人憔悴”，似乎找到了事业的意义而拼尽全力，又好像找不到当初的那个创业的激情；直到“众里寻他千百度，蓦然回首，那人却在灯火阑珊处”，基于各种机缘终点又变成了起点，才能再次体会“初心”的宝贵。

创业是一场经历的财富，出发之前就能完全想明白的人少之又少，能够早点清楚“有所为有所不为”，就拥有了选择的大原则。创业中不能变化太多的内容包括：初心、愿景、使命、价值观、原则，这些整合在一起，就形成了企业的“基本法”。“基本法”并不是仅用来约束员工思维和行为的，更是用来规范创始人及团队的思维和行为的，不管未来能够走多远、走多快，这些组织的根基要保持稳定。

通过“基本法”构建了组织发展的底盘之后，就构建起了企业长远的、稳定的、持续的目的体系，然后根据环境变化和竞争态势来制订企业的战略、目标、问题、策略、计划、预算等。这些方面都是可以变化的，并且是为了满足组织“目的体系”达成的“手段体系”。目的不能轻易变化，手段可以千变万化，不管如何变化，必须都要指向目的，可以称之为“以不变应万变，万变不离其宗”。

3 第三节 做事需要“讲科学”

一 论“小板凳”

大约十五年前，我们遭遇到了进入咨询培训行业后的“七年之痒”，产生了事业发展的迷茫感。大量事务性的工作占据了日常大多数的时间，看似工作生活都很充实，面对未来，却充满了各种不确定性，甚至产生了逃离这个行业的念头。关键时刻，一位老师提醒了我们：你们需要在咨询培训行业找到属于自己的“小板凳”。好比在一个房间里，别人都坐着，而你们是站着的，无法在这个房间里踏踏实实地待下去，随时都有可能逃离。一旦有了座位，哪怕是一个“小板凳”，甚至是一块砖头，也算是拥有了自己的地盘，才能形成长期的存在感和信念感。

正是在这位老师的指引下，我们于 2007 年开始转型，从过去中介型逐步走向研究型的培训咨询机构，坚持走“以帮助客户解决问题”为价值导向的道路，研究战略落地和绩效改进的底层技术，设计客户价值导向的产品组合，开发标准化的获客、转化、交付的社群化服务模式，从而形成了今天改进咨询在这个行业中的独特定位，即运用自主研发的核心管理方法论和工具体系，与合作伙伴一起，为成长型企业提供战略落地解决方案。如今总结本书的“管理的原则”，也正是在这个“小板凳”的基础上开花结果的。

（一）企业需要找到发展的“小板凳”

企业在成长的过程中要找到自身的清晰定位，需要回答几个问题：客户是谁？给客户创造什么价值？具有什么竞争优势？如果企业能够早点拥有自己的“小板凳”，就能早点清楚在竞争中保持什么样的姿态，选择做什么和不做什么，形成长期稳定的原则，在面临选择的时候不纠结。**企业的价值在于沉淀，能够在某个价值点中坚持多年，自然能够形成独特的特点。**

（二）业务需要找到成长的“小板凳”

树大要有根，业大要有基，在业务设计与发展过程中，同样需要找到业务成长的基础，这就是业务的“小板凳”。企业业务的成果支撑了战略目标的实现，战略目标会由多个目标构成，有些目标是战略的主目标，负责整体规模的实现；有些目标是战略的协同目标，负责关键客户的满意度或者支撑交付的供应链；有些目标是战略的延伸目标，负责业务与客户之间的长期关系粘连的。每个业务都需要拥有自己清晰的“小板凳”

定位，才能做到业务互补、各自产出，最终支撑战略目标的实现。

如何寻找业务的“小板凳”？还是要回到客户价值和自身优势的角度来判断。客户会有不同的等级诉求和品质要求。因此将客户的需求分为几个类别。

1. 获取到基础性的功能交付；

2. 获得完整的服务体系，可以省事省心；

3. 能够满足差异化的定时需求。

在确定了客户需求基础上，再判断自身具有什么优势：是客户获取和转化能力？还是供应链的整合能力？或者是关键人才的培养能力？还是数据的积累和开发能力？总之，找到其中一到两个优势作为“小板凳”之后，持续地建设“小板凳”，终有一天这个“小板凳”能够成为支撑业务发展的核心竞争力。

（三）管理者需要拥有价值“小板凳”

张爱玲曾经说过：出名要趁早。对于管理者而言，确定自己的“小板凳”要趁早。古语云：女怕嫁错郎，男怕入错行，也正说明了职场人士准确选择的重要性。作为一名优秀的管理者，首先，需要成为某个专业的专家，确定专业“小板凳”是第一步，在这个阶段需要有“板凳坐得十年冷”的决心，通过专业的打通打透，积累做事的基础理念；其次，需要选择管理方向的“小板凳”，这个“小板凳”要回答“团队凭什么能够在我们的领导下齐心协力、共创成果”这个问题，是依靠个人的魅力团结大家，还是靠系统的流程规范大家，还是依靠灵活的机制激发大家，同样需要确定一个方向形成自身的管理风格。

一个管理者没有清晰的“小板凳”，很容易失去工作的方向和目的，**每天忙忙碌碌，陷入大量事务性工作中，缺乏整体化的事先设计，形不成持续积累的状态，对于管理者而言，工作积累非常的重要，一个在某个岗位上工作十年却没有积累的管理者，他的能力甚至比不上只工作了三年却能够有效积累的管理者。**确定了管理“小板凳”就确定了能力发展和能力沉淀的载体，随着管理工作的时间越长，管理者的认知和能力必然持续增长，可以承担更有挑战性的工作岗位。

二 论“滑丝”

在拧螺丝的过程中，由于用力不当、角度不对，导致螺母和轨道偏离，操作者没有及时将螺母回到正常的轨道中来，而是一味地加大力度，最终形成的结果是螺母死死地卡在轨道上，紧不上也松不回，丧失了螺丝的基本功能。在多年辅导企业的过程中，我们常常看到由于某些管理者想当然的行为，导致组织中形成了“滑丝”的状态，个中滋味，尴尬中带着苦涩，本文描述几个方面的管理“滑丝”，大家可以各自对照。

（一）目标的“滑丝”

对于很多企业来说，每年制订目标的过程都是无比的煎熬，领导希望定得高一点，员工希望定得低一点。究竟高多少还是低多少，其实大家心里也没有数，于是高层压中层：有条件要上，没有条件创造条件也要上；中层就去压基层：我的目标你们必须分解承担。经过层层下压，那些看似完不成的目标最终也能够签字画押，形成新一年的目标。

员工看似接受了目标，也只限于“看似”，内心并没有真正地接受这个目标，基于领导的压力也不得不接受，他们心里的想法是：目标我可以接受，你们制订的目标并不合理，我不能保证完成，你们听不进意见，我会用一年的努力来证明你们是错误的。当员工暗暗发誓要证明领导的目标制订错误的时候，他们很容易心想事成。因此每到年终就能看到很多没有完成目标的员工却在年会上开心地唱歌跳舞，他们是在庆祝埋藏在心底愿望的实现呢。

当多数人都无法完成目标时，那些少数完成目标的员工反而成了异类，面对那些怪怪的眼神，他们会谦虚地表达：运气，完全是运气。年终的绩效考核对于领导来说就是一场考验：如果严格的考核和兑现，多数人都会受到打击，所谓法不责众，就会导致执法不严；如果领导网开一面，通过调整考核系数或人为地调整考核标准，就会导致目标制订的严肃性遭到挑战。总之，当领导进退两难的时候，目标制订这件事就开始进入“滑丝”的状态。

（二）文化的“滑丝”

企业起步时的文化通常都比较健康，为了客户的需求，大家该做什么事情就去做什么事情，或者领导安排做什么事情就会积极地去完成。随着服务的客户越来越多，所需要完成的任务也越来越多，公司开始批量地聘请管理者。不同的管理者有着不同的风格，有一点是确定的，就是请来的管理者的威望短时间无法与创始人比肩。大家又不由自主地把他们之间进行对比，各种亲疏远近爱憎情仇在不知不觉中积累下来，形成了组织的文化。

组织文化中包括了主流文化、非主流文化，老板在大会上不断倡导着主流文化，实际工作中却主要由非主流文化引导。所谓“人民群众的眼睛是雪亮的”，每个员工都能看到现象并有着自己的观点，当不同的观点汇聚成不同的派系时，这些非主流文化就形成了“亚文化”或者“潜规则”。时间长了大家会习惯于这种文化。

有些老板一旦发现企业没有形成自己期待的文化时，便开始着手调整组织文化。由于缺乏系统的理念、工具和方法，他们会通过一些自以为是的运动，比如制造氛围、喊口号、跳舞、反思会、感恩会等各种形式来强化文化，短期看来热血沸腾、众志成城，如果核心价值体系没有建立起来，这些形式通常不会坚持太久。当企业主流文化未能建立，非主流文化又遭破坏，公司就可能形成“文化空心化”的状态。大家似乎都知道问题是什么，又似乎不知道如何解决问题，这种“群体无力感”会导致组织文化逐步涣散、难以聚气，形成了企业文化的“滑丝”。

（三）会议的“滑丝”

会议是企业推动工作任务的重要手段，很多会议的效果越来越差强人意，我们来看看会议是如何“滑丝”的。很多企业开会不是为了解决问题，而是“装着在解决问题的样子”，于是开会要人多就成了第一目标。经常有人被临时性地拉着去开会，在一头雾水下，被叫到的人首先会拿起本子和笔，直奔会议室。进了会议室，第一眼瞄下领导所坐的位置，然后找一个离领导最远的位置坐下来，后进来的同事离领导越来越近就越尴尬。

当领导宣布会议开始时，所有人翻开笔记本作“记录状”，并没有真正地记录，也没有太多地听其他人的发言内容，而是自己在思考：一会儿轮到我应该说点什么，既要让领导感觉到有价值，又不要让其他同事认为太突兀。终于轮到自己发言了，调整一下坐姿和气息，用自己觉得最合适的方式表达出来。当听到领导说“下一位”的时候，终于长出一口气，继续心无旁骛地作“记录状”。

我们用比较夸张的方式来描述会议“滑丝”的现象，是因为无效的会议实在太浪费时间了。如何改进呢？高效的管理就要从会议的高效开始，会议的组织者和参与者都要带着目的来参加会议。会议前的数据、问题、原因、策略分析的准备比会议现场的交流更加重要，如果没有充分的准备，会议很容易进入“形式大于内容”的状态。

（四）追踪的“滑丝”

一旦目标布置下去后，管理者通常要对团队进行过程跟踪，曾经有一段时间大家喜欢表达：给我结果就行，我不需要过程。近几年来，大家越来越认识到过程的重要性，如果没有好的过程，能得到好的结果只是一种奢望。什么才是有效的过程管控呢？有一次我们去一家规模很大的公司，在午餐时人力资源负责人很骄傲地当着总经理的面向我们描述他们过程管理的创新：所有的高管每个月开任务推进会，专门安排一个同事记录每位高管的任务计划，然后每天进行追踪并形成报表向总经理汇报。

有太多的企业误解了“过程管理”，认为就是任务管理，大量的管理行为集中在“写工作日志和看工作日志”上，殊不知工作日志只是过程管理中最基础的部分，对高层管理团队开展“任务追踪”型的过程管理实在是本末倒置。高层管理者是决定“该不该”的人，然后由中基层员工负责“好不好”和“做不做”，因此，**高层管理者的设计价值远远大于执行价值。**

如果高层管理者没有形成很好的过程设计，中层管理者就开始开展傻傻地追踪，每天盯着员工问：今天你做了哪些事情？形成了哪些成果？明天打算怎么做？刚开始员工还会如实回答，终有一天有些员工会崩溃，你再追问他同样问题时他会回答：今天做了ABCD，但没有任何成果，明天继续ABCD。这些员工在管理者简单粗暴的追踪中采取“立即躺倒、四脚朝天、爱咋地咋地”的态度，造成了任务追踪的“滑丝”。

针对这四大“滑丝”的现象，**如何改进呢？要想避免形成这些管理“滑丝”的现象，就需要围绕目标，形成整体化、系统性、讲科学方法、按规律办事的管理原则，才能将管理工作捋上正轨、严丝合缝、进退自如。**

三 论“咬合”

齿轮与齿轮之间如果不能形成“咬合”关系，虽然各自都在转动，但是都只是在“空转”，“空转”的齿轮之间是无法形成彼此的驱动关系的。**企业的执行力首先来自组织执行力，即组织在设计之初就已经将不同部门、职能和岗位之间的“咬合”关系设计好了，各层级的员工只要按照相应的规则和标准去做就能够获得执行的结果。**如果组织的“咬合”关系没有设计，只是依靠个人的能力去推进，很难形成持续的执行成果。在组织发展中，我们需要关注几个方面的“咬合”度。

（一）目标和任务之间的“咬合”

我们先来看看某一管理者全年的工作状况：年初他和领导商定了年度目标并签署了责任状，然后就迅速地进入全年的工作状态中。他每天忙活的事情有三种。

1. 客户经常会找他并提出相应要求，他会亲自或安排团队去处理、追踪并反馈结果；

2. 领导也常常安排一些临时性的任务，他会积极地配合；

3. 其他部门在参与月度经营分析会议时，会对他们部门提出不少需求，他会认真对待并在第一时间转为下月的工作任务。他通常能够及时完成并在次月的月度汇报中有很好的反馈。

这个管理者的工作状态如何？应该是非常不错的，领导、客户和员工均对他很满意，虽然他做了很多的事情。这些事情多数是“任务导向”的，别人对他完成的任务都挺满意，但是他能保证完成部门的年度目标么？他是不敢保证的，他平时所忙活的事情（短期任务）和年度目标（长期目的）之间缺乏必然性的逻辑关系。

这种年度目标和过程任务之间两张皮的状况在管理中比比皆是，目标是目标，任务是任务，两者之间缺乏“咬合”关系，导致管理的过程不可控。如果目标完成了，不知道由哪些关键举措和行为带来的；如果目标没有完成，也不知道是因为哪些关键原因造成的。在制订下一年目标和预算时，也会缺乏依据，多数管理者采取“拍脑袋”的方式，下一年目标要提升15%，于是预算也和上一年同比增长15%，至于为什么要增长这么多，没有理由也没有依据，直接进入“脚踩西瓜皮，滑到哪里是哪里”的年度计划撰写中。

（二）前台和中后台之间的“咬合”

前台业务部门要想实现业务的目标，自然离不开中后台部门的支持，那么前台和中后台之间是如何配合的呢？举销售部和人力资源部之间的例子，销售部要开发业务，就需要大量的业务人员，但是销售部的业务人员严重不足，能够担当销售目标的合格人员更少，于是销售部会提请人力资源部帮助解决。接到“客户”的需求，人力资源部开始加大招聘宣传，但是好不容易招来并上岗的员工并不一定能获得业务部门人员的认可。

这是由于前台和中后台没有形成“咬合”关系造成的，“咬合”

关系的基础是基于“价值”的买卖关系。首先要说清楚谁是客户？谁是供应商？客户需要说清楚需要什么价值？供应商要说清楚能够提供什么价值？在实际工作中会发现买卖双方都不容易说清楚，双方都没有建立起共同认可的“价值标准”。当需求方说自己什么都需要的时候，或者供应方说自己什么都可以提供的时候，基本上双方都处于“不明觉厉”的状态。因此，建立部门间的“咬合”关系应该从澄清双方清晰的需求和能力开始。

（三）高层和中基层之间的“咬合”

组织层级之间建立“咬合”关系，首先，高层需要进行整体规划，确定是通过“设计”来创造价值还是通过“执行”来创造价值，越是进入成熟期的业务，越需要由终端来创造更大价值。客户最终都是和基层员工开展各项工作，来决定合作的关系和额度，因此，首先高层的战略思维和原则都要体现在每个终端员工所创造的客户价值上；其次构建起“咬合”的机制，终端员工能否创造出更大的价值，是需要得到整个管理价值链支持的，大家需要建立“捆在一根绳上的蚂蚱”的关系，有福同享、有难同当；最后组织要逐步扁平化，领导者要经常走到工作一线，不是为了替代一线同事，而是以优化战略和原则为目的，同样，基层员工也要参与战略讨论，目的是更好更快地把事情做好。

高层和中基层之间要形成“咬合”关系，主要依靠中层的意识和能力。高层往往关注于长远的、重要的事，基层会关注于短期的、紧急的事，中层管理中需要将长期、短期、重要、紧急的事混在一起思考、设计、开发，形成相应的标准交给基层去执行，同时也能将执行中的现象汇总、提炼成未来重要的信息反馈给高层，供他们进行决策参考。**一个企业如果中层不给力，就很难形成强大的组织能力，不管这家企业当前的规模有多大，依然是一个“低级的爬行动物”，资产巨大却反应迟钝。**

（四）当下和未来之间的“咬合”

我们在制订目标时往往会说“本月的目标”“本年度的目标”，这些目标都是短期能够看得见的，如果请大家说说更加长远的目标，大家最多能想到多远呢？最多是三年，达到五年十年的凤毛麟角。很奇怪的现象是我们目标的远大程度往往和我们的年龄成反比：小时候喊出的理想都震天响，不是改变地球也要改变人类；到了中学就想成为宇航员或科学家；到了大学变成找到一份像样的工作；真的工作之后的理想就变成这个月的工资能够拿全了。

未来总会来的，我们是充满热情地去创造未来还是无所事事地等待着未来，这本来就是我们最大的选择权利。带着未来的理想，当下工作的目的和内涵就发生了变化。还记得那三个砌墙的工人么？同样在做着砌墙的工作，当别人问他们在干什么的时候，第一个工人说我在砌墙挣工资养家糊口，第二个工人说我在参与建设一座独一无二的建筑，第三个工人说我所建设的教堂会成为千万人的精神家园。不管未来这三个工人的工作生活如何，至少在这一刻，他们工作的不同目的会带来不一样的工作动力。

“咬合”是一种状态，更是一种追求，一个人未来能够创

造多大的价值，取决于有多少人和他形成“咬合”关系，在企业内部如此，在企业外部同样如此。所谓“乱世出英雄”是指社会秩序重新构建时，那些提前做好“咬合”准备的人和组织自然会脱颖而出，成为时代的英雄。

四 论“驱动”

有的汽车是前轮驱动，有的是后轮驱动，有的是四轮驱动，这是由汽车的整体设计理念和功能需求决定的。火箭升空的过程也需要不同的驱动，第一次在大气层内驱动，第二次进入稠密的大气层外，第三次进入停泊轨道之后再次工作，直至将航天器加速到需要达到的速度，这就是常说的“三级火箭”。组织设计过程和汽车、火箭的运营也有相似之处，在不同的发展阶段里，驱动企业业务增长的职能也是不一样的。

业务的成长也需要有不同的职能来领跑或助推。在起步阶段，领跑的职能通常是销售部，就是常说的“销售是龙头”，其他部门都要紧紧围绕销售部门的需求来创造价值。随着业务不断地发展甚至进入成熟期，还是依靠销售部门来领跑吗？当然不是。进入业务发展期需要依靠服务部门来领跑，通过整合公司的交付体系，能够做到给老客户进行“承诺”并获得持续信任的过程。而到了成熟期则需要技术部门来领跑，在市场部的协同下，不断地研究新老客户未来的需求，持续开发核心技术和领先性的产品组合，促进业务的进一步发展。

按照成熟度的高低，业务可以分为两类，一类是创新型的业务，另一类是模仿型的业务。创新型的业务需要依靠人的设计来推动工作之间的关系，来形成事情的标准，再由更多的人来复制应用标准，推进业务走向规模化。模仿型的业务已经形成了成熟的工作流程和标准，人在工作过程中无须太多创新思维和行为，就能够产生持续成果。**一项业务在成长过程中，“创新”和“模仿”会不断交替前行，从而支撑业务的转型升级。其中核心关系是哪个职能要成为主驱动齿轮。**

什么是驱动职能？就是“责权利”集于一身的责任主体，即对业务目标负全部责任，拥有推动业务发展中的人、事、财的调配权和评价权。如果产生了业务收益，他们是获得利益最高的团队；反之，如果没有产生预期收益，他们也是损失最大的团队。驱动职能在这个阶段拥有业务的指挥权，当多方意见不一致且需要决策的时候，驱动职能可以做出终极决定，且其他职能需要无条件地服从。

举一个小例子，在电子商务企业的销售体系中往往是两个角色的配合：运营和商品，运营职能负责营销、推广、传播、活动等销售性工作，商品负责开发、采购、物流、包装等供应性工作，相互之间产生矛盾主要集中在货品销售不力的情况下，主要是谁的责任，运营会认为商品的选品有问题，商品会认为运营的销售能力有问题，运营又希望不断地依靠“上新品”来引流并提升爆款的概率。事实上很多新品上架后成了卖不动的“僵尸货品”，商品部门的各种成本已经花费，形不成销售而产生了大量浪费，这就是为什么很多企业销售额越来越高、利润却持续下滑的主要原因。

谁应该对新货上架这件事情负责？按照“改进的原则”，答案应该是驱动职能。业务起步期的时候，围绕客户画像、需求重点、接触方式、购买周期等关键点把握不清楚，需要有一个摸索的过程，运营职能就成为主驱动齿轮，他们来负责商品是否上架，这个阶段里商品职能就要和运营形成“咬合”关系，为他们快速探索一条路来全力配合。当业务走向成熟期之后，主体的模式已经稳定，商品职能就要成为驱动齿轮，他们以满足老客户需求并不断开发出“爆款”为目标，从商品规划开始做起，最终形成上货节奏和运营标准。此时运营职能就要和商品职能形成“咬合”关系，将他们的业务规划的意图充分执行和落地。

足球赛场上进攻的阵型和防守的阵型一定有差异，当这两个职能的驱动关系发生变化时，整个组织的其他职能也要发生相应的变化。**战略的变革带动业务的转型，业务的转型推动组织的升级，组织影响了职能和岗位标准，从而带动了管理能力和业务能力需求的变化，这个过程是动态的。**很多企业在打“阵地战”的时候很有套路，排兵布阵很有章法，一旦进入“运动战”的阶段，很快就会手忙脚乱、匆忙应对。近几年来，我们看到不少老板经常拉着人力资源负责人一起修改组织架构图，一会把多个部门进行合并，一会又将某个部门分拆，一会增加某个职能，一会又砍掉某个职能，几年下来还是对组织架构感觉不满意。

为什么会这样？还是要回到“驱动”的责权利的主体来思考。一家公司开发了新业务的发展势头非常好，从几千万做到一个多亿只花了两年的时间。这个老板很希望快速将业务做大，自己也到处学习，报名了好几家商学院的总裁班课程。在上课过程中遇到了一位500强企业的市场负责人的同学，给他提出了要强化市场部职能的建议。他听完之后认为很有道理，于是不惜一切代价将同学请进了公司担任市场部总监。请问他的这个决策是否正确?

且不说这个决策的对与错，先来看看接下来都发生了什么。原来的组织架构中没有市场这个职能，现在加上了市场部之后，马上就要说清楚市场部和销售部之间的职能分工。作为成熟业务的500强公司出身的市场部总监认为：为了更加规范地推进业务发展，所有的市场活动都需要进行调研，并形成市场策略报告，销售部门得按照相应的标准进行品牌传播、客户开发、业务推进、预算决算、绩效评估等。一手推动业务发展的销售部总监根本听不下去，他认为：你所说的观点在我们这里行不通，太理想化了，我们现在的重点是围绕客户的需求快速执行，摸着石头过河，市场的变化根本等不及你那套所谓的成熟标准。

看到这个场景我们是不是感到特别的熟悉，矛盾的核心是销售部和市场部之间应该谁听谁的指挥，业务刚刚起步，销售部应该占主导地位，需要快速反应及时应对，市场并不成熟，市场的调研也要以“短平快”为主，因为外部并不具备长期调研和分析的环境。

这种情境下，改进的关键点是什么呢? 此时的业务和组织并不是特别需要设置市场部，**如果一定要加强“市场”的职能，可以增加一个市场研究的岗位，这个岗位最好放在销售部的下面，由销售总监统一指挥。** 这个老板在业务发展的初期，就贸然引进一位实力强劲的市场总监，和销售总监形成了相互牵制的格局，销售部要决定事情，还需要和市场部商量，市场部又不对业务的目标结果负责，却掌握了业务的关键权力和利益，导致“责权利”分散，既发挥不了市场部总监的规划价值，又限制了销售部总监的开发价值。

4 第四节 做人需要“讲哲学”

一 管理者的“三性”

中国有句古话：江山易改，本性难移。这里所说的“本性”是指什么呢？一直以来，我们也没有答案，直到有一年春节期间，我们聊到了“兽性”“人性”和“神性”的话题，这“三性”似乎能够解释管理者的“本性”。

管理中一直提倡“人性化管理”，所谓的“人性化”，是指既要把他人当作“人”，也要把自己当成“人”。**稻盛和夫曾经说过：当我们不知道该如何选择的时候，请回到“作为人”应该如何的基本思考点。**“人性化”的内核是“守本、真心”，即安守本分，真心地面对自我，真诚地面对他人。如果做不到这一点，管理者就很容易被外部事物所干扰，遇到兴奋的事情狂喜，遇到憋屈的事情狂悲，在与他人交流和自我对话中缺少一根稳定的中间线，这条中间线就是“初心”。

“兽性”	→	“人性”	→	“神性”
贪婪 VS 恐惧		守本 VS 真心		敬畏 VS 探索
利己		利他		利众

管理者的三性

事实上很多管理者却在不知不觉中奉行了“兽性”思维，“兽性”的本质是“贪婪和恐惧”，基于这样的特质，很多管理者会把他人当作工具，采用简单粗暴的“胡萝卜加大棒”的方式来进行管理。也有理论为这种做法保驾护航，即“双因子激励因素”。在体力劳动占主体的管理场景中，这样的绩效认知和手段比较有效，但到了今天以知识型劳动者占主体的管理场景中，这样的方式几乎日渐失效，越来越多的员工难以接受类似的管理思维和工具。特别是对年轻的新生代员工而言，更加难以接受，他们不喜欢“诱惑式管理”或“恐吓式管理”，更希望在相互尊重的环境下由自己做决定，并为自己的决定负责任。

“兽性”主义的管理者很容易培养出“白眼狼式”的员工，曾经都是自己亲手培养的对象和亲密的合作伙伴，终有一天会相互翻脸、离他而去，说他的坏话、挖他的墙脚、撬他的客户、拉他的团队。遇到这种情况管理者需要反思：当初是以什么发心面对他们。有没有把员工当作是“合作伙伴”？还只是当作自己完成绩效的工具，完成得好，给点利益的奖励，完成不好，就扣除收益？是否对员工建立起足够的信任感？员工外出是否需要不断地用“打卡”的方式，甚至要站到客户的企业面前自拍以证明自己正在工作？在这样的机制环境下，如何才能培养出具有信念、格局、理想、情怀的员工队伍呢？

南怀瑾先生这样打过比方：如果孩子是A4纸，那么家长就是复印机，当复印出来的A4纸出了质量事故，我们需要思考的是：到底是A4纸本身出了问题，还是复印机出了问题。管理中同样如此，当有些管理者频频地培养出“白眼狼”式的员工时，就要反思自己在哪方面做得不够。作为管理者，有些话是到哪里都不能说的：如“这个世界上两条腿的蛤蟆不多但两条腿的人到处都是”，这样的表达会彻底暴露出一些管理者对员工持有的“兽性化”态度。

改进思想的观点：优秀的管理者往往都会通过“神性化”的思维来自我成长和完善。“神性化”不仅仅指宗教，所有美好的事物中都包含了“神性”的一面，“神性化”的本质是“敬畏”和“探索”。面对管理的规则和承诺需要拥有“敬畏之心”，需要发自内心地理解“举头三尺有神明”的含义，从而做到“君子慎独”；面对行业和专业的发展，管理者需要有“探索之心”，**每天都要问自己三句话：**

我今天做点什么能够让我的岗位与众不同？

我今天做点什么能够让我的公司与众不同？

我今天做点什么能够让我的行业与众不同？

如果企业中有一群人都能够每天发出这样的思考，这个组织就具有了强大的探索能力和创新能力，因为大家的心在远方，不会为短期的成功而忘乎所以，更不会因为阶段的失败而萎靡不振。

“兽性”“人性”和“神性”分别指向利己主义、利他主

义和利众主义，这三者没有褒贬之分，都是我们人身上自然的存在，只是在不同阶段中的比例不同。当一个新人刚刚进入职场，是需要释放一定的“兽性”，即确定目标并努力实现目标，为了养活自己和家庭，全力以赴地为自己谋福利是天经地义的事情。但当他成为管理者，就需要逐步转型到利他主义，因为管理者是通过协助他们成功而成功的，如果还是保持利己主义的管理者，虽然能够获得业绩，也能得到他人的佩服，但很难获得他人的尊重。**一个得不到多数人尊重的管理者，就很难在管理这条道上继续前进了。**如果有一天成为企业高层或者老板，就要站到更高的角度看自己了，要为更多的人谋取福利，此时就不能再继续算小账了。因此要不断地和内心的小我作斗争，高管往往变得内敛，开始从与他人对话逐步转向与自我对话。当遇到对话不通畅的时候，他们往往会求助于精神层面的哲学智慧来引导自我，比如开始购买《老子》《庄子》《孙子》等典籍，这也说明他们已经到达了新的学习阶段，希望通过自我思维和行为的修炼来达到“桃李不言，下自成蹊”的领导者的状态。

总之，**一个管理者在成长的过程中总会经历“兽性”“人性”和“神性”的三个成长阶段，工作和生活正像一面自我修行的镜子，能反照出自己的长处和短板，只要带着“神性化”的追求，践行“人性化”的原则，就会不断降低“兽性化”对我们管理的影响，逐步建立起强大的领导力。**

二 论“气血两旺”

身体是有机体，企业作为组织也具有有机体的特征，我尝试站在这个角度来解读企业，看看一个健康的企业应该建立什么样的运行逻辑。

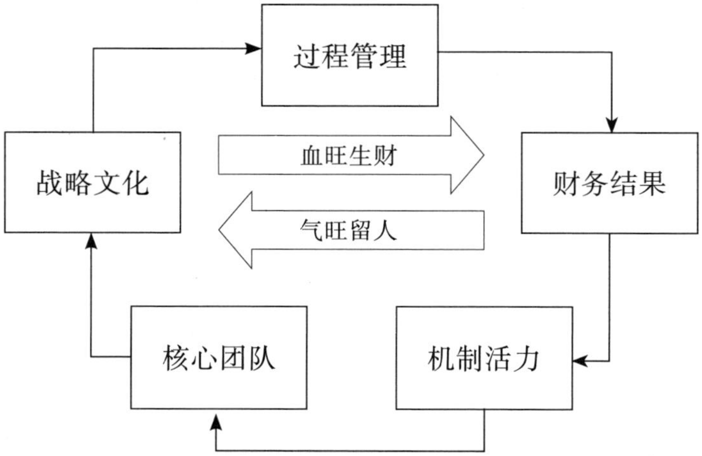

企业的“气血两旺”

（一）基于发心的战略文化

大企业有大战略大文化，小企业也有小战略小文化，因此战略文化和企业的大小没有关系，只要是企业就具备属于自身特点的战略和文化。我们可以把战略和文化称为企业的“心火”，当初老板的起心动念决定了企业的起步，也许是为了生活，也许是基于某个机缘，总之基于某种发心让老板选择走上这条道路。

随着企业慢慢地发展起来，老板的文化也会从追求“独善其身”逐步走向追求“兼济天下”，小我的“心火”成为大我的事业热望。我们能够在那些优秀的企业家身上看到对事业的热情、对未来的展望，他们能够感召到一群人跟随着他们事业的方向，因为别人能感受到他们“心中有火，眼中有光”，他们相信“星星之火，可以燎原”。

（二）不急不躁的过程管理

再伟大的理想也需要一步步地去实现，所谓“千里之行，始于足下”，美好的愿景和使命需要依靠过程管理逐步分解，分步实现。我们可以把过程管理看作一颗种子破土而出并茁壮成长成参天大树的历程。不管环境如何变化，向上生长的决心不变，虽然平时看不出太大的变化，但是从根到干，从枝到叶，每个部分的发育都张弛有度、自动自发。

企业的过程管理中，也需要拥有大树的品质，“根要深”代表的是各种基础管理要建设好，无论是内部的核心技术还是外部的关键关系，即使不容易看见也要勤恳地耕耘；“干要直”是指过程管理要坚持科学的信念和方法论，速度可以不快但一定要“做正确的事情”，避免那些一惊一乍的运动，很容易浇灭微弱的火种；“枝繁叶茂”是指过程管理中要构建体系，顺势扩张，既能抓住机会发展，又能抵抗狂风暴雨。

（三）可控可放的财务结果

过程管理能够持续积累，自然能够生长发芽、开花结果，形成的果实就可以反哺土地，果实中也包含了新的种子，将在来年春天走向新的生命循环。我们可以把财务看作组织发展的源头活水或调节企业发展和抗击风险的三峡大坝，平时注意蓄水拦截形成资产和现金储备，业务收紧或收缩时可以开闸放水，起到调节风险的作用。

一方面，财务部门要配合业务部门做好过程管理，推动各项基础工作进展的同时，积极促进业务的转化效果和周转效率，从而提升财务的效益；另一方面，财务部要强化财务管控工作，总结优化各项和财务有关的隐患和风险，积极应对、系统处理，降低业务发展带来的财务风险。经过一定的财务积累，财务部门要积极地支持新技术、新产品的开发，来孵化孕育新业务的发展，推动企业“开枝散叶、儿孙满堂”。

（四）上下通畅的机制活力

良好的财务状况和生生不息的技术开发能够支撑组织的机制活力，就像一个人一样，神清气爽、底气十足，上下通气不慌张、不憋屈。我们可以把机制活力看作组织发展的调节器，它能够及时感知外部环境的变化，外部环境良好时大步快跑，外部环境变差时休养生息。一旦对外部环境不敏感，就会导致在发展过程中反应迟钝，不能及时应对，造成一些重大损失。

企业建立起有活力的机制体系，就是为了能够招揽天下英才、吸收外部资源、获得优质支持，成为大家都愿意参与创造

价值和分配价值的平台。这个机制不仅针对企业内部的管理者和同事，还包括企业发展中的各类合作伙伴。**只有激发了组织的活力，才能让组织内外的每一个“细胞”得到活化，愿意在这个组织中参与创造价值，这个组织就具备了快速发展的基础势能。**

（五）内外融合的核心团队

有了良好的财务支撑和通畅的机制活力支持，组织的核心团队就能够逐步沉淀下来，优秀的业绩必然由优秀的团队创建。这个团队不仅包含了企业内部的团队，还包含了外部的客户和供应商，一旦形成强大的团队，就能够迸发出巨大的创造力和推进力，支撑企业的战略向良性的方向发展。

团队中的绩效分配不合理会造成团队的士气低落。没有形成绩效激励会影响团队，但如果部门年底获得了巨大的奖金包，其实这个部门负责人会更加地头疼，发放奖金包的标准如果不科学公正的话，还不如没有奖金包来得安心。团队的强大来自“君子爱财、取之有道”的基本原则，每个人都能成为某个生意的责权利的责任主体，自己决定自己的命运和前途，企业的规则对于每个人来说都应该是公平、公正的。

通过以上分析，我们可以看到**一家优秀健康的企业的基本特点：从战略文化的发心到过程管理的常态化，带来必然的财务结果，这条路径称为“血旺生财”。卓越的财务成果来自做正确的事情（**战略文化**）与正确地做事情（**过程管理**）后的必然结果；另外，从财务成果进行反向推进，开发新产品、构建新机制、培养新员工，从而能够支撑新战略，这条路径可以称为“气旺留人”。只要企业能够按照以上的基本逻辑来梳理关系，就必然能够做到“气血两旺”，从而成为优秀且卓越的企业。**

三 论“专业血统”

在夸奖某一物件具有较好的历史传承时，我们往往会说此物具有纯正的血统，经过较长时间的积累，一些优秀的品质和做法总是能够跨越时空，在新生代的身上得以体现。中国企业学习科学化管理数十年，到今天为止还是参差不齐。二十多年前我们进入管理咨询行业，面对的多是生于五六十年代的企业家，今天我们面对的更多是生于七八十年代的企业家。有一些企业如今的管理水平并不比当年好多少，当我们在怪罪于 90 后、00 后员工难以管理的时候，除了感叹自己已经变老了之外，还要多多思考在缺乏纯正的专业血统下的管理应该何去何从？

一个家庭从“富”到“贵”至少需要走上三代，一个企业从能够赚钱到能够规范管理也不是一蹴而就的事情。很多管理者问我们：老师，通过您的辅导，我们能在一年之内将管理走上正轨么？老师，您给我们上的课程能解决什么问题么？面对这样的问题，我们往往难以回答，就好比要回答“到底吃几碗饭才能让身体健康？”和“这碗饭吃完到底长的哪块肉？”一样难以回答。**是人就要吃饭，是企业就要提升管理，长期思维、精益求精。**

我们经常看到的都是基础主管不够专业，因此我们大量的时间和精力都在关注于基层管理者该如何更好地提升意愿和能力。我们曾经总结了那些管理畅销书取名字的奥秘，比如《把信送给加西亚》《没有任何借口》《执行力》等等，这些书名都有一个共同的特点：都是高层管理者用来教育和批评基层主管和员工的。为了显示重视，高层会给每位基层主管和员工配一本类似的图书，于是这些书就成了畅销书，至于书中写的什么内容并不重要，重要的是书的名字能教育人。

基层主管的不专业其实来自中层管理者的不专业，太多的管理者原来是优秀的员工，被选拔成为管理者之后缺乏系统的学习和实践，更多凭借自己的经验和感觉来管理。当老板有相关问题提出来的时候，多数管理者也会参与讨论和分析，可是有几个人能够对自己所做的判断负责任？有几个人能够坚定不移地告诉老板自己的清晰答案？有几个人在年初敢于确定目标并确保目标完成？大量管理者只是在处理短期任务，没有能力培养员工，没有意愿做创新的未来性工作，多数管理者对自己的管理成果是不满意的。

中层管理者的不专业和总监的不专业大有关系，总监应该为组织创造什么价值，可能许多总监也说不清楚。有些总监做的事情其实和经理差不多，就是上传下达、协调推进；有的总监凭借经验指导团队完成一些常规的工作，变成了基础工作的教头；有些总监大量的时间在陪着领导们开会、参观、交流、拍照，似乎成了对外交往的形象代表等。企业为什么需要设置总监的职位？总监和经理的职能应该有什么区别？当总监说不清楚自身的专业定位时，经理就很容易成为他们的助理，自然会限制中层管理者的专业性。

但总监通常会对总经理抱有微词，认为这是总经理不够专业造成的。总经理作为企业战略目标责任主体，对公司的短期年度目标和长期战略目标达成负责，但很多总经理在推进工作计划过程中，经常违背一些原则：比如不能和核心团队达成共识，目标无法有效分解和预算。于是大量的总经理就开始进入上山下乡、到处救火的状态，目标上短期化，运营上任务化、用人上人情化、考核上平均化等等，决策缺乏原则、激励缺乏数据，还经常变来变去，导致总监和经理们无所适从。

可是总经理们也是一肚子的委屈，他们会抱怨董事长们不够放权，因此董事长也需要有专业化。如果一个公司只有一个业务线，尽量不要单独设置总经理，由董事长兼任即可，只有业务发展壮大或多条业务板块起来之后，需要有更加专业的人来运营公司时，才需要邀请更多总经理进来。但很多董事长往往比较相信自己的管理风格，看到总经理们改变了一些做法后往往再也坐不住了，于是频频参与会议并提出自己的主张。长此以往，总经理就难以成为独当一面的管理者，一不小心变成了董事长助理。

不专业的董事长限制了总经理的发挥，但董事长也会满心委屈，他们会表达：难道我不想长期思考？难道我不知道人才培养的重要性？难道我不清楚核心技术在未来发展中的价值？这些我都能做到，但很多事情在董事会上通不过。于是就会说到董事们的专业性了，董事们作为各资方的代表，需要参与一些重大决策，目的在于提高运营效率、提升组织市值并降低发展风险等。可是很多董事对业务并不了解，他们站在财务收益的角度来思考，往往短期思维多于长期思维，风险思维多于发展思维。董事长既要面对董事们的期望，又要面对管理团队的实际需求，很容易被裹挟其中，左右为难。

再往上看就是投资人了，巴菲特作为专业投资人帮助股东取得了很好的收益，他秉承“长期投资”的理念，一旦看好行业和团队，他愿意伴随着业务的长期发展，不以获得短期回报为目的。但在中国的投资界却是另一个景象，大家紧盯着企业IPO前后的价值转化，因为这个阶段的投入和产出的比例是最高的。短期投资思维必然带来短期投机行为，别人买股票是投资，咱们买股票是炒作，因此哪里有钱就投向哪里，实体经济的融资难度越来越大，投向未来技术储备和研发的资金越来越少。

不专业的投资人造就了不专业的董事们，不专业的董事们频频影响董事长的专业性，不专业的董事长带出了不专业的总经理，不专业的总经理配置了不专业的总监，不专业的总监乱指挥一批不专业的经理，不专业的经理自然会影响到一批不专业的员工，这就形成了管理的不专业的“血统传承”。那么，**改进的关键在哪呢？要想推动中国的管理专业化成长，自然离不开整个系统的共同努力。**

四 无条件的爱

罗杰·考夫曼博士（Dr.Roger Kaufman）是一位在培训和绩效改进领域中拥有巨大影响力的人，发表了41部著作和280多篇文章，涉及战略计划，绩效改进，质量管理与持续改善，需求评估，管理以及评价等领域。国际绩效改进协会（ISPI）

特以他的名字设立了“考夫曼大奖”，他也曾两次担任该协会的主席，并在年近九旬时仍然坚持现场参加协会的年度大会，鼓励全球的年轻人在这个领域探索和发展。他在《国际培训大咖50谈》节目中曾经说过：**你的敌人永远不会被你说服，你的朋友则不需要你去说服，你只管去做你觉得正确的事情即可。**

这句话打动了无数的人，寥寥数语就说明了一个人或一个企业在发展中，关注于“做正确的事情”的重要性，并明确了作为管理者或专业人士在面临决策时的原则，坚定心中的信念，去做一件自己认为有意义的事情，不管他人如何判断和反馈，无怨无悔地去追求、去创造、去实现。**当一个人能够用百分之百的热情来做一件事情的时候，这本身就是幸福的状态。爱的最高境界是“无条件的爱”，是来自内心深处的爱，是不受外部环境影响的爱，是能够经得起时间考验的爱。**

（一）不要被竞争对手限制了自己的眼界

刚刚进入培训行业时，我们在一个区域市场给客户提供培训服务，虽然当年的培训行业处于刚刚起步的阶段，但也有了些竞争对手。当时我们特别关注竞争对手的动向，并时不时地用竞争对手的做法来调整自己的做法，比如产品的优化、价格的调整、人员的政策、活动的策划等等。后来发现这样的做法是不对的，因为我们和竞争对手越来越同质化了，而且是低水平的同质化，在关注竞争对手的过程中慢慢地失去了自我。

于是我们尝试改变，给自己确定了一个原则：我们是一家做培训的机构，如果有可能就赚点钱，如果有必要也可以亏点钱，但不管如何，我们要做“好的培训”。当这样的原则确定下来之后，我们再也不会被竞争对手的短期行为干扰了，而是全心全意地向着我们心中“好的培训”的方向出发，跳出“区域的竞争”局限，走向全国甚至全球，去摸索“什么是好的培训”。正如考夫曼教授所言，当我们“只管去做自己觉得正确的事情即可”的时候，就找到了一条通往创新和创造的康庄大道。

彼得·德鲁克说过：企业存在的价值是创造顾客。从客户的身上去寻找价值和意义远比从竞争对手身上去寻找价值和意义更加有意义，因为最终决定企业的生意走向红火还是走向萧条的决定人是客户。很多企业之所以参与“价格战”，只是因为竞争对手降低了价格，于是他们认为自己也必须降低价格，却没有去研究客户关注的焦点是不是“价格因素”。事实上，**客户的选择不仅仅看“价格”，更要看给他们带来了什么“价值”，独特的价值自然带来客户购买的理由。**

（二）不要被个别客户影响了自己的追求

客户导向的理念对于企业来说当然很重要，但也不是所有的客户都应该重视，因为企业的资源是有限的，有限的资源需要投放到更有潜力的客户身上才能创造更大的价值。有些客户是馅饼，能够给企业带来发展的机遇；也有些客户是陷阱，在消耗企业资源的同时会将企业引向歧途。**作为决策者，经常在“赚短期的钱”和“赚长期的钱”中纠结徘徊，往往最终带来的结果是只在忙着“赚短期的钱”而无法“赚到长期的钱”。**

在电影《让子弹飞》中，葛优饰演的汤师爷在问姜文饰演的张麻子是选择“跪着赚到钱”还是“站着却赚不到钱”时，张麻子的回答是“我要站着把钱赚了”。企业的发展路径有两种：

一是根据客户的需求设计产品，称为项目型业务；二是根据自己的产品设计理念来选择客户，称为运营型业务。项目型的业务可以支撑企业生存，而运营型的业务才能支持企业可持续地发展。但在业务转型中，能否放弃短期利益成了能否转型成功的关键，如果没有对运营型业务充满着“无条件的爱”，这个转型就面临巨大的挑战。

改进思想的观点：带着对事业的“爱”去寻找“有爱的客户”。

他们具有以下的特点。

1. 具有共同的价值观，希望未来共同创造与众不同的价值；

2. 平衡短期和长期的需求，追求可持续发展；

3. 具有健康的合作理念，不行贿，不索贿；

4. 建立长期稳定的合作关系，面对困难，不抛弃不放弃，共渡难关；

5. 坚持主业不放松，不会为了短期的收益而追求短期行为。

共同的热爱形成共同的热望，这种超越利益的价值共同体会给彼此带来更大的价值。

（三）不要被典型事件蒙蔽了自己的理想

小时候都学习过“猴子下山”的故事：有一天，一只小猴子下山来。它看见玉米结得又大又多，非常高兴，就掰了一个扛着往前走。走到一棵桃树下，它看见满树的桃子又大又红，非常高兴，就扔了玉米去摘桃子。走到一片瓜地里，它看见满地的西瓜又大又圆，非常高兴，就扔了桃子去摘西瓜。走着走着，看见一只小兔蹦蹦跳跳的，真可爱。它非常高兴，就扔了西瓜去追小兔。小兔跑进树林子，不见了，小猴子只好空着手回家去。

没有清晰的理想和目标，我们很容易成为故事中的小猴子，这些过程中不仅有诱惑还有压力。诱惑包括荣誉、社会地位、成功感、安逸的生活、友情等；压力包括失败的恐惧感、家人的责备、朋友的期望、年龄增长、健康等，这些都会对工作产生影响。那些对事业充满“无条件的爱”的人，满眼看到的都是“爱的可能性”，诱惑和压力会转化成“爱的旅途”，面对它、接受它、处理它、放下它，做一个轻轻松松、干干净净、目标坚定的追梦者，就能够享受到过程的乐趣。

孤帆远影碧空尽，唯见长江天际流。当初在心中种下的那颗“要做好的培训”的种子已经生根发芽、茁壮成长，在不知不觉中形成了我们团队的使命。这样的使命滋长了“无条件的爱”，链接了我们喜欢做的事、擅长做的事和能够给他人带来价值的事的时候，事业、工作和成长就能达到“三合一”的状态了。

无条件的爱，既是纯粹的爱，也是简单的爱，易则易知，简则简从，简单纯粹的初心反而具有长久的张力。经过了时间的熏陶，这样的初心会帮助大家成为内心高贵且柔和的人，高贵的心会支持我们目标坚定、不屈不挠、全力以赴；柔和的心能够帮助我们善于接纳、善良待人、拥抱变化。**一阴一阳之谓道，张弛有度、收放自如，用无条件的爱来加持事业的力量，可以成就更优秀的管理者。**

改进思想的核心观点

CORE POINT

1. 管理者的三种心智模式：点状局限思维、线状因果思维和网状系统思维。

2. 机制决定了关系，关系决定了认知，认知能够突破局限。

3. 强势的经营思想必然形成强势的发展文化，并需要有强势的语言体系来支撑和诠释。

4. 管理目的不能轻易变化，而手段可以千变万化，即“以不变应万变，万变不离其宗”。

5. 当企业主流文化未能建立，非主流文化又遭破坏，公司就可能形成“文化空心化”的状态。

6. 高层负责“该不该的事”，中层负责“好不好的事”，基层负责“干不干的事”。

7. 中层不给力的企业，很容易成为“低级的爬行动物”，身躯庞大却反应迟钝。

8. 齿轮间没有“咬合”，不能形成驱动力；部门间没有“咬合”，不能形成执行力。

9. 战略变革带动业务转型，业务转型推动组织升级，组织

改进思想的核心观点
CORE POINT

升级影响了职能和岗位标准，从而带动了管理能力和业务能力需求的变化。

10. “兽性”“人性”和“神性”分别指向利己主义、利他主义和利众主义，在不同阶段中的比例不同。

11. 组织机制能够支撑优秀的人员在平台上创造价值、评估价值和分配价值。

12. 你的敌人永远不会被你说服，你的朋友则不需要你去说服，你只管去做你觉得正确的事情即可。

13. 爱的最高境界是“无条件的爱”，简单纯粹的初心反而具有长久的张力。

CHAPTER 2

第二章

战略改进的原则

1 第一节 战略的思维

一 “势”的形成

“势”这个字在组织发展中难以避免，做战略要看“大势所趋”，设计组织要“气势恢宏”，强化运营要“因势利导”，发展人才要建立“人多势众”，推动策略要“势不可挡”，执行过程要善于“蓄势”和“造势”。**组织需要“势能”，形成了品牌的认知就能进行低成本扩张；管理者需要“势能”，形成了足够的领导力则更易影响他人。**

在此我们来尝试讨论一下“势”的价值和来源。

（一）高度“造势”

一块砖头掉在地上，不会产生太大的势力，除非有人用脚踢它，才会感知到它的存在。如果有人把这块砖头拿到三十层楼顶上，这块砖头就形成了巨大的势力，从楼顶上自由落体，砸到什么物体都会产生巨大的破坏性。在生活中同样如此，知识积累到一定的高度，才能有才有势。

一个人的成长，需要尽早站到某个制高点上，找到认知的“势能”。古人在成长过程中，需要拜访名山大川去寻找名师，传说商鞅、孙膑、庞涓、张仪、苏秦等师从了鬼谷先生，造就了当年咨询行业的繁荣；金庸笔下的大侠，要么是遇到名师开度，要么是深山秘诀开悟，之所以能够行侠仗义于江湖，都是拥有了某种“制高点资源”的赋能。如今，传说和偶然不再能够复制，但每个人努力培养自己在某个领域的制高点的能力是完全可能的。

产品爆款的形成也需要具有高度的“势能”，消费者的心理很是奇怪，看起来每个人都具有自己的消费理念和主张，但对“高性能”的无限追求和“低价格”的无限贪婪似乎是永远不变的。如果能够将产品的性能和服务打造得具有极致的刚性高度，然后将价格和使用的便利性做到让人感觉到无比的超值，当“性能”的高度遇到了“价格”的低度，就形成了需求力的落差，如果此时再通过饥饿营销的方式适度引爆，就形成了爆款的基本元素。

（二）合作“借势”

一只公鸡站在黎明前的山岗上，雄鸡一唱天下白，在朝阳的照耀下，昂首挺胸的雄鸡在朝霞的衬托下显得气势恢宏。但这只雄鸡如果站在同一个时间段中的菜市场的鸡笼里，请问它还会具备刚才那种雄赳赳气昂昂的状态么？答案当然是否定的。

我们看到一些大人物，在台上的时候，那种意气风发的气势令人奋进，一旦违纪违法成了“阶下囚”，那种状态马上就会判若两人。

大江东去，浪淘尽，千古风流人物。历史人物的浮沉，无不是历史大势的产物。**海尔集团的首席执行官张瑞敏先生如此判断企业：没有企业的时代，只有时代的企业。**最初在参观海尔文化展厅看到这句话时，其实还不是特别的理解这句话，随着最近关于互联网企业的多起标志性事件的发生，不得不感叹那一代优秀企业家的战略和价值的定力，所折射出的政治与经济的智慧。

作为早期的互联网人，少年得志的雷军在金山软件浸泡多年，过着紧张且安逸的生活。直到有一天突然发现，沉舟侧畔千帆过，病树前头万木春，一觉醒来，他似乎已经错过了一个时代。于是快速地从舒适的被窝中爬出来，取势于移动互联的大势，借势于蓬勃的供应链，拉开了小米生态的大幕。首先基于苹果手机砸开的智能化手机的前提，祭出“做高性价比智能手机”的大旗，用“米聊”的平台聚拢了粉丝消费者，然后借助于粉丝买家的预售又聚拢了一批铁杆供应商。如法炮制，围绕智能家居将产品延伸到电视、盒子、路由器、平衡车、耳机等，上新品拉新客，挟流量促供给，需求池和供应池相互借势，形成了生态。**在信息链上建业务链，在业务链上建产业链，在产业链上建资金链，当越来越多的价值链介入进来，会进一步烘托平台的势能，从而进入了“内生式增长”的模式。**

（三）积累“蓄势”

三峡水坝的基本原理是将流动的江水暂时截住，并提升了江水的水位，巨大的水量和高度积蓄了巨大的能量，一旦开闸放水，势能转化为动能，动能转化为电能，形成了源源不断的水电资源。大自然的力量向来都非常的神奇，冰冻三尺非一日之寒，水滴石穿非一日之功，一粒小小的种子能够穿透坚硬的土地，曾经的沧海桑田能成为如今的高山怪石。世间万物皆有其势，多在看似默默无闻中完成蓄势过程，从量变走向质变。

对于管理者的成长而言，“蓄势”的过程是学习和历练。王侯将相，宁有种乎，没有人天生就是优秀的管理者，差异就在一天一天的习惯中产生。有人坚持每天看书、思考、做笔记，有人坚持看剧、打牌、刷抖音；有人坚持聚焦目标、持续改进、日日精进，有人坚持放任自我、一曝十寒、滑到哪算哪；有人坚持信念原则、自我担当、归因于己，有人坚持一时好恶、迁怒于人、归罪于外。时间长了，前者的势能在慢慢地积蓄，而后者的势能在慢慢地消散。领导力就是影响力，影响力来自信任和信心，当后者不断地糟蹋自己在他们心目中的信任感和信心度时，所谓的领导力也逐渐荡然无存，即使学会了再多的管理技巧也无济于事。

企业的“蓄势”过程同样如此，基于稳定价值观的战略选择就是要说清楚长期的选择逻辑，当一个企业的长期选择缺乏逻辑，就很难形成长期的“潮水般的策略”，长期的投入就难以沉淀。两家企业的体量相似，每年都会在技术和市场上投入一亿左右的预算，A 企业具有长期思维，在一条稳定的方向上投入，坚持潮水般的策略，而B企业只具有短期思维，每年都根据竞争环境和客户需求进行调整。从短期看，B企业可能超过A企业，但从长期看，A企业会逐渐超越B企业。短期思维造就了“短跑选手”的能力，长期思维积累了“长跑选手”的优势，只有坚持长期不懈的积蓄和沉淀，才能从量变到质变，具有持续碾轧对手的势能。

（四）随缘“顺势”

“飞流直下三千尺，疑是银河落九天”，我们在感叹瀑布鬼斧神工的磅礴气势之时，更要赞叹江水在面临万丈深渊时的安静与决绝，既然无路可退，不如奋力一搏成就瞬间辉煌。自由落体之后的水并没有粉身碎骨，而是顺流而下，汇入江河，融入大海。如果需要，它可以转化为生活用水、工业用水、农业用水，利人利物利众生。水利万物而不争，成万形而不拒，只要保持H_2O的本质不变，化冰、化液、化汽，得之坦然，失之泰然，来之安然，去之必然，顺势而为，处变不惊。

只要保持“创造价值”的信念不变，无论是做人还是做事，都需要顺势而为，所谓的“逆境”“顺境”，其实都是“心境”，所谓的“对”还是“不对”，也许都是“相对”。

德鲁克说过：管理就是实践。实践本身就是不断经历的过程，在经历的过程中总结原则，让未来实践中错误的选择概率少一点，让正确的选择概率多一点。每天努力进步一点点是我们的决心，但偶尔退步一点点也可以接受，山重水复疑无路，柳暗花明又一村，享受管理的实践与创造的过程，这本身就是一件幸福无比的事情。

当管理者能够面对未来，拥有春花烂漫的理想时，不管身处什么环境，记住它，憧憬它，滋润它；当面对现实时，拥有顺势而为的心境，不管遇到什么挑战，面对它，处理它，放下它。穷则独善其身，达则兼济天下，随缘前行，安守心田，不追求成势的“势”，即行无势之“势”，实为“大势”。

二 滚雪球

股神沃伦·巴菲特把自己的一生比喻成“滚雪球”，并留下一句名言：**人生就好比滚雪球，一定要找到又湿又长的坡道。**相信大家在小的时候都玩过滚雪球的游戏，从地上捧起一把雪开始滚起，一点一点地滚动，很难想象的是到了后来，很可能滚出一个巨大的雪球，堆在那里，多日难以消融。巴菲特先生用“滚雪球”来说明长线投资的理念，今天我们尝试用“滚雪球”的游戏来阐述组织的战略发展。

（一）漫长的成型过程

关于“滚雪球”，我们会通常看到这样的一个场景：一个小朋友看到了漫天大雪和逐渐变厚的雪地，按捺不住内心的兴奋，冲进了雪地当中，先捧起雪团成小雪球，然后开始在雪地中滚动，小小的雪球留下一行小小的印痕。雪球从小到大并不容易，很多小朋友小手冻得通红受不了冰冷而放弃；有些滚到了一定的规模后四分五裂，散落一地，小朋友失去耐心而放弃；

有些小朋友被其他的游戏吸引而放弃了滚雪球的游戏。

总之，雪球的成型过程漫长且多变，这像极了创业者在创业之初的样子。刚开始创业的时候总没有太明确的目的，基于某种偶然的因素而参与到项目中来，前期很可能会经历大量的失败过程。作为创业者需要思考是否会因为忍受不了长期的寂寞与亏损而放弃；会不会因组织能力不行而团队涣散，从一家专业公司分裂成多家具有竞争关系的同类公司；是否可能会看到其他更好的业务机会，而放弃了继续坚守业务的发展。

创业者在创业之初就需要做好充分的心理准备，只有具有了长期主义之后，创业者才不会轻易地转行或放弃，通过创建愿景、使命和价值观体系，建立起行业信念感和专业信心度。为了防止雪球小的时候就开裂，我们在构建雪球时建立结构基因，比如先搭建一个十字架的小结构，甚至十字体，先用雪将结构填满、填实，然后再滚动就稳固多了。同样，我们在业务发展初期需求形成了“业务原型”，将业务模式、组织结构、质量控制、销售路径和分配机制一并设计好之后，团队才会更加地持续稳健。

（二）选择有雪的地方

雪球能否滚大，很重要的一点是路上能否持续有雪，并且有足够厚度的雪。雪不够厚，滚大的过程就变得无比的漫长；雪足够厚，雪球就会快速滚大。这说明外部的自然环境和条件的重要性，需要对业务的政策、经济、技术等方面进行研究，找到富有潜力的业务方向，形成可挖掘、可沉淀、可积累的业务规划。

在战略的定义中，第一步就是定义“客户”。客户和用户是两个概念，“客户”是指那些有需求、有预算和有决策权力的人；而用户是指当客户购买了某个产品和服务之后前去消费的人。这里的雪地更多指向的是具有购买能力的客户，而不是消费的用户，虽然有时候“用户”也有可能转化为“客户”，比如旅游行业中针对家庭的业务中，谁是最重要的客户？答案是家庭女主人，因为她往往是操心于家庭旅游的责任主体，老人和孩子需要旅游会由女主人决定。在这个场景中，男主人经常扮演的是积极配合的角色，因此旅游企业无论针对老年游、儿童游、亲子游还是家庭游，所做的广告创意中都要站在家庭女主人的角度来进行设计，因为她是我们需要重点打动的对象。

（三）从椭圆走向正圆

雪球在滚动的过程中会越来越走形，很可能滚成了一个椭圆形，于是在滚动中就越来越困难。在下坡道中滚动还相对容易些，如果地形趋于平缓，滚动的难度就越来越大，一般的小朋友就不一定能够推动了，需要在大人的帮助下，才能比较费劲地向前滚动。另外，椭圆形的雪球也比较容易断裂，被滚成了椭圆形的雪球往往会以失败而告终。

企业经营的过程也是一样的，在发展的过程中往往有多种选择，是更加重视客户关系，还是要更加重视产品技术，或者两者都同时重视？前两种模式都会把企业经营成椭圆形。很多重视客户关系的销售型企业老板通常是这样思考的：先从销售端开始发展，等企业到了一定的规模，我一定好好地花大力气来抓技术和产品。当这家公司真的通过销售导向到了一定的规模之后，它真的能快速转型成为技术导向的公司么？难度极大，因为这家公司已经形成了路径依赖，要转型成功所付出的代价要更大。因此，**改进思想的观点：即使企业在规模较小的前提下，也同样要思考销售能力和技术能力的均衡发展，只有形成了正圆形才有利于组织业务持续的发展。**

在外部环境向好的前提下，就好比雪球滚在了下坡路上，椭圆形的业务发展还是可以有保障的；一旦外部环境恶化，下坡路变成了平路甚至是上坡路，椭圆形业务就显得无比的困难。相对而言，正圆形业务无论面对上坡路还是下坡路，在转型的过程中都轻松许多。一旦度过了上坡路这个困难点，进入下一个下坡路就成了该业务的战略成长期起点，就可以享受“两岸猿声啼不住，轻舟已过万重山”的畅快心境了。

（四）从可控走向失控

从开始玩滚雪球开始，很多人都不会想一个问题：雪球到底能够滚多大？雪球到底应该滚多大？游戏中我们都能够看到一个现象，即当雪球滚得越大的时候，雪球对雪的吸附力就越强大，有些大雪球经过的地方甚至把雪层连根拔起，它滚过的地方，只留下黑色的地面。所以，跟在这样的雪球后面的球就比较倒霉了，正应了那句话：走自己的路，让别人无路可走。

这样的游戏是不够生态的，古语云：独乐乐不如众乐乐。今语云：大家好才是真的好。在改革开放之初，所提出的基本方针是“让一部分人先富起来，然后带领大家走共同富裕的道路”，富裕起来的资本需要具备“社会责任”，为更多的人谋福利，而不是利用资本的能力让更多的人无路可走。“独角兽”

这个资本名词取得真的很传神，一不小心被养大的资本怪兽真的可控么？以谋利为导向的资本属性遇到了“义利相生”的商业属性时，往往会消灭了“义”而只剩下了“利”。

雪球要滚多大才算大？这还是要看“做大”的目的是什么，是为了彰显自身的伟大，还是“聚利以利众”。**经营的核心就是经营“人”，经营人的核心是经营“人心”。**当巨大的雪球能够利己、利他、利众时，自然会万众一心，保障巨大的雪球处于平衡可控之中；反之，当巨大的雪球只为满足自我贪婪的“小我之心”，雪球可能会超越于个人的掌控而进入失控状态，看似美好的雪球瞬间转化成巨大的灾难，终至灰飞烟灭。

很喜欢毛泽东主席的《卜算子·咏梅》这首词：风雨送春归，飞雪迎春到，已是悬崖百丈冰，犹有花枝俏。俏也不争春，只把春来报，待到山花烂漫时，她在丛中笑。毛主席在总结中国革命胜利的几个方面时，将“坚持走群众路线”放在首位，强调“为人民服务”的初心不变，依靠广大的人民群众基础，才能做到“实事求是”的工作作风和“独立自主”的事业原则。

三 母鸡和公鸡

一家主营实木地板业务的企业，经过多年的耕耘，在区域市场中建立了自己的品牌，并形成了一定的规模。随着房地产市场的成熟，该企业的业务也进入快速发展的阶段，销售额逐年增长，工厂的规模不断壮大，董事长也获得不少的社会荣誉。

学而优则仕，商而优则房，经不起朋友们的劝说，董事长开始对房地产行业有所心动。由于城市住宅市场已经是一片红海，土地招拍挂政策基本把这些新进的小玩家排除在外了，于是他们选择文旅地产作为切入口。

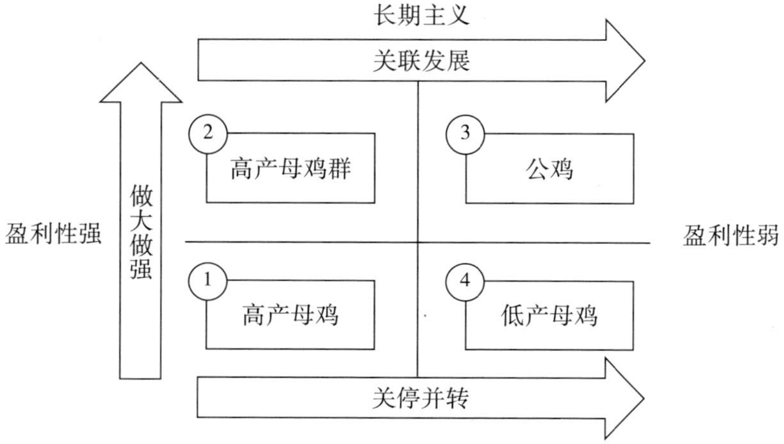

母鸡型业务和公鸡型业务

地方政府对他们的投资表示欢迎，但希望他们先行投资文旅项目，然后再配套房地产项目，理由也很充分：如果文旅项目起不来就没有人气，开发的房地产也卖不出好价钱。经过多次的接触，那片山清水秀的环境激发起了该董事长的人生使命感和情怀，开始立志要打造更加美好的环境，向更多的人分享。"老板思维"中有一条就是具有"仰望星空"的情怀，但过分"仰望星空"的人经常会掉到坑里。

该董事长迅速地进坑了，作为文旅项目的外行，他没有想到做这个事情是如此的艰难，景区整理、道路修建、居民拆迁、农田流转、种植维护、基础设施建设等工作逐步开展起来，投入的消耗越来越大，但传说中的门票收入遥遥无期。为了促进业务发展，他们策划了各种活动吸引了一批又一批的游客，但好像都在为当地的农家乐做市场，于是造成了运营团队和本地居民之间的矛盾日益紧张。还没有等到他的房地产项目开工，文旅项目就已经像一头怪兽吞噬了他的全部预算。

开弓没有回头箭，因为他的主营业务比较健康，银行纷纷上门表示愿意贷款,所贷到的大量资金也多投到了文旅项目中。终于等到房产项目开工了，看到快要封顶的山间美居，该董事长认为自己快要熬到头了，但没有想到由于地产项目的定位不精准，销售极其不理想。加上适逢年底，银行催贷，并承诺只要有过桥资金还贷，很快就能办理续贷。结果通过高利贷做了过桥后，银行却拒绝续贷了。于是整个公司的现金流一下子紧张起来，甚至影响到主业的工资发放和原材料采购，一家优质企业暴雷的新闻就地产生。

在过去的十年中，类似于该董事长面临如此困境者不在少数，加上民间借贷危机和银行联保政策，加重了此类事件发生的概率。形成这样事件的背后，反映了企业家决策能力不够的现状。由于缺乏系统经营思维和科学决策能力，他们往往会以赌徒的心态做出企业的重大决策，从而把自己带入险境。如果能够站在组织的长期责任、使命和价值观的角度进行整体思考和决策，发生上述事故的概率就会大大降低。

按照改进的战略理念，会把企业的业务分为两类：母鸡型业务和公鸡型业务。母鸡型业务是指企业的传统优势业务，短期现金流好，盈利性比较强，虽然短期规模增长不大，但业务的可复制性相对较强，简单地说就是母鸡虽然不太好看但能够天天下蛋；而公鸡型业务是指企业开发的新型业务，往往会承载着创始人二次创业的梦想，代表着心中未来方向的“高光伟正”，但短期现金流较差甚至没有，还需要依靠其他的业务产生的现金或融资来哺育，简单地说公鸡就是看着美好想想感动，但是，只进不出甚至成为经营的无底洞。

企业的起步成功基本都是因为某个“母鸡型业务”的推动，形成了企业的基础性业务，但当基础业务进入到一定阶段时，领导团队就要开始面临业务变革的需求。因为大家都知道“鸡蛋不能放在一个篮子里”的道理，必须要寻找下一个业务的增长点，就是人们常说的“第二条S曲线”。这条曲线的确定对于很多企业来说至关重要，选择得好，企业顺势上台阶，选择得不好，企业立刻走向下坡路。于是就有了这样的说法：业务变革是找死，业务不变革是等死。

这样的矛盾也体现在二代的接班和传承上。随着时间的推移，一大批中国企业家开始进入“知天命”甚至“耳顺”之年，二代的接班话题自然会被提起。但根据调研，大多数二代不太愿意接父母的老行当，他们认为上一辈所做的“母鸡型业务”太慢太落后，都希望尝试“公鸡型业务”，比如构建互联网平台、做投资、区块链等看似美好但短期回报不可控的业务，这也成为不少二代接班的障碍点。

上面的那位董事长的转型是典型的“母鸡直接转公鸡”的失败案例。这样的操作方式也有成功的，前提是公鸡型业务选择对了。能否选对一方面看专业度，另一方面看运气。上述董事长很显然面对文旅市场既不专业也没有运气，最终“公鸡业务”

的一地鸡毛又反过来影响了“母鸡型业务”，一旦“母鸡型业务”由于营养不良失去下蛋功能，“公鸡型业务”食欲良好、难以变现的时候，这家原始积累有限的公司就会现金流枯竭、鸡飞蛋打。

有经验的农民都知道，母鸡的养殖是根本，公鸡的养殖是点缀。从数量上来说，必须大量培育能下蛋的母鸡的数量，不能下蛋的母鸡要立刻处理掉，我们称之为“高产母鸡群”。在这个基础上，适当养殖一些公鸡，既为了培植可孵化的鸡蛋，又可以及时销售变现换取饲料费用。因此，母鸡和公鸡的数量通常需要有一定的比例，母鸡饲养的数量会多于公鸡饲养的数量。

对于企业而言，培育“母鸡型业务”的能力和规模是关键，根据地没有建立牢固的前提下，不要轻易进行扩张；反过来说，如果“母鸡型业务”都没有能够发展起来，开发“公鸡型业务”就会充满了风险。任正非坚持通讯领域不动摇，曹德旺锁定汽车玻璃业务，美的集团坚持家电主业，新希望坚持饲料主业，能看到这些企业坚守“母鸡型业务”的路线。当主业形成了行业竞争力之后，基于生产、销售、人员发展等需要，在盖厂房的同时，顺便做点房地产项目作为员工福利房、办事处等对外销售，也是可以选择的方向。

在这个方面，麦当劳做了一个好榜样，首先选择做“好汉堡”，通过运营体系的设计和沉淀，能够做“好连锁店”，然后选“好地址”，将铺面的物业转为不动产。无论是自营门店还是授权门店，只要全力以赴把汉堡这个“母鸡型业务”做好，就能带动他们的铺面价值的升值，从而养活了房地产这个“公鸡型业务”。从外表看来，麦当劳是一个卖汉堡的餐饮公司，但其实他们是披着汉堡外衣的房地产公司，但如果没有汉堡的内核，房产增值的逻辑就不复存在。

在上述的地板企业转型的案例中，如果换一个思路来看会发生什么？当该董事长基于市场的机会获得了资本积累之后，持续投入地板领域的技术研发、品牌传播、组织优化和市场变革，通过原材料的创新能够给客户创造“性价比”高的服务，能够获得更大的市场份额和规模。原材料从采购模式逐步进入自种模式，可以选择合作种植和自己种植两种方式，寻找并购买合适的林地，一方面享受国家“绿水青山”的环保政策，另一方面解决自身产品的供应链需求，然后逐步顺势进入旅游、房产就是顺理成章的事情了。

在这个思路中，**改进思想的观点：强调做强做大“母鸡型业务”作为基础，形成基于自身发展需求的方向，来带动“公鸡型业务”的成长。新老业务之间能够形成相互支撑、彼此关联的共享点，围绕这样的共享点进行长期投入，就能形成企业的“核心竞争力”，为未来培育更多的“公鸡型业务”打下基础。**

四 案例：效率、模式和数据

2020 年 11 月 5 日，原本是人类历史上最大的 IPO 由于一件看似偶然的事件而被紧急叫停。各种消息纷至沓来，不管事情真相如何，我们也相信金融监管部门的及时干预自然有着更为重要的视角。

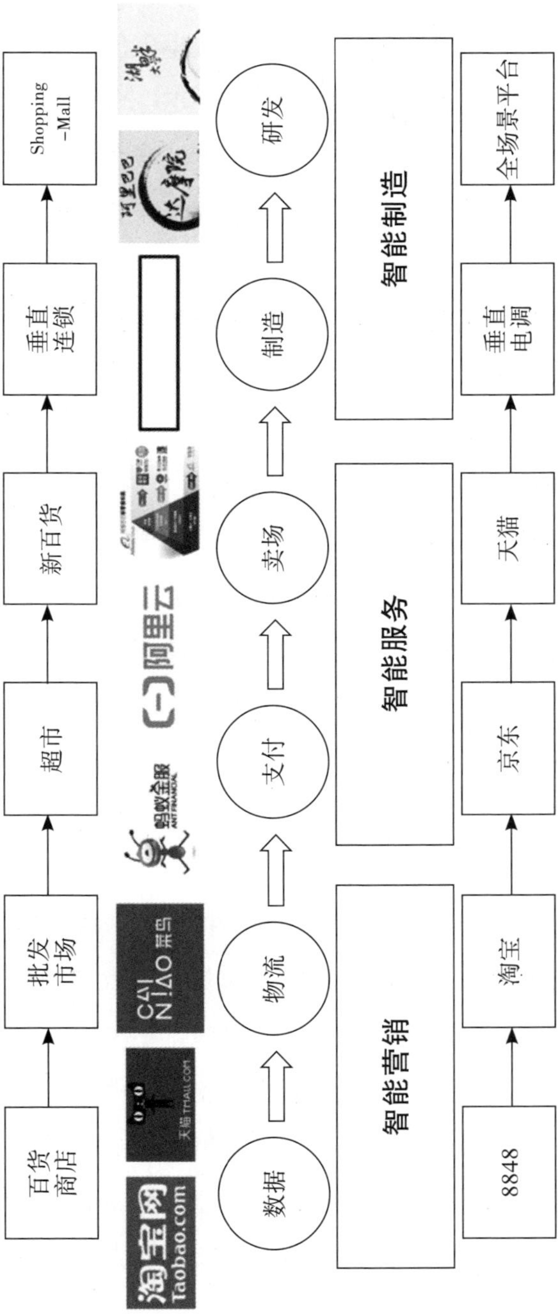

阿里巴巴的布局、效率、模式和数据

不管如何，在短短的21年中，马云带领阿里巴巴的团队创造了一个又一个商业奇迹。事实上这些年来创造奇迹的不仅仅只有马云，但为什么他显得是个奇迹？这个奇迹是否能够被复制？我们希望站在他的商业逻辑的角度去思考，尝试在这个特殊的日子里来解构一下马云的逻辑，权当作为企业家或管理者学习“系统思考”的教学中一个启发式的案例吧。

首先确定我们的结论：**马云的逻辑为“效率假设＋模式改造＋数据赋能”**。

从各种资料来看，马云的起步是传统信息行业，无论是兼职导游还是中国黄页，基于偶然的机会出国接触了互联网，回来之后开始构思中国供应商，从而有了阿里巴巴最早起步的产品。当时提出了“让天下没有难做的生意”的使命已经隐含了追求“商业效率”的概念，但如何追求效率、追求多少效率、如何证明提升了效率，其实都处于概念中。但是，“效率”的种子已经种下，这也是马云在后期面对多个行业进行颠覆式创新时主打的口号。

为了更好地描述“马云的逻辑”，我们先来回顾一下中国互联网行业的发展。以瀛海威在中关村竖了一块广告牌为里程碑，中国互联网发端于20世纪90年代末，PC互联网历经15年左右，到2013年随着智能手机和3G网络的发展而迅速进入移动互联网，后来才有了今天中国互联网行业波澜壮阔的气象。一路走来伴随着资本的保驾护航整个行业“城头变幻大王旗”，一将功成万骨枯：如纳斯达克股票市场的暴跌、3Q大战、百团大战、骑行大战等，虽然商战现场硝烟弥漫、云山雾罩，但是透过看似独立的事件背后，我们还是能够看到一些互联网发展基本的规律。

互联网发展的核心词是“流量”，但是“流量”却不是一个新鲜的词语，只要有商业的地方就有“客流量”和“信息流”等。改革开放以来中国商业的发展也是以“流量转移”为基本特征的，从供销社、老百货商场到批发市场，再从超市到新百货商场，然后垂直连锁如国美、苏宁，最后到商业综合体（Shopping Mall）。这样的商业发展路径几乎改变了很多城市的基本格局，也推动了中国城市化的升级。

互联网的发展其实和线下的商业路径惊人的相似。最早的线上平台 8848 特别像供销社和老百货商场，后来淘宝对应批发市场、京东对应超市、天猫对应新百货、当当对应垂直连锁、美团对应商业综合体，变化的是技术，不变的是历史中曾经发生的故事。与线下“场、人、货”的基础商业逻辑不同，线上更强调“人、货、场”的商业逻辑，人与货的交互信息形成了数据，从“人找货”逐步演变成“货找人”的模式。由于线上的数据遵循“赢家通吃”的原则，线上企业的整合更加迅速且精准，再加上资本的幕后推手作用，互联网企业的并购组合令人眼花缭乱。

回到“马云的逻辑”上来，从一开始他就将阿里巴巴定位为“大数据公司”，于是形成了一系列“商业为手段、数据为目的”的打法。也许当年非典之后淘宝用免费的策略打败了 eBay 是“无心插柳柳成荫”的事件，但这件事给马云客观上带来积累数据的甜头，也看到了数据带来的价值。当淘宝找不到盈利模式时，马云希望通过收取租金或佣金的方式来盈利，引来了大量淘宝商家的一致反对，核心矛盾的焦点也是“数据”。

因为淘宝商家认为是他们用没日没夜的劳动为阿里巴巴积攒了巨大的人气，现在要过河拆桥、卸磨杀驴，决不答应。经过谈判，阿里在收费上妥协，但趁机成立了天猫，这才有了今天著名的“双十一”节日。

“商业换数据”成了马云的第一法则，拥有这个法则的公司很多，而且是显而易见的明线，马云的第二法则却是多数公司看不见的暗线，即“模式换效率”。

很多人认为马云喜欢讲话，喜欢讲大话，喜欢提前讲大话，可怕的是，他提前讲的大话几乎都一个个成了现实。于是他总结的那句特励志的鸡汤文就激励了无数的创业者：梦想总要有的，万一实现了呢！理想是丰满的，现实是骨感的，一群仰望星空的创业者成群结队地投身创业大潮，进入了“仰望星空”的队伍，但是“仰望星空”除了需要有令人激动的愿望，更要拥有科学落地的逻辑。

马云讲话看似天马行空，但自有一套内在逻辑，是基于消费者需求的商业成长路径：销售、服务到技术。**商业的起步期时消费者关心“买得到、买得省”的需求，此时解决的是“多”和“省”的效率痛点；进入发展期消费者关心“买得快且轻松”，此时解决的是“快”和“方便”的效率痛点；到了商业的成熟期，消费者开始关心“买得好且有个性”，此时解决的是“好”和“差异化”的痛点。**

于是我们会清晰地看到基于这个逻辑，马云这二十年中的系列规划：以淘宝、天猫为主体获得基础数据，以基础数据为筹码加资本并购多个商业赛道，目的还是强化数据的核心能力，最终培育出自身的大数据池：阿里云；开发支付宝，解决支付和信用难题，成就了蚂蚁金服；构建菜鸟网络，解决送货的最后一公里；接下来提出“新零售”的概念，全面整合线上数据和线下卖场，进一步强化数据的护城河；然后是“新制造”，犀牛制造应运而生，同时达摩院和湖畔大学，一手投入基础技术研究，一手培养商业人才，为未来的“高质量、全覆盖”发展储备技术力量和人才力量。

今天我们看到了阿里巴巴和蚂蚁金服的巨大市值，这只是“马云的逻辑”中的一小部分，后面的阿里云、菜鸟网络、阿里新零售、犀牛制造甚至达摩院都有可能在各自领域独领风骚，从而构建“智能营销”“智能服务”到“智能制造”的环环相扣、大而不乱的产业矩阵大格局。很难想象未来有一天，有一个经济体，他们掌握了巨大的数据入口和线下的终端卖场，拥有自己的数字货币和物流网络。他们自己开发新技术、新材料、新人才、新平台，然后全面改造那些传统品牌企业的生产、营销和服务。在“效率再造”的名义下，传统品牌企业纷纷聚拢合作，终有一天，这艘诞生于中国的商业航母联合出海，承载着几代人的梦想。也许有一天，这些品牌可能在一夜之间全部换标，那就是一个古老的神话故事的名字，演绎现代版的全球化商业神话。

透过现象看本质，本案例希望能够解构马云商业设计的结构，一方面向祖国的强大和安定致敬，也向一直在努力和创新的中国企业家致敬，不管未来如何，相信“马云的逻辑”应该成为中国企业成长的重要资产。管理的实践呼唤管理的理论，只有在企业家、管理者和理论研究者通力合作、共同努力下，才能产生具有中国特色的管理理论，从而指导未来中国企业持续提升效率、提升全球竞争力的管理实践。

第二节 战略的分析

一 战略的选择

企业家需要重视战略，战略就是选择。事实上在企业发展的不同阶段，就需要进行不同的选择，既然是选择，就不能用简单的对错来判断，而是要看一系列选择的背后有没有统一的原则和逻辑来支撑。这个原则和逻辑是由价值观决定的，条条大路通罗马，重要的是去往罗马的目标不能变，以及去罗马是无比正确的选择的信念是不能变的。

即使目标和信念已经确定，在具体选择中我们也依然会左右为难，比如在“技术至上”还是“贸易至上”的选择方面，曾经发生了著名的联想集团的倪柳之争，至今都没有最终的官方结论。再比如说京东重仓投入物流和仓储，来强化服务的战略壁垒的选择，却多次遭受到马云的否定，这两位经营者谁对谁错？格力的“董小姐”和小米的“雷布斯”关于线上和线下布局的赌约已经过去，但线上线下的重复融合似乎也分不清谁对谁错了。透过这些典型性的事件，我们似乎可以看到一些基本的规律，通过这张图来表达供大家参考。

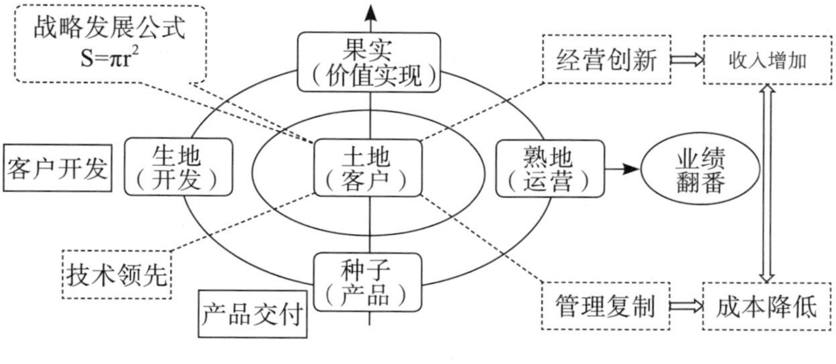

业绩增长的来源

改进思想的观点：所谓战略转型就是重新定义三个方面：客户、产品和机制。

关于客户，过去通常的观点是“客户是上帝”，随着商业活动的逐步成熟，同意这个观点的人却越来越少，一方面大家会认为这种口号似的表达接近于正确的废话；另一方面随着大家的成长，发现不是所有的客户都应该去服务的，成熟的业务不是选择服务谁，而是选择不服务谁。**在改进的逻辑中，我们把客户看作是“土地”，企业所提供的产品和服务是“种子”，企业需要专注于研发优良的品种，去匹配优质的土地，形成共生共长的模式，共同创造优质的成果；成果会进一步反哺土地，成果也会包含新的种子，从而形成持续循环的生态局面。**

客户是土地，自然就会有生地也有熟地，生地强调的是开发，熟地强调的是运营。但是，当前有很多企业明明已经进入熟地的阶段，却仍然在依靠开发的方式在服务客户，自然就难以满足客户的需求。

由此形成了两条交叉的直线，纵向的代表“产品开发线”，横向的代表“客户开发线”。多数企业往往会选择横向的客户开发线作为创业的重点，他们往往在前期跑得比较快，但是到了后期往往后继乏力。也有些企业会选择死磕纵向的产品技术，他们的困难在前端，长时间的技术投入不能快速转化成可销售的业务，会影响到企业的生存，但是这样的企业如果度过生存阶段，后续的力量往往就比较强劲。

以市场为导向的企业家也会表达重视技术的意愿，他们往往会说：等我赚钱之后，我一定会加大重视技术和产品，事实上真的等他们赚钱了，也未必能够顺利地转型技术和产品，因为组织已经形成了路径依赖。

技术和市场这两条线就好比是雪球的两个直径，只有保持平衡，这个雪球才能呈现正圆的形状。如果不能评估，就会成为一个椭圆形的雪球，在坡度一样的前提下，正圆形的雪球自然比椭圆形的雪球更容易滚动，也更容易滚大。如果有可能，企业家需要尽早地推动这两个方面的平衡，为下一步长期的、持续的滚动发展打下基础。

一旦平衡的战略逻辑建立之后，经营创新、管理复制和技术沉淀就拥有了方向。经营是针对组织外部的、以研究客户和竞争对手最佳策略为导向的价值创新的设计，而管理是针对组织内部的、以研究员工和合作伙伴最佳实践为导向的价值复制的设计，技术则是将经营创新和管理复制中提取最佳方法论和工具形成组织沉淀的设计。**经营创新决定了企业做强，管理复制决定了企业做大，技术沉淀决定了企业做长久。**

梳理了思路之后，就需要对企业未来做出最坚决的选择，**这战略那战略，自己不后悔的战略就是好战略。**

二 战略的路径

每年年底，很多企业都开始制订下一年度的目标和计划，同步会对未来的战略进行梳理，调整一下方向和工作重点。今年注定是不平凡的一年，宏观环境的波动将进一步加强行业的不确定性。越是这个时候，行业调整的幅度越大，有些企业面对未来失去信心，将退出这片熟悉的领域另谋出路，空出来的市场会给其他企业带来新的希望，会吸引新的同行冲进来，带着全新的想法和理念，挑战固有的规则和秩序。在这种不确定性加大的前提下，企业该如何来规划未来呢？

$$\text{机制活力} \times \left(\frac{\text{产品张力}+\text{客户潜力}}{2}\right)\text{组织能力}$$

战略和路径公式

过去企业制订目标相对简单，即根据自身的需求和过去的历史业绩，面对未来提出一个自认为能够接受的数据目标，然后对下进行宣贯，期望获得大家的认可，就算是将战略目标做完了。还有一些相对成熟的公司，往往在年底组织管理团队开展“战略解码”的研讨活动，将未来的战略目标进行多维度拆分，推动各个部门形成基于“关键任务”的计划目标，形成“上下同欲、左右协同”的组织部署。

改进思想的观点：面对未来确定一个数据目标并不难，难的是如何确定一个让整个团队充满信心、愿意为之奋斗且可完成概率高的目标。我们不仅仅要报出一个目标，更要研讨出达成这个目标的可能性，即“战略的路径”。

我们将从以下几个方面来尝试阐述。

（一）客户的潜力

战略就是创造客户的需求，但创造新客户需求和创造老客户需求的做法是完全不一样的。新客户对业务不太熟悉，需要进行教育、引导、推动等动作，老客户对业务越来越熟悉，甚至在某些方面比企业派去的员工更加专业，需要进行运营、服务、研究等动作。在不同的战略阶段，需要聚焦于不同的客户并发掘他们的潜力。

面对新客户强调“开发能力”，即帮助客户完成“从0到1”的过程；面对老客户强调“运营能力”，即帮助客户完成“从1到N”的过程。很多企业的客户结构已经非常成熟，绝大多数客户已经合作多年，但是他们的业务团队可能还是站在“开发的角度”在服务客户，导致客户很是迷茫。解放战争后期，当解放军势不可挡地拿下各个城市后，发现管理城市反而成了大的难题，因为解放城市和管理城市是两个不同的工作。

企业需要根据客户的结构不同，在不同的战略阶段确定可聚焦的客户对象，并采取合适的方式来开发客户的潜力。

（二）产品的张力

在不同的战略阶段，对核心产品的定位也将有所不同。在《管理的逻辑》一书里，我们提出了重新定义“产品”的建议，销售部的“产品”是“销售方案”，由原材料、服务和交付工艺三方面构成。因此，**随着业务战略的升级，企业“产品”的张力要求也会不一样。**

在业务起步阶段，客户往往对产品的诉求比较简单，即能够满足功能性需求和性价比高的特点，就已经非常开心。比如包子铺制作包子和馒头需要面粉的原料，只要面粉货真价实就愿意购买；开商店需要货品，只要商品物美价廉就愿意进货；消费者需要旅游，只要提供足够多且价格便宜的线路，自然就能招揽了顾客。

随着业务的发展，客户对产品的诉求就开始提高要求了，一方面客户经历多了会形成自己的判断能力；另一方面竞争对手多了也会通过创新抬高客户的期望，从过去满足于功能性的需求走向满足服务的需求。服务的本质的“可承诺”，于是包子铺的老板开始关注面粉厂家能否提供“按需供货”的承诺，商店老板开始提出“送货上门”的承诺，旅游消费者开始提出“不满意就索赔”的承诺，这些需求对“产品”张力的提升提出了更高的要求。

（三）组织的能力

工欲善其事，必先利其器。企业如需要达成更高的战略目标，就需要提前在“组织能力”上下功夫。**“组织能力”就是企业**

在面临外部竞争和环境变化中，能够快速地做出精准反应，调动各种优势资源进行部署的能力。组织能力由“经营创新”“管理复制”和“技术沉淀”这三个方面构成，但在业务的不同战略阶段里，这三个方面需要突出的重点也是不一样的。

在战略的初期，销售能力会成为组织能力的核心，我们能够记得比较早期的优秀品牌其实都具有比较强大的“销售基因”，比如三株口服液、巨人脑白金，包括华为早期的销售狼文化和阿里巴巴的销售铁军等，还有一众央视包装出来的“标王”，都曾凭借销售能力上的一马当先，在市场上率先撕开一道裂口。但是，随着业务战略的发展，这些企业都需要进行“组织能力”的转型，转型成功的就走向新的辉煌，转型失败的就此沉沦。

这方面中国服装行业是典型，趁着加入世贸、融入全球一体化的大背景下，中国服装企业迅速地在销售端发力，品牌上采取“明星代言”策略，渠道上采取加盟、直营和代理全面出击，价格上采取高倍率高返利的促销方式，但是普遍在研发、技术、设计方面投入不够，造成整体服装行业一片红火的同时也是危机四伏。最典型的就是“高库存”的风险，拖垮了无数曾经风光无限的品牌企业。著名的运动服装品牌“李宁”也因此命悬一线，正是痛定思痛、构建全新“技术驱动”的组织战略后，才完成了华丽转身的自我救赎。

（四）机制的活力

机制是一家企业对利益相关者的长期承诺，当企业发展到一定的时期，机制会成为其进一步发展的障碍。相对上面的三个要素来看，机制是战略实现中最为重要的基础，它提供了组织战略持续成长源源不断的动力。这个动力来自利益相关者的强大意愿，对于企业的领导者而言，需要长期思考这个关键点：当前大家一起工作的动力是什么？未来大家还能够一起工作的动力是什么？最终决定大家能够不离不弃的动力到底是什么？

有恒产者有恒心，有恒心者有恒力。**对于一个企业而言，最终的理想都是走向三大共同体：利益共同体、情感共同体和命运共同体。**通过技术创建的壁垒和公司基本法确定的分配原则，为大家长期创造价值和分配价值提供保障；通过组织愿景的显现化和价值观的优化，来凝聚大家共同的情感家园、精神家园；通过多种形式的生活保障和风险规避措施的构建，消除大家的后顾之忧，形成互帮互助、共创共享的理想组织。

总之，**改进思想的观点：我们需要理解战略不仅仅是一个目标，还是通往这个目标过程中的一系列路径设计，只有系统规划之后，这个目标才具有实现的可能性。**

三 GPS-IE® 管理改进系统

一场大戏中的主角正式出场前，总需要有前戏进行铺垫。**在我们的战略落地系统中，GPS-IE® 管理改进系统是当之无愧的主角。**作为这套理论体系的主架构，相信已经被很多老朋友所熟知，无论之前出版的《管理的逻辑：高绩效组织的改进语言》一书，还是我们经典的《绩效改进工作坊》的品牌课程，都是用这个结构作为我们的主要提纲，在此我们还是比较正式地给大家介绍一下这个系统。

为什么要开发这个系统？看到《管理的逻辑：高绩效组织的改进语言》的副标题就能够明白我们的用心，从一开始就将之定义为“语言”，一方面是为了统一组织的管理沟通语言，另一方面是为了组织发展和人才发展提供一套开发语言。开发软件系统之前，必须要确定开发的语言，软件的架构师、程序员和项目经理都要使用统一的开发语言，形成的软件才具有兼容性和延展性，否则在运行的过程中会产生大量的BUG。

企业每年到了这个时候都要进行下一年的目标制订和计划分解工作，目标定多还是定少往往难以达成共识。计划分解中缺乏过程设计，部门与部门之间不能形成“咬合关系”而各自为政。前端业务部门只关注结果导致业绩评价滞后产生风险，后端职能部门只关注任务导致难以量化考核。老业务随着老员工、老客户的疲倦而遇到瓶颈，新业务由于运营能力、服务能力跟不上而上市不力，业务快速发展中绩效薪酬失衡导致优秀员工流失，新员工因缺乏优质资源的支持难以融入……

这些年企业也纷纷学习了各种先进的方法论，从以“BLM业务领先模型”为结构的战略解码到平衡计分卡，从KPI关键绩效指标再到OKR目标与关键成果法，从“卓越绩效模式”再到阿米巴经营，从“六西格玛”到精益生产、PDCA等。很多企业也熟知了很多管理大师的名字，如彼得•德鲁克、彼得•圣吉、迈克尔•波特、大前研一、稻盛和夫、明茨伯格等。这些诞生于西方国家相对成熟的市场环境下的管理系统提升了中国管理者的整体素养，只是多数管理者仍然会头痛：我们应该如何做好管理的落地？

不仅要“知道”，更希望能够“做到”，GPS–IE® 管理改进系统的面世正是带着这样的使命的：让中国的企业不再为管理而烦恼。该系统由七个方面构成，也是每一位管理者需要了解并掌握的“管理七步骤”。

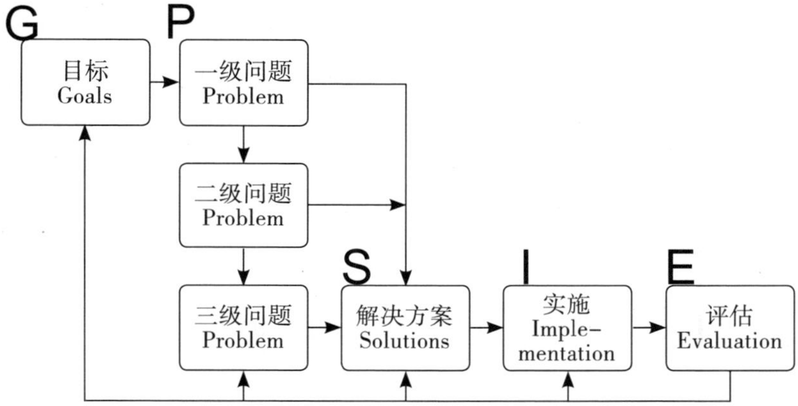

GPS–IE® 管理改进系统

（一）澄清战略目标（Goal）

无论是企业的高管还是部门级管理者，都需要澄清组织的战略目标，从而能够统一大家共同努力的方向和成果。**管理者的责任就是通过问题的界定、问题的分析、问题的解决来达成最终的目标。**如果大家的目标不够清晰，会导致大家失去清晰的目的。在澄清战略的过程中，需要对基于愿景、使命和价值观共识下的客户描述、业务组合、业务发展阶段、组织的驱动关系和机制体系开展研讨并达成共识，这些都属于组织发展中的顶层设计，这将决定后端业务落地过程中的方向、原则和策略的选择。

（二）明确一级问题（Problem Level 1）

澄清了战略目标之后，管理者就要明确自身在组织战略实现过程中所承担的责任、权力和利益关系。在这个环节中，主要分析的是经营价值链和管理价值链，通过“外包思维”的分析，帮助每位管理者找到精准的客户、产品、交付标准、收益原则和惩罚条款等，这些将统称为“生意模式”。**作为管理者一手要抓经营，一手要抓管理，从而形成“客户价值”和“员工价值”两个方面的职能。**在不同的业务发展阶段，不同的部门的工作重点不完全一样，应根据业务的需要进行相应的调整。

（三）梳理二级问题：（Problem Level 2）

然后各部门负责人将开始对业务的过程进行分解，目的是不仅仅要形成清晰的目标，更要形成达成这个目标的路径分析，以提升达成目标的可能性和可控性。过去在明确了结果目标之后，大家就开始带领团队制订具体的计划和预算，形成工作计划表，再通过对工作过程特别是工作日志的追踪，希望能够推进业务的完成、促进目标的完成。这样的模式效率较低，且目标达成并不可控，因为行动计划表上面制订的任务和目标结果之间缺乏必然的逻辑关系。因此，**在分解目标过程中要从过去的“语文式思维”转化为“数学式思维”，通过驱动共识的建立，形成满足稳定性、可控性、结果性和可衡量性四大特点的驱动要素。**

（四）分解三级问题：（Problem Level 3）

通过数据的定义、策略和分析，管理者可以确定需要解决的关键二级问题。如何有效地解决二级问题的偏差？需要在动作分解的层面来解决。动作分解和流程设计有一定的区别，掌握业务流程是员工上岗的最低标准，但员工掌握了工作流程不代表他一定能够创造优秀的业绩。**要想让员工在工作中取得更好的业绩，就需要他们明确工作过程中的目的，动作分解就是“有目的的流程”，能够形成岗位的工作标准、员工的能力等级和人才发展的依据。**

（五）设计解决方案：（Solution）

在确定了关键问题之后，无论是一级、二级还是三级问题，都需要对问题进行分析解决，通常需要六个步骤：聚焦描述问题、分析问题原因、澄清转化原因、确定根本原因、设计策略组合和选择最佳策略。在形成解决方案的过程中，需要有相应的原则、工具和流程帮助大家进行团队分析，否则很容易面临几大难题。

1. 原因分析又大又空，无法找到有用的原因；

2. 不知道选择哪个原因才是有价值的原因，更不用说根本原因了；

3. 分析策略的时候往往打不开思路，经常停留在已知的思维层面，难以创新；

4. 选出来的策略也不敢保证就是最佳策略，导致经常瞻前顾后、随时调整。

（六）推动实施计划（Implementation）

再好的计划也需要强有力的执行，执行中需要形成有力的计划设计，包括年度经营目标、季度策略分析、月度计划分解和每周的计划复盘活动，都是计划系统中的一部分。管理者在推动计划执行的过程中，不断地调整和优化策略计划，从而促进计划的完成。管理者负责“做正确的事”和“正确地做事”，即确定需要重点解决的问题并确定问题解决的策略路径；员工负责落实计划中的每一个步骤并能够实现成果。**在计划执行过程中会反映出组织绩效能力和个人绩效能力的差别，企业需要不断地提升组织能力，从而持续降低对个人绩效的依赖。**

（七）开展绩效评估（Evaluation）

绩效评估分为两个维度：过程评估和结果评估。过去很多企业偏重于结果评估，但结果往往具有“滞后性”的特点，如能将业绩评估前置化，就能提前介入到团队问题偏差的改善活动。评估绩效不仅仅是为了兑现奖惩，更重要的目的是为了持续改进。通过对“过程数据的评估”和“绩效结果的评估”两个方面的数据采集和对比分析，就能确定需要改进的过程。**当业务的过程受到相对完美的控制时，过程好结果自然好，结果目标达成的概率才会大大的提升。**

四 案例：业务的突破

一家拥有自主品牌的服装企业，经过多年的快速发展，遇到了业务发展的瓶颈，连续两年的业绩没有突破了，过去每年都能增长 20% 左右，最近两年基本停滞。业务的发展亦如逆水行舟，不进则退，该企业的老板很是着急，经常组织业务部门的同事来讨论。大家认为应该采取的措施也都已经做了，业绩不行还是因为外部环境经济疲软的原因，导致消费者的购买力下降，所以业务能够维持当前的状态已经相当不错了。

在讨论业务发展问题的时候，团队成员往往会表达对原因的看法，但经常会把“原因”和“借口”混淆。原因是指对有数据偏差的问题进行可测量的分析，而借口则是基于某些症状产生的影响因素进行无依据的表达。针对业务量的停滞不前，大家首先要围绕业务的发展阶段分析、业务的结果测量和过程逻辑的设计等展开讨论。该企业从十年前开始推行直营和代理的销售模式，主要以开店为主，有些区域比较成熟，会员数量稳定，有些区域正在发展，正在大力开发门店和会员。

所谓业务提升就是要找准关键对象的关键问题的关键原因的关键策略并执行到位的过程。这句话看似有些复杂，但就是要透过大量的表象找到问题的本质并聚焦性地解决，才能形成良好的效果。说起来容易，做起来并不容易，一个篮球教练曾经分享过：要赢球其实很容易，就是要在正确的时机下用正确的方式把球投进去。接下来就要回答什么时候是正确的时机？如何才能用正确的方式来投进去？

首先我们看客户的定义，服装企业把服装生产出来后发给代理商，代理商把服装发到门店，门店把货卖给消费者，请问谁是该服装企业的客户？代理商、门店还是消费者。是否会出现这样一个场景，该企业的管理团队在一起讨论下一年的市场策略时，由于每个管理者对客户的定义不一致，导致大家对市场策略的理解也不一致，请问这个团队能对下一年的策略达成共识么？如果没有达成共识，最终应该由谁说了算呢？如何保证最终确定的策略是正确的呢？

此时需要有“原则”来帮助决策，原则上这三个对象都算服装企业的客户，但是在不同的业务阶段，需要确定一个对象作为核心的客户进行推动。当业务刚刚起步的时候，核心客户应该是代理商，需要依靠代理商启动某个市场；当代理商关系稳定下来之后，核心客户就变成了门店，需要建设大量的门店来促进销售；当规划的门店数初步完成之后，接下来需要和代理商、门店一起共同推进消费者的购买，核心客户就变成了消费者。

经过分析，该企业经过十年左右的发展，有些区域进入了发展期，有些业务进入了成熟期，总之，起步期的区域已经不多了。但是，他们的业务团队对市场的认知和能力还停留在当初的市场开发的阶段，仍然习惯性地和代理商打交道，团队的配置也是按照“开发”的阵型配置的，以大区经理带区域经理的方式。前几年由于需要不断地开发代理商、拓展新门店，所以每年的业绩都会有所提升，随着近两年代理商和门店开发的放缓，业绩也就停滞不前了。在新的形势下，该团队所服务的客户需要下沉了，从代理商转化为门店或消费者，发展型的区域需要针对门店，而成熟型的区域需要针对消费者。

客户画像说清楚之后就要开始分析关键问题了，该企业的销售团队需要针对下沉客户所遇到的问题进行分析解决。过去他们认为客户是代理商，所以就紧紧地盯着代理商的问题，大家认为最重要的事情是推动代理商进货。于是他们的主要行为是在平时维护代理商的关系，在每次订货会之前突击拜访代理商并通过各种激励政策来鼓励代理商多多进货。一旦代理商确定了订货量之后，他们就认为本季的工作基本结束，开始忙活下一季的工作了。

但是进入到业务发展阶段，代理商愿不愿意多进货，主要取决于他上一季所进的商品有没有售罄。上一季的库存越多，他们下一季进货的动力就越小，因此如何帮助代理商的门店获客和销售就变得很重要了。客户从哪里来？从服务中来，通过解决客户的痛点来增强与新老客户的连接。以女装的冬装为例，消费者的痛点会处在她们的系列行为中，如买衣服、穿衣服、洗衣服、存衣服、修补衣服等，这些行为中最大的痛点是洗衣服和修补衣服，因为前者频次多，后者损失大。

针对这两个痛点可以形成“获客”策略：与当地规模较大的干洗店建立战略合作伙伴关系，推出本年度的销售促销政策。比如凡是老会员本季购买的女性冬装，可享受本品牌三件套的免费干洗机会，以此来吸引老客户购买；凭借本品牌会员注册的二维码，可以享受本季单件冬装半价干洗的政策，用这样的方式可以帮助门店将其他品牌的消费者转化成本品牌的会员。

当将终端打折的空间部分转化成干洗服务的成本后，不仅能够维系老客户购买，也能够采集其他品牌消费者的数据，用“服务”的策略来帮助门店解决“客户数”的问题。

业务进入到成熟的阶段，会员的数量已经很多了，这个时候的关键客户对象变成了消费者，主要需要解决的问题变成了“复购率”。对于消费者而言，她们购买的不是服装本身，而是服装给她们的工作、生活带来的体验感和满足感。因此，我们将门店的产品定为“女性场景化服装解决方案”，通过建立成熟会员的体型、社交场合、工作场所、日常习惯等的数据库，协助她们设计出全年不同季节、不同场合、不同对象的搭配方案，从过去“单件销售”的模式逐步走向“成套销售”的模式。

成熟期的业务中，设计部需要进入前置性的工作状态，既要研究老客户的需求，也要研究新客户的需求，从某种角度来说，研究新客户比老客户更加重要。有些品牌总是围绕老客户转，认为老客户是购买的主体，但是我们看到，老客户会逐步变老的。如果我们紧紧围绕老客户来开展设计，就会发现这个品牌会逐步伴随着老客户慢慢变老。因此，设计部需要规划好未来的长远计划，去研究这些未来客户的需求、定位、喜好和办公场景，从而才能为销售部设计出指向未来的服装款式和调性。

通过这家服装企业的业务优化过程来看，我们需要回到业务逻辑的根本点来思考解决方案，凡事多从内部可控的因素来考虑，而不是追着外部不可控的因素来讨论，只有这样才能找到更加持续有效的路径解决业务的困境。

3 第三节 战略的设计

一 潮水 VS 浪花

如果把企业的战略思维比作海水，海水有两种形态，一是潮水，二是浪花，大家会选择潮水般的战略思维还是浪花般的战略思维呢？多数人会从理性的角度选择潮水般的战略思维，因为潮水具有整体性、长期性和可积累的特点，而浪花则具有个体性、短期性和不可积累的特点。但是，在实践中，我们看到能够坚定不移地选择潮水般战略思维的企业少之又少，大多数公司都表现为浪花般的战略思维，没有整体规划，各部门各自为政，短期思维占主导地位，无法对竞争对手形成碾轧式的优势。

接下来将结合潮水形成的基本成因来分析组织如何通过“潮水般战略思维”来助推企业业务的发展：

（一）长时间孕育力量

风起于青萍之末，浪成于微澜之间。这句话的意思是风从地上产生，开始时也只是在青萍草头上轻轻地飞旋，最后形成了强劲彪悍的大风；巨浪从海上诞生，开始时只是在细小的波澜中积聚，最后会发展成为惊涛骇浪。经过长时间的孕育之后，一些起初看似不起眼的做法会形成摧枯拉朽的新势能，从而形成波澜壮阔的策略体系。

从一些公开资料上看，京东的刘强东在创业之初就比较喜欢亲自蹬着三轮车给用户送货，在给客户提供直接服务的过程中，也许就种下了“服务为上”的经营理念。日后在京东拿到了风险投资之后，刘强东毫不犹豫地投向了物流和仓储产业，无怨无悔、奋力一搏。经过十多年的艰苦建设，到今天为止，京东物流本身已经成为资本市场上的独角兽，更能给京东的其他产业提供服务协同和基础设施的保证。

如果说企业在后端产生了潮水般的策略体系，是基于起初的某种看似不经意的行为决定的，只是随着组织的发展，创始人会越来越重视隐藏在这些行为背后的理念价值。过程中也会遇到无数的质疑和挑战，但是基于创始人的坚持，往往这些想法能够通过实践的检验，最终形成了组织上下共同认可的发展原则。

（二）积聚效应的产生

著名的浙江钱塘潮之所以比较壮观，很大程度是取决于钱塘江入海口的地势所造成的。从外海到杭州湾的衔接处，天然形成了一个宽约 3.5 公里的喇叭口，当潮水进入喇叭口之后，自然形成了巨大的积聚效应。当外部的各种条件经过积攒逐步时机成熟后，企业也需要寻找到可聚焦的策略机会，能够在瞬间引爆积蓄的力量，形成具有超级力量的策略推进。

阿里巴巴在尝试对淘宝商家收费未果后，成立了天猫商场。为了快速推动天猫商场的影响力和市场份额，阿里巴巴于2009年启动了“双十一”购物狂欢节，调动组织近十年沉淀的各种资源，在“双十一”的24小时之内形成阿里搭台、商家参与的促销活动。虽然第一年参加的数量和促销力度有限，但是所形成的营业额还是远超组织方的预期。从第一年的数千万到2020年的4982亿销售额，“双十一”活动形成了巨大的潮水效应，不仅推动了阿里多项业务的快速成长，也促进了中国互联网电商业务的蓬勃发展。

改进思想的观点：对于企业而言，在资源有限的前提下，适度地聚拢和收缩有助于力量的聚合，能够集中在一个点上来发挥价值。撒胡椒面式的做法不利于业务的突破，看似面面俱到，实则缺乏重点。

（三）相互协同的价值

潮水到达终点时具有极大的气势，这样的潮水往往是由多股潮水合流而成。由于地理环境的影响，有些潮水先至，有些潮水后达，一旦汇合之后，将混编一处，相互借势，形成一股气势宏大的潮水，奔涌向前，摧枯拉朽，营造出壮观无比的景象。

企业中的策略推进同样需要如此，凡事单个部门各自为政形成的策略，都像浪花一样，暂时形成了一定的反应，但很快会归于平静，无法产生巨大的动力。只有上下一致、左右协同，才能形成有效的策略价值。伟星新材在上市之后，基于消费者的痛点需求，推出了“星管家”的服务模式，形成了“可承诺”的服务方式。服务的本质就是“可承诺”，承诺的重点不在于销售，而在于交付短的改造和升级。伟星新材为了兑现对消费者“双质保”的承诺，将生产、技术、服务、市场、销售、采购、信息中心等部门统一协作起来，紧紧围绕“星管家”的服务体系，齐心协力，十年如一日地坚持为消费者创造价值，从而取得市场份额、利润和客户口碑三丰收的好成绩。

在多年的服务过程中，“星管家”体系还积累了大量的服务数据，即使同行纷纷开始学习“双质保”的做法，但由于积累的周期足够，伟星新材在品牌影响力和数据积累度方面还是能够保持着极大的优势。

二 沉淀有助于起势

在钱塘江口多年来自然形成了一段水下屏障，被称为“沙坎”，一旦潮水过来，沙坎所形成的适度的阻力反而造就了潮水起势的力量。无论是一家企业还是一个人都需要有积累，过去看似没有回报的付出终会发挥其价值的。在国内的女演员中，咏梅虽然不是表演科班出身，一个偶然的机会进入了演艺圈，二十多年来没有担当过主演，但是她对于出演的每一个配角都认真对待，塑造了许多个性鲜明的银幕形象。直到她 49 岁时才首度主演了电影《地久天长》，并一举获得了第 69 届柏林电影节影后桂冠。

俏也不争春，只把春来报，具有了这样的心境，自然会享受春天的美好。多年前，我们给自己确定了一个原则：我们要成为一家“做好培训”的机构。四年前，为了追求更好地服务客户，我们在杭州组建了软件团队，开发基于 GPS-IE® 管理改进系统的软件和 App，当时投入挺大，我们也坚持了三年多，作为非软件行业的我们自然会遇到各种坎坷与挑战。2020 年新型冠状病毒肺炎疫情突袭而至，线下服务戛然而止，改进咨询正是依靠多年来线上投入的积累迅速转型线上，并且建立起了线上内容和交付的优势。

从价值观出发进行的选择，至少是不让自己后悔的选择，无论是一帆风顺还是逆水行舟，都会转化成过程的财富，在未来的某一天必然会发挥价值。

三 机遇会放大能量

钱塘江最为壮观的潮水往往出现在农历八月十五后三天，因为这一天地球、月亮和太阳几乎在一条线上，月球离心运动所产生的引力会加大潮汐的程度，这也助推了钱塘江潮水的壮观景象。企业所设计的策略也需要借助于外部的优势，包括政治、经济、环境、技术等，这就是小米的雷军所说的“风口论”：风口来了，猪都会飞。他其实偷换了概念，被风卷起和自由飞翔其实是两回事，前者的结局注定是摔惨，而后者能依靠自己安全落地，只有具备了“逆风飞扬”的能力，才能有效地把握“风口的机会”。

小米正是借势飞扬的典范。雷军在金山多年，是年轻的老一辈互联网人，当他看到一批批后起之秀都通过互联网取得成就后，也按捺不住创业之心，只不过他在正式创业之前披着投资人的外衣进行了长时间的创业筹划。最终他把创业的起点放在手机上，因为当年正逢苹果手机的创新打开了智能手机的风口，而国内的中低端智能市场还没有形成品牌企业，大量的山寨智能手机大行其道，于是雷军 ALL IN 智能手机，小米应运而生。通过米聊蓄客，先设计后交付时间差，整合供应链等不同于传统制造的做法，小米手机以“品牌性能、山寨价格”的市场定位一举成功。这也形成了小米的基因，后面围绕家居产品打造“小米生态”的做法继续延续了“高性价比”的原则。

只不过雷军将“生态 + 投资”做到极致，通过自有流量反向整合供应链，寻找那些有技术、有产能、有情怀却销售弱的企业，投钱、投人、投资源，并且只谋求参小股。这样的做法往往使这些企业难以拒绝，小米迅速布局数百家极具潜力的制造企业,在小米生态的支撑下,这些企业都成了“插上翅膀的猪”。因此，雷军成了 IPO 市场上的大赢家，相信这种景象在未来几年中仍将持续。

四 建立“四流业务”组合

企业的战略靠业务支撑，随着企业战略的升级，业务的数量和种类也开始发生变化。刚开始，企业通常拥有一个非常核心的业务，无论是基于政策、技术、客户还是区位等优势，这个核心业务会支撑起整个企业的规模和形象。迟早有一天，企业会走向多元业务扩张的道路，也许是来自自身面对未来的成长压力，或许是受到某个无比美好机会的诱惑，抑或是某个政府或投资人的鼓励等，总之，这个企业从此开始进入多条业务线齐头并进的状态。

开发多条业务会满足企业老板“做大做强”的内心渴望，但是“做大”和“做强”之间似乎并没有必然的逻辑，能够“做大且做强”的企业是少数，多数处于“大而不强”的状态。这跟多业务之间的掌控力有关系，我们问过有些企业老板一个问题：您这几个业务之间有没有关联关系，到底算是拧成一股绳在做，还是各自为政？老板会幽幽地回答：我们是拧成一股绳各自为政。这听起来似乎是一个笑话，但恰恰说明了很多企业的业务与业务之间没有进行很好的设计，导致业务的数量在增加，但整体的规模效应并没有得到体现。

导致企业“大而不强”的原因大致如下。

1. 新业务的发展总需要一个过程，特别是多条新业务同时起步，必然带来短期成长的压力；

2. 新业务和老业务之间缺乏互补的定位，甚至有时候是冲突的，导致团队“外战同行、内战同事”的处境，内耗加大开始拖累组织的效率；

3. 新业务分摊了核心资源和能力，比如由于人才发展跟不上新业务成长的速度，导致原来优秀的业务人员成了新业务中极其普通甚至不合格的管理者的现象。

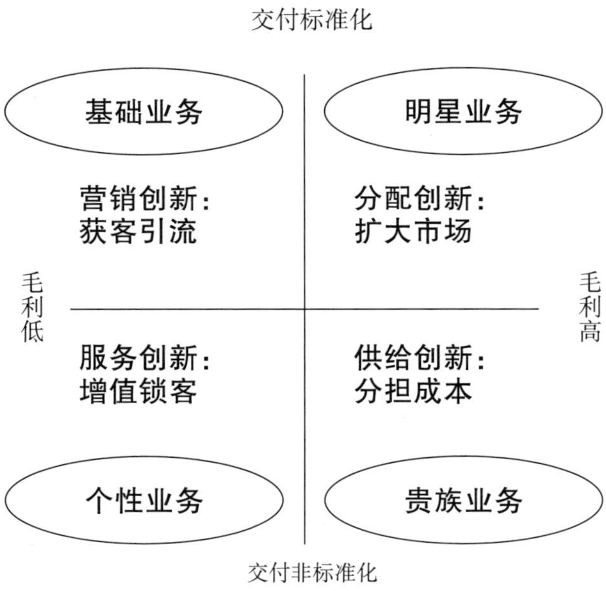

四流业务组合

这种情况如何改进呢？改进思想的观点：只有设计好业务与业务之间的整体关系，才能提升业务组合带来的整体价值。我们将通过两个维度来划分业务的类别：第一个维度看业务赚不赚钱，即毛利率的大小；第二个维度看业务能否上规模，即标准化程度高不高，越是标准化的业务越容易上规模，越是非标准化的业务越难以上规模。**从而形成了四个业务的分类：基础业务、个性业务、贵族业务和明星业务。**

标准化程度高但毛利偏低的业务为“基础业务”，该业务往往是企业经营多年，曾经风光无限的业务经过多年的打拼，面临外部竞争加剧内部后继无力的窘境，虽然没有多少利润空间，但是也算是支撑了相当的份额，处在“食之无味、弃之可惜”的阶段。很多企业把这种业务称之为“搬运工”业务，如果回款状况比较良好，该业务就还能够继续，因为可以维持一部分基础客户的需求。一旦市场竞争加剧或回款出现障碍，这个业务就会立刻形成亏损，甚至成为拖垮某些企业的最后一根稻草。

在勉强维持基础业务的客户服务时，有些老客户会经常提出一些个性化的需求，从而形成了标准化程度低且毛利率也很低的业务需求即为“个性业务”。为了满足这些客户的需求，企业往往需要消耗巨大的精力和资源，大家通常把这样的业务归类于“服务类”业务，就权当维护客户、保有老客户的一种手段。如果没有好的办法，这样的业务就会越来越多、越来越杂，直到有一天管理团队会对该业务的存在产生怀疑：这难道就是我们该做的事情吗？

面对日渐难受的基础业务和个性业务，企业管理者都期待有一天能够获得某项特别赚钱的业务，终于有一天等到了这样的机会，利润率非常的高。但是由于过去没有做过，大量的工作都要从头开始，特别有些特殊环节还不可替代，需要公司老板亲自协同各种内外部的资源来完成。这种毛利率很高但标准化极低的业务称为“贵族业务”，做完一项“贵族业务”之后，企业会发现这似乎也没有想象的那么好干，虽然能够赚点钱，但是整个企业都要将核心资源消耗进去，业务的获取和交付不能持续，还会打乱其他业务的节奏。

很多企业这些年来就一直在这样的怪圈中转来转去，不断地纠结业务是放大还是收缩？立刻降价还是选择死扛？面对新机会是接受还是拒绝？之所以产生如此的选择困惑是因为在整体业务组合中缺少了一个核心的“明星业务”，毛利很高并且能够交付标准化，未来的市场需求大且有一定的技术门槛。只有拥有了明星业务之后，其他三个业务才能找到各自的位置，彼此协同起来形成高效的业务组合。

如果说企业老板的核心工作是制订公司的战略，那么打造“明星业务”就是公司“战略中的战略”。一旦形成了明星业务，基础业务就可以定位于“获客引流”，在红海的血拼中舍弃部分利润来换取更多的新客户；个性业务将定位于“锁客截流”，即筛选一批有个性化、高品质需求的客户进行“可承诺”的服务，通过提升价格、优化交付、满足需求的方式来为公司沉淀优质的客户；促进这些优质客户消费“贵族业务”和“明星业务”，为公司创造更高的利润。其中“贵族业务”可以通过合作的方式外包给更加专业的合作伙伴，以降低研发和交付的风险和成本，从而集中精力和资源将“明星业务”做大做强。“明星业务”和“贵族业务”所获得的利润可以部分分配给“基础业务”和“个性业务”，鼓励他们在前端进一步辅助获客和留客，这样四个业务之间就形成了持续的、健康的互补关系。

这四大业务之间可以相互转化，基础业务可增加一些功能成为个性业务，个性业务通过外部合作形成贵族业务，贵族业务通过标准化、流程化和信息化形成明星业务，过气的明星业务通过降低某些配置又可以成为基础业务，帮助企业更好地获客引流。因此，企业需要建立起持续开发明星业务的能力，匹配其他三大业务进行协同，才能在激烈的竞争环境中始终保持优势的地位。

五 论“春夏秋冬”

春有百花秋有月，夏有凉风冬有雪。若无闲事挂心头，便是人间好时节。这首宋代禅诗描绘了一年四季的美好，同时也给我们提供了一种做事的心境，不管做什么行业，归根到底还是为了“修身”，事业是一面镜子，能够照射出我们身上的优点和缺点。当我们能够用栽种百草的原则来经营企业的时候，就似乎多了几分乐趣，少了几分烦恼。这里我们就尝试站在农夫的角度，来理解企业业务的发展。

农夫一年的工作可以用“春生”“夏长”“秋收”和“冬藏”来概括，一家企业在培育并发展业务的过程中也需要经历几个阶段。在前面的文章中我们曾经提到客户不是“上帝”而是“土地”，我们所提供的产品和服务是种子，优良的品种就需要匹配于肥沃的土地，从而完成孕育、发芽、开花、结果的过程。客户是土地，土地总需要从“生地”走向“熟地”，生地强调开荒、开发，熟地强调施肥、运营。

围绕业务的发展，将用两个维度来表达：一个维度表达从“生地”到“熟地”的转化，即客户对业务总有一个熟悉的过程，在不熟悉的时候客户往往会被动购买，而熟悉之后就开始主动购买了，从“被动”到“主动”描述了业务的难易程度；另一个维度是看增量的新客户购买多还是存量的老客户购买多，前者说明这个业务的市场潜力大，后者说明这个业务的市场潜力小，从“潜力小”到“潜力大”描述了业务的发展程度。根据这两个维度的划分，形成了四个象限，分别代表了业务发展的四个阶段。

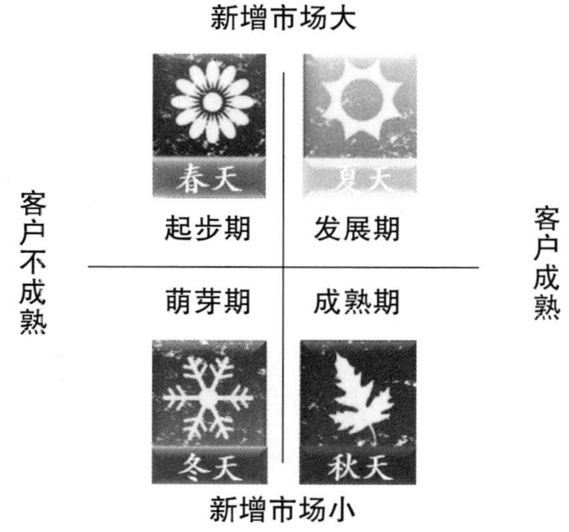

业务发展的四个阶段

（一）冬天的萌芽期

第一个象限是客户对业务不熟悉，且新增需求小，这个阶段属于萌芽期。萌芽期好比是冬天，冬天的特点是苍茫大地，冰雪覆盖，但是冰雪以下孕育着新的生机和希望。冬天看似满目萧瑟，但其实是创新革新的好时机，因为四季轮回、否极泰来。所谓“冬藏”，随着天气日渐变冷，人们的户外活动逐步减少，开始储备各种粮食、蔬菜，进入“猫冬”的状态。同时，准备好优良的种子和资源，养精蓄锐，为来年的春耕做好准备。

很多蓬勃发展的业务都是从经济的寒冬开始的，1997 年的东南亚金融危机，孵化了中国的股市和房地产业务；2003 年的非典，孕育了网上购物的互联网业务；2008 年的全球金融危机，促进了基础建设的业务；如今，新型冠状病毒肺炎疫情和中美贸易战的双重压力带来的经济寒冬里，必然会带来内外双循环下的新的业务机会。

（二）春天的起步期

第二个象限是客户对业务不熟悉，但新增的需求开始放大，这个阶段属于起步期。起步期好比是春天，春天的特点是大地融化、万物复苏，整个自然界一片生机盎然。春天是四季中最为美好的季节，因为一切都充满着生命的冲动，在大的环境逐步转暖的前提下，很多人会一改冬天里懒洋洋的状态，全心投入到大好的春光里尽情折腾。虽然秩序有些混乱，目标不尽清晰，但春天里的万物都是幸福且充实的，大量的英雄式人物就此诞生。

改革开放以来，中国出现了几次企业家创业的代表性年份，首先是 1984 年的“84 派”，包括联想柳传志、海尔张瑞敏、万科王石、华为任正非等，他们算是改革开放的春天里走出的代表人物；其次是 1992 年的“92 派”，包括泰康人寿的陈东升、万通实业的冯仑、SOHO 中国的潘石屹等，他们是南方谈话“春天的故事”中的代表人物；第三次 1999 年的“99 派”，包括腾讯马化腾、阿里巴巴马云、百度李彦宏、搜狐张朝阳、科大讯飞刘庆峰等，他们踩着互联网的春天走来。当然，后面的移动互联网、大数据、物联网、人工智能也创造了多次春天的风口，有了资本市场的推波助澜，导致春天到来的周期越来越短。

（三）夏天的发展期

第三个象限是客户对业务越来越熟悉，同时新增的需求也越来越大，这个阶段属于发展期。发展期好比是夏天，夏天是万物疯长的季节，阳光、雨水比较充足；但是夏季也是充满着灾难的季节，阳光多了就成了烈日，雨水多了就成了洪涝。再加上台风也多发于夏天，因此对于农夫而言，夏天里总是在担惊受怕中度过，大量的快速成长农作物经常被不可控的灾难摧垮。

对于业务的发展而言，发展期的“夏天”同样是一个关键阶段，能够安全度过发展期的业务就会很顺利地走向下一阶段，从而能够完整地走完业务的全周期。这个阶段需要关注两个方面。

1. 组织的发展，主要以运营职能、服务职能和市场研究职能为核心，强化组织内部的能力建设；

2. 人才的发展，在发展期对人才的培养能力要求越来越高。因为面对的是越来越充分的竞争，能否守得住市场就取决于每一个项目交付的团队能力。

如果不能够提升这两方面能力，业务就很容易成为“长不大的小老人”，也容易把自己逼回到春天里参加年轻人的竞争，算是起了一个大早，赶了一个晚集。

（四）秋天的成熟期

第四个象限是客户对业务更加熟悉了，甚至有些客户为了自身的战略需要，也向前延伸进入了我们的业务领域；另一方面新增的客户数量越来越少，整个业务进入了存量竞争的状态，这个阶段属于成熟期。成熟期好比是秋天，秋天是收获的季节，即使不再加大投入，也能有很好的收成。因为能够坚持到秋天的公司并不多，大家开始相互联盟，减少正面竞争的冲突，共同分享“秋天的果实”。

进入成熟期的业务面临最大的挑战是转型，其实无论今年有没有新型冠状病毒肺炎疫情，很多企业已经开始面临业务转型的困境了，原有业务越来越看不到希望，是坚持还是放弃一直是很多老板思考的重点，新型冠状病毒肺炎疫情到来之后乘机倒闭也算是一种体面的选择。很多人混淆了“主动转型”和“被动撤退”的概念，以为换一个业务来做就是转型，除了换业务之外，还要看新业务和原业务之间是否有传承关系，以及是否为新业务的发展做好充分的准备。总之，秋天的业务一定能够赚到钱，赚到的钱的投入方向决定了业务的“下一个路口”。

当我们能够以农夫的心境经营业务的时候，也能够很好地把握业务发展的自然规律，在冬天主抓“深挖洞”，强调深入研究、储备资源；春天里主抓“广积粮”，快速地跑马圈地、扩大地盘；夏天里主抓“缓称王”，保持低调的本色，关注发展中的风险和隐患，顺利度过危险地带；到了秋天主抓“高筑墙”，构建技术壁垒，探索全新模式，为业务转型保驾护航。如果不能按照规律办事，要么就会拔苗助长，要么就会前浪不敌后浪。

六 案例：分析业务定位

业务四阶段模型将业务分为萌芽期、起步期、发展期和成熟期。可以站在两个角度进行分析，一是站在行业的角度来分析业务的发展阶段；二是可以站在企业的角度来分析业务的发展阶段。有些业务站在行业的角度看已经进入到成熟期，但是对于某个企业而言才刚刚起步，或者某些业务从行业的角度看刚刚起步，但对于某些起步早的企业来说已经进入发展期了。面对这两个不同的角度，我们可以应用这个模型，来对业务的阶段性的价值进行定位。

我们来看一个旅游行业的案例：

随着旅行社行业的发展越来越成熟，该行业的同业业务竞争也趋向于白热化，越来越多的公司通过“大打价格战”的方式获得了市场的发展。WM 公司也通过构建 300 多家渠道（端口）并提供性价比高的方式，获得了年产值超 3 个亿的业绩。经过调查，该市场符合标准的存量渠道总量为 2000 家左右，大家对出境游和境内游的产品也越来越熟悉，认为产品的差异化并不大。合作的 300 家中前十位的总量超过 80%，该公司总经理决定针对 30 家渠道负责人，进一步加大“性价比”和“高返佣”的力度，加强销售队伍的建设，在新的一年中推动业务增长 40% 以上。

请问：该总经理的决策是否正确？理由是什么？

在判断对错的过程中，我们不能仅仅凭借自身的经验和感觉来判断，而是需要有相应的原则来协助我们思考，有原则的选择就不会纠结，从而形成决策的定力。面对这个案例，我们还是要回到业务四阶段模型的应用原则来思考：站在行业的角度分析出来的业务阶段决定了“针对谁”（渠道、销售人员还是终端顾客）并“创造什么样的价值”来参与竞争？（性价比、满意度还是差异化），站在企业的角度分析出来的业务阶段决定了“由哪个部门来驱动”（销售部、服务部还是技术部）及用“什么机制”参与竞争？（提成制、增量奖金还是合伙制）。

根据以上案例所提供的数据分析，站在行业的角度来看，首先，经过多年的发展，旅游行业发展越来越成熟，消费者具备了多次消费经验之后对旅游这个行业并不陌生，开始有了自己的选择和判断能力；同时，随着中国人均 GDP 的提升，消费者购买出境游的空间依然较大，每年新增的客户数量持续提升。以上两点说明这个行业处于快速发展的“发展期”。

在行业起步期中，该公司针对渠道负责人“大打价格战”的方式是完全正确的，因为起步期的业务就要体现“性价比”的价值特征，快速跑马圈地、扩大势力范围，该公司也的确在短短几年内用这种方式开发了 300 多家渠道，创造了 3 个亿左右的产值。但是现在行业进入到发展期了，意味着从“客户画像”到“业务价值”都要进行调整，但该总经理似乎没有调整的意思，还是坚持面对渠道负责人，进一步加大“性价比”和“高返佣”的力度，如果坚持这样做，业务投入的边际效应就会逐步递减。

行业进入到发展期的业务，客户对象需要进一步下沉，要从“渠道负责人”下沉到“渠道销售人员”。因为在起步期中愿不愿意与你合作是“渠道负责人”决定的，但业务进入发展期之后决定是否重点推荐并销售你的产品的人是“渠道销售人员”，因为真正的终端消费者客户都掌握在销售人员手中。其次，业务的价值要从“性价比”转向“满意度”了，对于这些资深的销售人员来说，不会再像起步期时比较在意业务的差价，而是更看重业务的持续性，如果业务会伤害客户关系，就算再挣钱的业务，他们也不会去推荐。

我们再来分析从企业的角度看业务的阶段。该市场符合标准的存量渠道总量为2000家左右，该企业才覆盖了300家左右，说明业务的发展潜力巨大，有85%左右的市场空间还没有覆盖；其次，已经合作了的300家中，前十位的总量占80%，说明超过95%的渠道只贡献了20%不到的业绩。绝大多数渠道对该企业的业务不会太熟悉，也不会重点推介，而是把他们当作“备胎”，实在没有办法的时候才可能想起他们。所以，大量的渠道即使成交，也都是一竿子交易，缺乏连续采购的习惯。以上这两点说明从企业的角度来看，这个业务当前处于典型的“起步期”。

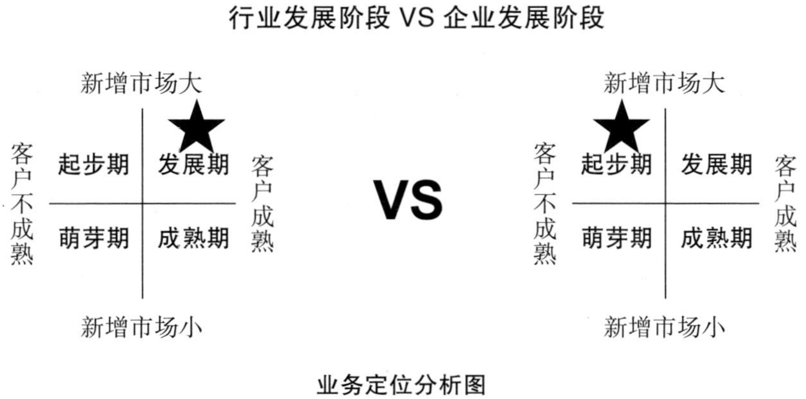

业务定位分析图

在这个阶段当中，该总经理确定培养大量销售人员的决策是正确的。因为企业的“起步期”决定了由销售部来牵头推动业绩的发展，但是销售部能否真正起到“牵头的作用”吗？事实上根据调研发现，该公司的销售部门在业务中的话语权极低，而复杂业务设计和开发的产品经理们反而拥有更大的权力。他们醉心于将开发出来的产品推荐给熟悉的渠道，也就是前十名的渠道，这些渠道也愿意做，因为他们得到了很好的服务。这种“小而美”的做法严重违背了公司要做大做强的初衷，销售人员的诉求也得不到产品经理们的及时响应，他们也很难获得新渠道销售人员的认可。

另外，针对“高返佣”的政策，如果这个返佣直接返给渠道负责人，效果就不太明显，我们要清楚地知道推动“返佣”的目的是什么？就是要开发新增消费者的数量。因此销售部门需要有权限来确定给那些“客户数量多、发展潜力大”的渠道销售人员返佣。采取“先增后返”的模式，即在原有客户数量的基础上，如果能够增加多少新的客户，就统一进行返佣，而不是在存量业务中返佣，那就成了降价行为了。通过这个“高返佣”的方式来促进公司和渠道的销售人员愿意主推公司的产品。

通过以上的分析，如何改进呢？我们要将该总经理的决策修正为：在下一个战略阶段，该公司将针对全省渠道的优秀销售人员，由销售部牵头，产品设计部门和计调部门紧密配合，用“高品质和可承诺”的服务体系和“打新提成”的方式来激励业务团队首推公司业务，努力达成公司业务提升40%的目标。

过去我们在确定业务价值定位时，多数时候会站在自己的角度来判断，通过今天这个工具的应用会发现，我们不仅仅要站在客户和竞争对手的外部视角进行判断，还需要结合业务发展的阶段进行分析。曾经有这样的一个观点：领先一步是先驱，领先两步成先烈。就是说明需要结合行业阶段和企业阶段交叉分析，才能准确地找到合适的业务定位，而不是自以为是、一意孤行、曲高和寡、事倍功半。

改进思想的核心观点

CORE POINT

1. 客户对“高性能”的无限追求和“低价格”的无限贪婪是“爆款”的根基。

2. “内生式增长”的模式就是打通信息链、业务链、产业链和资金链。

3. 企业的价值在于沉淀，形成长期的“潮水般的策略”，才可以碾压竞争对手。

4. 所谓的“逆境”“顺境”，其实都是“心境”，所谓的“对的”还是“不对的”，也许都是“相对的”。

5. “母鸡型业务”是基础，“公鸡型业务”是突破，围绕共享点长期投入，才能形成竞争力。

6. 客户不是上帝，而是“土地”，产品和服务是“种子”，双方共创共享形成价值成果。

7. 经营创新决定了企业做强，管理复制决定了企业做大，技术沉淀决定了企业做长久。

8. 服务的本质是“可承诺”，客户更看重交付的承诺兑现，不能承诺的服务都是“假服务”。

9. 适度的聚拢和收缩有助于力量的聚合，能够集中有限资

改进思想的核心观点
CORE POINT

源在一个点上来发挥价值。

10. 企业老板的主要任务是制订公司的战略，打造“明星业务”就是老板“战略中的战略”。

CHAPTER 3

第三章

团队改进的原则

1 第一节 组织优化的基础

一 未来的组织

随着互联网技术的进一步应用，将会对组织形成进一步的冲击，那些低效率的组织形式将会进行调整。很多岗位或者角色会像过去的专职司机、专职电脑操作员一样消失，比如部分管理者、市场部经理、财务核算经理等，直线职能制的模式越来越难以适应未来。有一家名为“高维学堂”培训机构，他们已经没有固定的办公场地了，所有同事都在家在线办公，每半年举办一次“网友见面会”，公司的固定资产只有不到三千元，但他们却创造了人均超过三百万元的产值。他们已经具备了未来组织的初步模样。

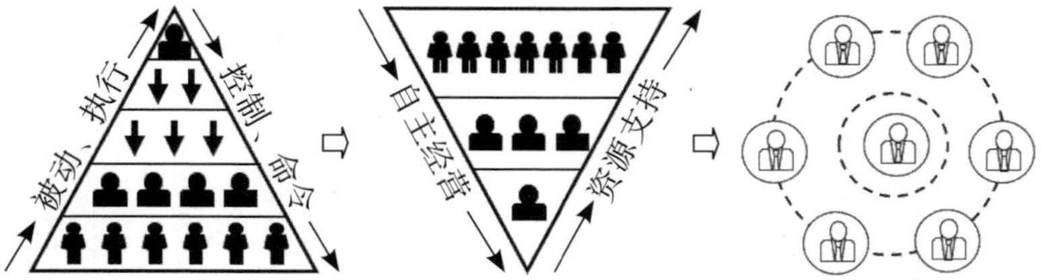

（一）管理无层级

几乎每家企业在创业起步的时候效率都比较高，虽然那个时候条件很差，很艰苦，但是那个时候大家却充满着热情。因为那个时候是老板亲自带领大家在服务客户。当老板亲自服务客户的时候，你会发现就像练武的最高境界一样，叫心中无剑，手中亦无剑。为了活着，心无旁骛，全力以赴为客户提供服务，客户有任何需求都会尽快去满足。

随着业务越来越多，客户的数量也越来越大，公司就需要更多的人参与进来服务更多的客户，于是公司的效率开始逐步低下。因为老板开始管理管理者，管理者开始管理员工，员工再去服务客户。在越来越长的管理线中，老板的权力最大却离客户最远，而员工离客户最近却权力最小，很多企业在日益庞大的组织中降低了组织服务客户的能力和价值。

于是扁平化就成了组织变革的趋势，终端的员工需要成为客户服务决策的主体，这就是华为提出的“让听得见炮火的人发号施令”。更多的管理者从权力管控的角色转化为服务支撑的角色，从而形成“倒三角”的组织模式，在这种模式下，管理者将根据一线员工的需求提供相应的价值，员工具备更多的决策权力。

（二）经营无边界

传统的经营主要依靠三个“差”：时间差、空间差和信息差。互联网的技术和应用正在逐步将这些“差”进行颠覆，新的经营方式从“过去卖家说了算”转化到“未来买家说了算”的阶段。于是经营方面会进入两类无边界的状态，一是组织内部的无边界，组织机能的调整有可能改变“专人专岗”的模式，而是进入“一专多能”的模式。人力资源部的同事可以帮助销售部创造价值，也可以帮助人力资源部创造价值，大家都能从中获得收益；二是组织外部的无边界，大量的组织与组织之间、组织与个人之间、个人与个人之间都会形成某种合作的关系，大家会根据有标准的任务包来进行合作和结算。

不管我们是否愿意，现有的同事中，有些人虽然拿着公司的工资干着白天的活，但是他们也有可能在业余时间再从事一份他们自己喜欢做的事情，这种情况未来只能越来越多。当业余工作有一天创造的价值大于现有的本职工作时，他们就会调整各自的工作关系。这种工作关系会倒逼企业以“网状组织结构”的方式来改造组织。**扁平化的终极状态就是一张网，网上的每个结点就成了价值点，也产生了三个角色：价值创造者、价值链接者和风险管控者，它们三者相互配合，形成了超越制度、流程和标准的合作模式。**

（三）网红的诞生

随着“价值创造者”所创造的价值越来越大，个体价值和组织价值之间开始此消彼长，当个体的价值开始远远大于组织价值时，这些“超级个体”就会逐步成为“网红”。网红利用自身的优势为组织创造较大的价值。最近一个来自四川大凉山的小伙子丁真带火了他家乡的旅游产业，但是“超级个体”的影响力越大，他和企业产生的离心力也就越强，终有一天会脱离组织的轨道而自行运转。

在知识付费领域，越来越多的媒体从业者形成了自己的根据地之后开始逐步脱离体制，成为知识付费机构的负责人。罗辑思维罗振宇和樊登读书会的樊登均来自中央电视台，混沌研习社的李善友教授创办了酷六网，蓝狮子的吴晓波最早在新华社工作，他们都曾经是原来媒体平台上的“超级个体”，当组织的流量转移到某个个体身上，并借助于某个领域的风口的大势，他们就很容易形成“有穿透力”的新业务体系。

在未来组织中，市场部经理的角色很可能就转移到了这些“网红”身上，或者组织的创始人本身就是一个“网红”。当然，随着互联网技术、业态和合作模式越来越成熟，“网红”成长的难度也越来越大，**从当前的市场传播模式，将逐步转型为服务型和差异化的模式，能够持续解决问题的人设并能获得粉丝持续信任的“网红”将成为最后的胜利者。**

二 互投型组织

“网红”通常会解决销售端的问题，这也是当下中国企业最为关心的问题。但是，销售端打开局面之后，马上带来的是交付端的问题，即能否给客户或用户提供更加系统化的、更加专业化的解决方案，成为这些已经平台化的网红机构的痛点。营销机构的特质造成他们“不愿意也不擅长”来专心研究后端研发、设计和生产类工作，他们认为“太重”而影响了发展的速度，特别是那些已经获得了资本认同的机构更是如此。

通过平台来整合后端交付体系就成为未来组织的趋势，既然交付体系“较重且复杂”，那就利用自身的客户优势来整合这些后端企业。但是，这条道路同样充满艰辛，因为后端的企业也个个拥有着平台化的梦想，他们凭什么能够安心地与现有的平台机构合作是值得研究的。**平台化企业就得拥有属于自身的“核心”，要么有核心技术，要么有核心数据，要么有核心的运营能力，要么有核心资源，要么有核心品牌。**这五个方面中如果只有两个不到，说明平台缺乏统领的抓手，没有整合的定海神针，难以形成足够的品牌吸附力和影响力。

在具备核心能力的平台上，各个要素可以根据需要进行灵活的配置，平台除了上述的核心要素之外，还可以通过“互投模式”将这些企业深度捆绑。首先，平台将对关键企业进行投资，采取“平台＋投资”的方式与企业深度融合；另外，鼓励具有行业关联的企业之间相互持股，促进他们之间的融合关系，既保持各家公司的独立性，又促进公司之间的关联性。形成这种架构的核心仍然是平台的“核心优势”能否持续保有。

一家品牌汽车的主机厂在当年比较红火的时候，将七十多家供应商整合成了控股或参股的科技集团。这些供应商对主机厂的业务都比较依赖，当主机厂的生意蒸蒸日上的时候，整个生态非常健康，大家一团和气，对未来充满信心。当有一天主机厂的订单开始大幅度下滑之时，这些平台上的分子公司开始纷纷表示不满：集团既然保证不了咱们的生存和发展，建议未来集团不要再强行管控我们了。由此带来了集团管控关系的变革需求，这是典型的平台型组织未来会遇到的挑战之一。

改进思想的观点：未来的组织将更加关注于“客户价值”的创造，更加注重合作伙伴的“共生共赢”，需要更强的“核心人才”，并拥有“核心能力”的沉淀，这些都需要战略目标的清晰化和战略路径的持续化。

三　四条经营价值链

确定了企业战略之后，就需要设计相应的组织来支撑战略目标的实现。组织设计的核心是构建从经营到管理逻辑设计的价值链，这里将重点讲解“经营价值链”。**业务从小到大的过程也是经营价值链从简单走向复杂的过程，经营价值链包含了四条：销售价值链、交付价值链、支撑价值链和发展价值链。**

销售价值链是指企业的产品和服务能够销售并回款的活动组合，基本节点从客户的信息获取到拿到合同尾款，对回款额的结果负责；交付价值链是指负责销售后的产品和服务的交付活动组合，基本节点从技术开发到需求方案设计再到交付验收，对交付额的结果负责；支撑价值链是指能够支撑销售和交付两大价值链的保障活动，重点是保障产销平衡、减少损失，基本节点是围绕“人（人力资源）、财（财务）、质（质量）、运（运营）、安（安全）和系（IT 系统）”形成的隐患设计、清除、减损等活动，对产销损失额负责；发展价值链是指企业为了创造未来的价值而采取的活动，基本结点从需求调研到项目验收，对未来的产能负责。

企业中所有职能和岗位的工作行为都只为一个目的：让企业的业务“可持续的发展”。为此四条价值链就要实现各自目标：销售要“卖得好”，交付要“做得好”，支撑要“管得好”，发展要“规划好”。只有这四个方面能够平衡发展且逐步走向成熟，这个组织才能更好地实现盈利。有的企业销售能力很强，但是交付跟不上；有的企业交付能力很强，可销售团队卖不上量；还有些企业销售和交付都很强，只是运营和支撑能力跟不上，导致组织盈利会因管控不力而不断降低。

企业往往比较重视前三条价值链，第四条“发展价值链”却容易被忽略。比如企业有“未来发展的需求”，但却不单独制订发展目标并形成预算，而是形成当期的关键任务融入当年的考核方案中，希望各部门负责人在完成本年度的指标同时，顺便完成这些发展的任务。由于发展的工作在本年度看不到成果，部门就不能在本年度享受到相应的绩效，更多依靠管理者个人的魅力和交情来推动员工完成，或者企业期待依靠责任感和精神奖励推动团队，这些都很难长久的。发展价值链也需要由总经理单独设计目标和预算，需要部门同事参与完成则单独考核，如果企业内人员没有时间或能力，也可以用这个预算来请外部的专业咨询机构参与完成目标。

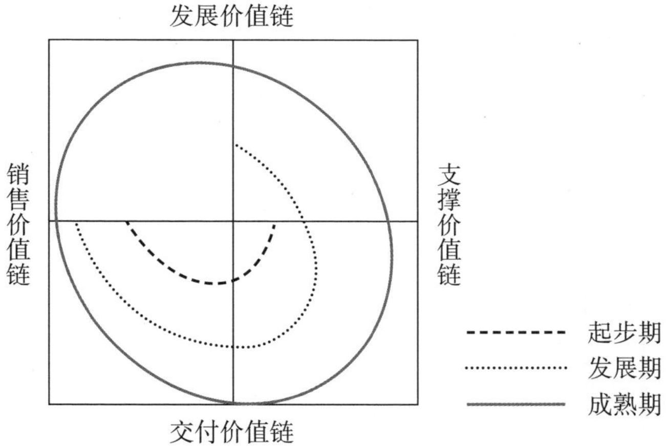

四条经营价值链

在业务刚刚起步的时候，销售价值链会得到很好的发育，甚至很多企业的老板就是销售人员出身，作为贸易特色很浓的企业，这个阶段很容易“重销售、轻交付”；随着业务越来越成熟，更多的老客户会对交付提出要求，包括品质、交期和成本等，于是企业开始被逼着强化交付，当然有些公司会选择自建交付体系，也有些企业会采用外包交付体系；随着业务越来越发展，组织越来越复杂，开始对支撑体系形成需求，因为业务量越大，发现业务过程中产生的漏洞越多，就需要更加健全的服务体系来支撑。

每个业务的发展都会有自身的生命周期，因此一家企业需要有多个业务来支撑企业的发展。如果一家企业只有一条业务线，这家企业就会变得很脆弱，因为业务的生命周期决定了企业的生命周期。比如一些小型房地产公司其实就是一个项目公司，当所开发的地块项目结束之后，这家公司也就走到头了。企业需要长治久安，就要不断地培育新的业务，这就是“第二曲线”“第三曲线”，也是俗话所说的“吃着碗里的、看着锅里的、想着地里的”，如此则产生了发展价值链。

这四条价值链和过去所说的部门还不是一回事，事实上价值链的内涵要大于部门，或者反过来说一个部门有可能跨越了多个价值链。比如售后服务部，既要做“售后维修”——处理客户提交的工单的职能就属于“交付价值链”，又要做“售后管理”——协助总经理寻找售后的服务隐患为未来管理打下基础的职能就属于“支撑价值链”，还有“协助销售”——帮助销售部挖掘客户新需求来推进销售的职能则属于“销售价值链”。因此，同一个部门在不同价值链上创造相应的价值是很正常的事情。

价值链在不同的业务阶段也需要有不同的负责人，在业务的起步期销售价值链通常由销售部来负责，通过开发新的需求、新客户方案、签约回款等方式获得销售业绩成果；但业务进入发展期之后就需要销售部和服务部来共同负责，销售部对新客户的开发所产生的业绩负责，而服务部要对老客户的保有维护所产生的业绩负责；当业务进入成熟期后，则可能需要由市场部统一牵头来挖掘客户未来需求，建立产品规划并设计统一交付标准，形成相应的业务指标来推动销售部、市场部、服务部以及后台的部门共同创造佳绩。

在后端的交付价值链中同样如此。在业务的起步期，往往只需要采购部门来牵头负责货源的开发、供应商的管理、物流的安排等，就能完成业务的全流程交付；当到了业务发展期时，生产部开始牵头来规划生产产能、调配生产设备、培养合格小组等方式来推进交付的完成，此时采购部门将属于大生产系统下，听取生产部门的统一调度；当业务成熟了之后，交付部门的负责人就应该转到技术开发的身上了，通过对未来业务需求的调查，提前开发出一些物美价廉的功能性产品，形成统一的销售和生产标准，在运营部门的统一安排下，相互支撑、按计划推进，取得比较好的效果。

支撑部门随着业务的发展也会有所调整。在业务发展的初期，支撑部门可能会成为业务的一个任务导向的职能，重点是根据业务发展的需要做些力所能及的业务支撑；进入业务发展期之后需要强化这些支撑的职能，作为平行的职能直接来对接业务的人才发展和风险控制；当进入成熟期之后，很多企业会选择将多个支撑部门集成为“共享中心”，在业务平台化的状态下统一为大家提供专业服务。

四 虚拟运营

企业的经营中有三条线，第一条绿色的是销售收入线（起步期）；第二条白色的是利润线（发展期），这两条线都是曲线，随着宏观环境的变化和企业经营的调整上下波动；第三条红色的是成本线（成熟期），主要指的是固定成本，主要包括人员成本和物业成本，这条线却是刚性的直线。从这张图中可以看出，无论企业如何努力，只要固定成本这条线保持直线且持续上扬，另外两条曲线迟早就有击破成本线的那一天，换句话说，企业早晚会遇到巨大的挑战。

现代足球比赛越来越保守，当年华丽的攻势足球一去不复返了，因为看起来很美好但不太实用，反而以防守为主的打法更容易取得胜利。企业如何才能长治久安？如果让固定成本线也能够和销售额线、利润额线形成共振的状态，企业就能立于不败之地。从这个角度来思考，我们提出了"虚拟运营"的假设，即能否将固定成本尽量地转变为变动成本。关于物业成本在这里先不讨论，而是讨论和人有关的工资、福利和奖金部分如何进行"虚拟运营"。

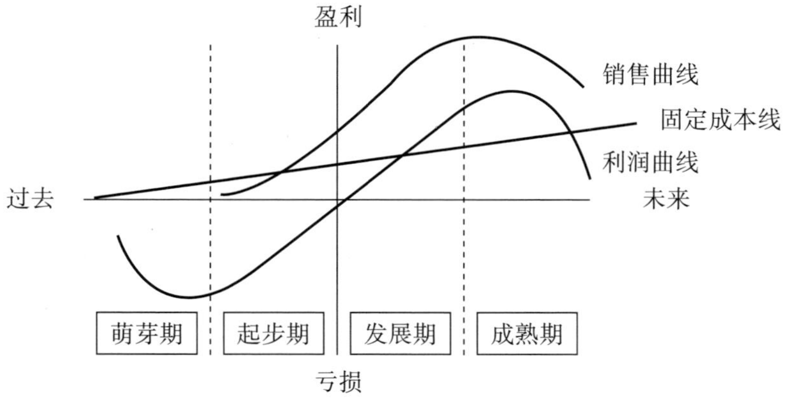

企业的三条线

（一）两个基本共识

要想有效地推动“虚拟运营”，需要在两个方面达成基础共识：一是假设所有人员的工资、福利和奖金都是他本人先从公司预借的，既然是预借的费用，就需要通过自己的努力来创造相应的价值还回去，如果还清之后还能超额，就形成了奖金；反之，如果创造的价值抵扣不了收入，则公司可以进行阶段性的协议调整。二是全体公司的成员要树立起“人人都是责任主体”的人才意识。成年人为什么会成长？独立地面对目标和挑战，独立地分析并解决问题，独立地对工作的成果负责任。总之，进入这个组织工作的同事，需要具备“独立”这个理念。

当然，有些公司可以全员推动这种理念，有些公司可以部分推动，即员工可以是被动地接受任务、完成任务、获得稳定收益，但是管理者需要具有独立的意识。比如一个软件工程师值多少钱是由外部市场决定的，但是公司招聘工程师的数量、工程师的工作饱和度、工程师的工作状态是由管理者决定的，管理者需要独立地对这些方面负责，需要根据工程师的工作情况做出相应的调整，保障既定的货币量的发放。

（二）定价的原则

首先，公司整体确定内部虚拟货币发行总额，基本公式为：虚拟货币量 = 销售目标额 ×（毛利率 − 净利润率 − 税率 − 投资摊销率 − 损耗率）。我们以一家公司年度目标为一个亿的业务为例子，他们的公式可能为：1 亿 ×（50%−10%−6%−10%−4%）=2000 万，这 2000 万就是该业务本年度围绕人的货币投入。

其次，分配的原则是“按结果付费”，虽然这2000万预算出来，并不是需要一定全部分配出去，而是根据业务的结果进行阶段性的分配。每个管理者为了养活自己的团队都需要有一个基本的额度，由管理者负责分配到每个人头，这就是原来基本工资的概念。其他的全部按照结果付费，举个例子：在篮球比赛中“传球”这个行为是否需要付费？答案是不可以，因为传球并没有给球队带来有价值的结果，只有协助进了球的传球才能参与分配，因此，球队有三个分配节点：进球、本场赢球、本赛季拿了名次。

因此，业务分配也同样会形成三个节点：某个业务合同完成、业务年度盈利、公司整体盈利。有业务结果参与分配，没有业务结果看作是练习，平时不训练，赛场丢机会，在比赛现场如果丢失太多机会，很快就会被主教练拿下去坐“冷板凳”。

（三）分配的主体

在虚拟运营中，分配的主体被分散了，过去都由某些领导说了算，现在每个人都有可能说了算，能否成为分配的主体主要看是否是业务的关键结果责任人。企业分为四条价值链：销售价值链、交付价值链、支撑价值链和发展价值链，每个链条中都有相应的责任人，即对销售成果、交付成果负责的人，他们是分配的主体，可以是相应的管理者，也可以是负责某个业务的员工。分配的对象可以是本链条的人，也可以是跨链条的人，甚至是企业外部的人。总之，谁对本业务成果有贡献，就可以参与货币的分配，由责任人说了算。

很多企业采用的是事后甚至年底算账，带来几个麻烦。

1. 时间长了，大家容易忘记关键信息，所以账务的精确性和严肃性不够；

2. 当大家都说不清楚时，往往由管理者说了算，管理者的公平性受到挑战；

3. 既然到年底算账，大家对未来的承诺没有信心，导致平时工作时缺乏推进抓手，需要靠情感和面子来推进。

而虚拟货币采用的是“提前谈好标准、有结果即到账”的模式，责任人通过虚拟货币作为抓手比较容易调动资源，并且可以及时确认价值，不会事后扯皮。

（四）管理者的作用

在虚拟运营的机制中，管理者同样是重要的角色，他们是保障整体组织效益、效率平衡的人，主要负责两个任务：1. 评估员工的合格率；2. 赋能并支持员工改进业绩。

在传统的机制中，评估员工的合格率并不容易，哪怕通过结果合格、过程合格和能力合格几个维度建立标准，真正实施起来也是无比的复杂和困难。因为无法解决决定员工合格的主体是管理者还是员工本人的难题，根本点在于员工是否愿意为本人的合格全力以赴，或者不会轻易把自身的不合格归罪于公司、他人或环境。虚拟运营的体系中，判断一个员工是否合格很简单：即他获得的虚拟货币是否大于或等于他的工资和福利。员工不合格的原因有以下两点。

1. 能力不行，那些拥有货币分配权的责任人对他的能力没有信心，不愿意找他参与干活；

2. 态度不行，虽然能力很强，但是在合作中总是叽叽歪歪，给大家带来麻烦或不良后果，大家也就不愿意找他了。

因此，当员工的虚拟货币不够的时候，管理者需要及时评估出不合格的员工并协助他分析原因。

此外，管理者还需要及时地帮助不合格的员工进行改进，目的是能够获取更多的虚拟货币。如果他分管的员工造成亏损，管理者需要有连带的责任，从而促进管理者就必须对“合格的员工”结果负责。如果员工不合格，管理者就需要赔钱；反之，如果所负责的员工都合格优秀，管理者就同样可以赚取到“伯乐奖”的虚拟货币。

作为“虚拟运营”体系的研发者，改进咨询，自己也身体力行地积极实践。我们推行“虚拟运营”的制度有三年了，同事们都能够独立地面对目标、过程和任务，作为公司负责人，我们就越来越轻松，可以花更多的时间研发技术并撰写文章。

五 “共赢”的组织

经常有管理者这样描述：咱们企业就是一所黄埔军校，不断地给行业提供人才，很多在我们这里不咋样的员工，到了谁谁那里都做出了很好的业绩等等。为什么一个员工在 A 企业多年创造不出太好的业绩，但是到了 B 企业能很快创造不错的业绩？这个就和企业的组织能力有关系，组织能力强的企业能够激发员工的斗志能力，反之，组织能力差的企业会抑制员工的意愿和能力。

员工之所以不能够创造出好业绩，原因来自三大障碍。

1. 意愿型障碍，员工缺乏创造价值的热情，要么个人已经小富即安，要么感觉奋斗无望，提不起奋斗的兴趣；

2. 能力型障碍，有些员工很想创造价值，但心有余而力不足，没有工作标准指导，没有高效的方法论和工具支撑，久而久之，信心泯灭；

3. 制度型障碍，有时员工没有创造业绩的想法和动力，因为公司制度决定了做得多做得少没有太大区别，甚至做得越多错得越多，为了不惹麻烦，干脆还是少做点事情为好。

在这三大障碍中，最重要的是“制度型障碍”，因为组织的制度会形成某种文化和潜规则，会直接影响到员工的意愿和能力。

著名的学者柏杨曾经提出过“酱缸文化”：说组织的文化就好比一个大酱缸，把青菜扔进去待几天拿出来就成了“酱菜”，把萝卜扔进去泡一段时间后就成了“酱萝卜”，哪怕是一把铁锁被扔进去，时间长了也会成为“有酱味的铁锁”。**人是环境的动物，员工的行为很容易受到组织结构和文化的影响，而这背后的核心来自组织的机制。组织机制就是游戏规则，好的规则能让普通人成为奋斗者，不好的规则会让奋斗者失去奋斗的心。**

作为创造价值的组织，企业需要各算各的账，如果认为自己有价值，也能给别人带来价值，就说明事情具备了发展和成长的基础。事实上优秀的企业往往是成就他人的平台，当更多的人能够源源不断地从企业获得价值，这家企业自然能够生生不息。有些管理者不太明白这个原则，在缺乏经营思维的基础上进行管理，不仅希望控制自己的员工，甚至希望控制客户和供应商，这种以“控制”为特征的管理思维已经越来越不合时宜。未来的合作需要建立以“释放”为特征的经营思维，在平等合作的基础上帮助他人、成就他人。

如何进行改进呢？按照各自算账的原则形成两个维度，一是看企业赚不赚钱；二是看员工赚不赚钱。由此带来了四个象限。

1. 企业赚钱但员工不赚钱，称为富庙穷僧，这样的组织将很难留住优秀的员工；

2. 企业和员工都不赚钱，这是双输的局面，企业将从辉煌逐步走向落寞；

3. 员工赚钱但企业不赚钱，就是常说的“富了和尚穷了庙”，这样的组织发展通常不可持续；

4. 企业和员工都能赚到钱，这就是“双赢”的局面，企业会越来越繁荣。

以上四个象限中最可惜的就是“双输”的局面。很多企业在“控制型文化”的引导下，形成了各种所谓的管理手段，希望管控住他人的思维和行为，但往往结果总是事与愿违。一家汽车零部件公司规定了员工浪费就会受到相应惩罚的制度，于是员工会把没有用完的螺丝钉塞到下水道里；另一家家具企业的员工在切割标准板材后，将仍然可以使用的边角料全部切割成废料，因为公司的制度规定了“边角料”的尺寸大于一定的标准则会被扣工资。

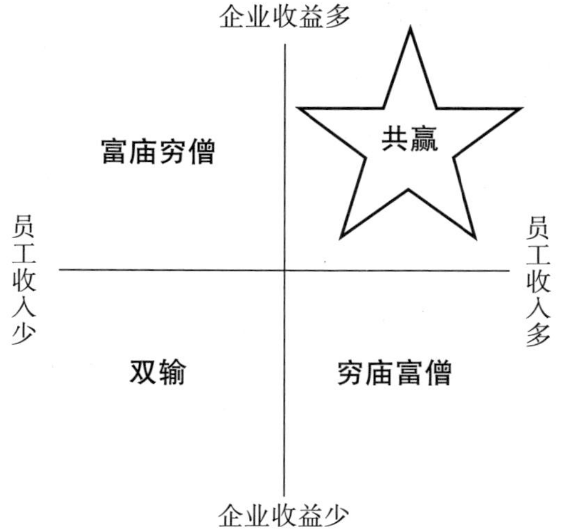

组织与员工关系图

我们曾经请教过著名的学者曾仕强教授：从中国式管理的角度来说，什么是“执行力”？曾教授送给我们三个字：我愿意。短短的三个字揭示了执行力背后的原理，就是员工在做自己愿意做的事情的时候，执行力是最强的。游戏厅里的孩子打游戏时，没有工资、奖金和福利，但是他们愿意加班加点、吃着泡面的工作，这是多么具有执行力啊。作为管理者需要考虑的不仅仅是“控制”，而要考虑建立什么样的文化和制度来释放员工的意愿，从而形成员工和企业共赢的格局。

在上一节中提到企业发行虚拟货币的计算公式，这个公式同样可以用来设计基于“增量价值”的共赢体系：“增量收益=合同数×均额×（毛利率－税率－利率－固定成本率－损耗率）”，这个公式表明，企业只要明确组织要获取的“利润指标”和缴纳的“税收指标”，并且形成相对稳定的标准，超标准部分则应该成为和团队共同分享的价值基数，这样才能形成员工和企业共赢的机制。当年农村联产承包制度的内核口号就是：保障国家的，交足集体的，剩下都是自己的。让农民看到了自己能够获得的收益边界，看到了希望，才能极大地激发他们劳动创造的积极性。

以上的公式表明，团队要能够获得增量收益，就必须共同关注五大指标：合同数、合同均额、毛利率、固定成本率和损耗率。在这个利益链条上，所有参与创造价值的部门都需要参与分配。过去造成部门本位主义的原因是“屁股决定脑袋”，要想让大家统一脑袋、统一思想，就需要让大家坐到同一个“利益共同体”的板凳上思考问题，一荣俱荣一损俱损，从而形成部门和部门之间“系统的”“可咬合的”“相互支撑”的合作关系。

（一）关注“合同数”的增加

责任主体在销售部，销售部既要关注老客户保有工作，也要关注新客户的开发工作和主动上门客户的服务工作。除了销售部需要努力之外，研发部需要开发出“性价比高”“性能独特”的产品帮助销售部开发新客户。生产部要保障交付的质量和效率来提升老客户的保有率。市场部、人力资源部、财务部甚至IT部门都要关注于“合同数”的增加，从不同的角度来推动这一指标。

（二）提升“合同的均额”

这个指标主要和企业的产品开发和市场企划有关系，责任主体通常是市场部，需要根据对新老客户未来需求的调研，规划出企业能满足客户未来需求的产品方向和组合，组织产品开发部门、供应链、企划部、品宣部等，共同设计“可上架”的新产品，从而为销售部提供持续的枪支弹药，挖掘新老客户的需求，做大“合同的均额”。

（三）保障产品的“毛利率”

毛利率 = 收入 − 直接成本。销售部需要保障产品定价的严肃性，不要总是以“打折销售”来换取销量，这对毛利产生较大的伤害；采购部和生产部需要对产品的直接成本负责，采购部要通过多方比价、招标竞价的方式来保持供应链的优势；生产部要优化生产的人员结构、提升有效工时、减少生产浪费，以保持产品的成本优势。

（四）降低“固定成本率”

所谓“固定成本”是指企业只要一开门就要支出的费用，主要包括场地租金（折旧）、人员基本工资和基础运营费用等，其中最重要的是人员费用。很多企业喜欢用“在岗人数”来表示规模的优势，随着中国人口红利的逐步消失，人多对于企业来说不再是好现象，更要追求“人效”，指“人均效益”所带来的“人均收益”，前者强调给企业创造的价值，后者强调给个人带来的收益。人效 = 企业总效益 / 发工资的总人数，一方面要提升企业的总效益，另一方面要降低“发工资的人数”。企业需要提升人员的能力，提倡“人人都是管理者”的理念，即都能够代表企业来整合更多“无须发工资”的资源来帮助企业创造价值。

（五）减少“损耗”

所谓损耗是基于不符合业务操作标准或突发性的事故而产生的浪费，包括临时性用工、原材料浪费、客户的退货和赔付、合同终止所形成了呆账死账等。为了减少工作“损耗”，一方面各部门都要建立起相对应的工作标准，通过各种措施来促进团队按照标准来操作；另一方面需要加强对工作隐患进行排查、清除、整改，从而降低非正常事故造成的“损耗”。

当各个部门都能共同考虑以上的五大核心指标后，企业就可以建立起整体性的绩效体系。对于企业而言在保住基础业务规模的前提下，增量部分可以和团队进行一定比例的分配。基础业务规模的标准建议三年一制订，以防止“员工做得越多明年目标越高”的现象，当然可以根据行业的增降幅进行适度的调整。通过这个机制能够保障各部门的基础奖金包的来源，同时各部门还需要建立起部门级的 KPI，如果部门级的指标完成得不达标，所能分配的部门奖金包还需要进行二次评价后再发放。

2 第二节 领导班子的共识

一 董事长的生意模式

有一次在辅导一群管理者制作各自的生意模式，这个公司的董事长悄悄地来到我们的身边问道：老师，我的生意模式应该如何制订？其实很多董事长都和他一样，面对自己该做什么不该做什么也比较迷茫，加上企业做组织设计的时候，往往不会考虑为董事长设计流程和标准。于是很多董事长就按照自己的经验和感觉来处理事情，要么事无巨细，凡事亲力亲为；要么做甩手掌柜，抓大放小。除了《公司法》中规定的董事长的工作外，面对组织的业务战略，董事长应该如何考虑自己的工作职责呢？

董事长的客户是谁？董事长需要交付什么样的产品？董事长交付价值的标准是什么？董事长代表的是董事会，面对的客

户是股东大会，承载了股东们对品牌和资产持续增值的期望。董事长基于什么样的载体来完成股东大会的期望？靠的是不断拓展新老业务发展的边界，最终达到有形和无形资产增值的目的。董事长需要交付什么结果才算完成自己的生意模式？面对新业务，他需要扶上马送一程；面对老业务，他需要及时优化调整，做到善始善终。

联想控股董事局主席柳传志曾经说过：董事长的三件事，搭班子、定战略和带队伍。这句话比较高度地概括了一个董事长该做的三个核心事件，这三件事其实都围绕着新老业务的持续发展。其中他认为找到关键人比找业务方向还重要，其他的企业家不一定是这么认为的，比如马云就认为定战略比搭班子更加重要。无论哪件事情更重要，作为董事长，都需要站在为全体股东创造持续价值的角度，不断地开发新业务、培养新团队，从而支撑组织的可持续发展。

为了推动组织的发展，董事长需要花费更多的时间在组织的外部，建立起持续稳健的经营思想。董事长是企业的大脑，大脑是否发达取决于信息掌握的全面性和多种关系的逻辑性，因此董事长需要大量地接触客户需求、竞争对手、技术大牛、跨界标杆、政府顾问等角色，去理解未来3–5年会产生哪些战略级产业，并不断思考通过什么路径来孵化这些新产业。为了匹配这些新产业的发展，董事长需要做好关键人才和关键技术的储备。这些关键业务和关键技术的带头人，对企业未来的支撑价值无比巨大，一旦选对人才，一将可抵千军万马，一旦用错了人，其带来的损失也会令人扼腕叹息。

为了降低关键人和技术对企业带来的风险，越来越多的董事长开始分拆业务，本着“鸡蛋不要放在一个篮子里”的原则，通过分拆后的业务来分别储备、筛选、评价、试用关键人才。海尔当年的“赛马不相马”到华为的“聚是一团火，散是满天星”的格局，都反映了董事长们在培养接班人上共同的选择原则。

一旦确定了业务战略方向和核心技术路线，董事长需要赋能于该业务的团队，特别是总经理。董事长参与决定“做正确的事情”后，就应该由总经理来负责“正确地做事情”和“把事情做正确”。很多董事长在这方面会难以放下，选择了总经理却不放心、不放手，不能给总经理充分的授权，导致总经理承担了全部的经营责任，却没有获得相应的管理权力，面对未来有想法无干法，面对团队有任务无承诺，面对结果只能接受却无力改变。

在过去的咨询辅导的生涯中，我们也多次遇到了这种状况，有时候面对这些董事长我们也是无能为力，能感受到他们经常一面之词地表达，他们相信自己永远是正确的、无可辩驳的、即使错了也必须要坚持的强大心理，似乎有一座巨大的铁笼将他们困住，他们的内心并不自由，不知道是随着事业的发展离他们的初心越来越远，还是本来在创业之初除了挣钱就没有其他美好的初心了，造成他们即使和某些员工发生短暂冲突，也无法静下心来反思自己需要进行哪些方面的改善。

时间长了我们似乎看到了董事长和董事长之间的差距，为什么有些企业可以借助各种外部环境变化的机会逆势增长，乘风破浪？为什么有些企业却眼睁睁地看着大好机会流去，成为长不大的小老人？其中一个“忍”字决定了成败，善于“忍”的企业家不断地自我反思，去接纳、去理解、去研究让他不顺心的事情，并把这些事情的发生都看作企业成长中的阵痛和必须付出的成本，他愿意培养新人并容忍新人所犯的错误，他愿意为未来的各种可能性买单，享受着对未来事业探索的快乐。

积极的董事长对未来充满着信心和热望，并把这种体会传递给所接触的每一个人，他对所从事的工作有一种天然的使命感，不会受到任何外界的影响。为了这样的使命，他年复一年无比投入地工作，这种投入的态度甚至让别人产生误解，因为大家不理解他为什么还需要如此辛苦或者艰苦的工作。但是他自己的内心却从来没有“苦”这个词语，在他看来，能够全身心地做一件自己有兴趣、对他人有益、对社会有利的事情，那是多么美好的生活啊！

于是他每天都在不由自主地转动着，就好像转经筒一样，通过转动来完成了某种意义。随着他的不停转动，会有一些人好像明白了他的意义，这些人也许是同事，也许是客户和供应商，受其影响也同样发自内心地一起转动起来。当然，也会有一些人无法理解而离开，这也是各自的选择，快速转动所产生的离心力会将那些浮在面上的物体甩出体外，而能够沉下来的都成了这项事业的基石。

董事长最大的生意就是创造“意义”，让更多的人能够看到并相信的“意义”。他自己持续、快乐的转动本身就是一种“意义”，只是有人看到的是“生财的意义”，有人看到的是“生活的意义”，也有人看到了“生命的意义”。不管如何，一切皆“生意”在这里得到了更好的升华，这恰恰是董事长们需要走完的“生意模式”之路。

二 班子的春天

企业的发展离不开强有力的决策团队，通常被称为“班子”，组建这个团队为“搭班子”，“班子”这个概念应该来自旧时的剧团，当时俗称“戏班子”。剧团的组建需要有多个角色，生旦净末丑，都要承担各自的责任。企业的班子的作用同样非常重要，有些企业的班子指董事会成员，有些企业的班子指经营决策成员，有些是两类混搭，也有些企业班子不健全就由一两人商量着办。

作为管理顾问，我们这些年算是见过不少企业的班子，比较常见的是一位资深的创业者（董事长）带着几位资深的老同事组建成的班子。这样的班子主角明显，董事长基于多年形成的威望比较具有权威感，其他成员均由追随组织多年的人员组成，他们或忠诚、或勤勉、或顺从、或灵活。时间长了这个组织已经形成了独特的文化和规则，董事长作为主心骨通常拿主导意见，即使有时候和大家商量，大家也心知肚明地揣摩董事长的意见。最终的状况是依靠董事长一人的决策力推动很多工作，好处是权力集中、雷厉风行、上下统一、贯彻到位。

第二种班子通常由两位实力相当的人员为主组建的班子，他（她）们可能是兄弟、姐妹、夫妻或者曾经是亲密的朋友关系，他（她）们联合创办了这家企业。在企业创办初期，两人形成了决策核心，遇到事情相互商量，管理方面分工协作，效率很高。创业之初的那位主要发起人具有天然的地位，他（她）会长期拥有最终决策的权力。但是随着企业的进一步发展，加上一些特殊事件的发生，如决策失误、重大人事调整、关键客户变动等，都会使得双方权力发生微妙的变化。这是该组织比较危险的信号，如果两位不能及时冷静地处理好关系，组织将逐步涣散甚至走向分裂的境地。

我们曾经见过最为复杂的班子是由老两口和小两口四人组成的，母亲创办企业超过二十年，父亲从体制内退下担任董事长，儿子和媳妇从国外留学回来一个做总经理，一个管理财务。这个以亲情纽带的班子充斥着矛盾，母亲总是看儿子的做派不顺眼，甚至当着其他管理人员的面直接拿一些小事情批评儿子；媳妇有意见也不直接表达，而是要求她老公转述，父亲想当和事佬却经常无能为力。于是常常一家四口坐在一起吃早餐的时候，儿子会提议开个董事会。

既然是班子成员，大家一定是利益共同体，无论是家族还是职业化企业，大家共同组建团队的第一目的是要做成一些事情的，这个称为企业的愿景和使命。认同这个共同的愿景和使命是进班子的前提，如果不认同，就请其立刻离开。一定要有人成为撑起这个大旗的主导者，他需要具备最终决策权，可以不使用，但必须有。家族或创业的主导者如果深处漩涡却无能为力，那么明知不可为而为之的事情就不做也罢。这个过程我们称之为“班长的诞生”。

班长为了组织的长期发展，需要组建班子，选拔班子成员成为重要的工作。首先，建班子不是还人情，不能把过去对自己有情分的人邀请进班子，这就是“任人唯亲”与“任人唯贤”

的区别；其次，搭班子不是找朋友，找那些意气相投、脾性相近的人组建班子，这样的班子没有战斗力；第三，寻找那些思想合格、专业过硬的人作为首选，思想合格就是对公司的愿景、使命完全认同，专业过硬是指那些在各职能中创造了骄人业绩的同事。

确定了班子人选后，接下来开始定规则，大家可以共同探讨班子成员合作模式和原则，主要围绕以下几点。

1. 确定班子的议事规则和决策方式，有些专业类的工作由分管者负责决策，有些重大的工作需要由班子决策，决策的原则是否采用少数服从多数，班长是否可以具有一票否决权，班子成员如何退出等；

2. 作为组织的决策核心，哪怕在会议室研讨时有不同意见，可以争论甚至吵架，一旦达成决议，所有人必须拥护决议，同时，班子成员必须对外保持一致，任何人不得在其他人员面前讲其他成员的坏话；

3. 班子成员之间可以相互不喜欢，但也需要尊重彼此表达的权利，把不同的意见看作是学习的机会；

4. 约定班子未来的阶段性重要任务，由班子成员分工负责，协同推进。

一个优秀的班子还需要有四个角色构成。

1. **思想者**，能够对产业和行业具有发展的热望和洞察能力，愿意参与到行业或跨界的交流中，负责对公司未来的发展规划、技术方向、关键策略进行深度思考并拿出具体的意见供大家决策；

2. **执行者**，能够将决策后的工作转化成可执行的计划，组织企业内外部资源实现阶段性的目标，训练团队，及时奖惩，持续改进；

3. **形象代表**，拥有良好的专业背景和技术素养，可以作为企业的形象出席各种行业活动，代表企业发声，传播企业良好的专业形象，带来更多的潜在客户和合作者；

4. **融合者**，对组织的发展目标极其清晰，对内外部人员包括班子成员比较熟悉，能够经常和大家展开非正式交流，把握大家未来的隐性需求，化解关键人员之间的矛盾，保持团队的稳定。

改进思想的观点：班子好比企业的大脑，需要保持长期的清醒状态和活跃状态，班子强则企业强，班子弱则企业弱，作为班长需要将班子的建设作为战略级的工作来打造。速度可以慢一点，但对愿景、使命、规则的坚持要如磐石般坚定，没有合适的人宁缺毋滥，遇到破坏规则的事件坚决处理，不惜一切代价。只有这样，才有可能打造出“目标明确、团结高效”的班子，为组织的持续发展保驾护航。

三 组织设计师

一直以来，我们都说不清楚“老板”这个“物种”到底是什么？有这么一群人，他们曾经拥有了一笔财富，无论这笔财富是自己积累的还是借来的，总之这是他们可支配的。他们选择了某些业务方向，找来了一群人，可以称为管理团队，让他们再找来一群人，可以称为员工，安排他们每天打卡上班，表面看来都繁花似锦，忙忙碌碌，看看财务却几家欢喜几家愁。他们总会记住开业时候的美好，却总不愿意想象关门时候的惨淡，一旦以失败收场之时，或担当、或逃避、或抱怨、或沉寂。对于多数人来说，创业其实很难有第二次机会，今天要讨论的是如何才能一次创业成功。

当企业浮沉看多了，就会受到“宿命论”的影响，有的人的确很适合创业做老板，有的人真的不适合做老板。但是没有上场走两步，谁知道谁适合谁又不适合呢？创业就好比跳高这项运动一样，能够跳过去的高度永远不是最后一跳，而最后一跳一定是跳不过去的高度，如果在已经跳过去的高度就选择收手，似乎又违背了“更快、更高、更强”的奥林匹克格言。看看商场上多年屹立不倒、稳健发展的常青树，再看看身边“各领风骚三五年”的创业者，能否找到他们成功和失败的主要因素呢？

先提出一个问题：请问开包子店能赚钱吗？马上就会有人问，请问赚钱的标准是多少？这正是作为“老板”最能找到兴奋点的地方，不同的人对“成功”的标准定义是不一样的。商场如赌场，小赌怡情，大赌伤身，对于老板而言，所谓“大赌”，就是他心理能够承受的最大程度，因此，不同老板心中“大赌”的标准是不一样的。回到包子店的问题上来，开一个包子店可能赚钱，但开十个包子店，甚至开一百个、一千个包子店还能保证赚钱么？开一个包子店靠勤奋苦干就能盈利，开一千个包子店就一定不是靠勤奋苦干能保证盈利的。

我们在这里不考虑开一个店和一千个店孰对孰错的事，而是来讨论如何开一千个店能够保证盈利或者说提升盈利的概率。我们不相信所有想开一千个店的老板都不想盈利，也不相信所有想开一千个店的老板都能够盈利。想盈利是愿望，能盈利是能力，最为苦恼的恰恰是那些愿望很大但能力不够的人。因为“烦恼＝压力／能力”，愿望越大压力就越大，如果能力没有变化，烦恼自然就会加大，要想降低创业的烦恼，在愿望不变的前提下，只能从提高自身和团队的能力角度着手。

凡事预则立，不预则废，说的就是规划的重要性。做小事没有规划不会造成什么大的后果，但如果做大事同样没有规划，所造成的后果往往是难以承担的。大规模造汽车之前是否需要精确地设计汽车？大规模盖楼之前是否需要进行建筑设计？大规模的开发软件之前是否需要确定软件的原型？这些答案都是毋庸置疑的，当然需要，没有经过系统的设计，后端形成烂尾工程的概率就会大大提高，造成前期的投入全打水漂。

那么请问：大规模开发业务之前是否需要进行业务和组织设计？相对于汽车、建筑和软件这些行业而言，企业发展的标准化程度远远落后于这些行业，以致于到今天为止很多人还把“管理”既看作是科学，又看作是艺术。且不管是科学还是艺术，只要有投入就要有产出，这是做企业的基本原则，因此就需要对创业的过程进行相应的设计，以促进更少的投入形成更大的产出，保障企业的可持续发展。

谁来对企业未来发展的“设计”负有第一责任呢？当然是老板本人。邓小平被称为中国改革开放的“总设计师”，回顾这段历史，很多人的内心依然汹涌澎湃。如果没有改革开放，如今的中国就不知道会面临什么样的国际和国内的困境。小平同志作为国家领导人，同样承担了国家二次创业、转型升级的历史使命，面对国内外复杂的政治、经济、军事环境，他通过各种调查研究，最终为中国转型架构了完整的改革开放蓝图。

如果“老板”没有设计未来组织的能力，就难以形成长期稳定的“定力”和“定心”，面对各种外部变化时容易受到影响，无论是诱惑还是压力。从而无法形成原则来进行选择，老板无法面对选择，管理团队就更加难以选择，到了员工和合作伙伴那里，就更加无所适从。一些“爱学习”的老板会加重“选择困难”的症状，员工中流行这样一句话：天不怕地不怕，就怕老板有文化。说的是很多老板东学一点，西学一点，每次学习都很激动，回来后就非常冲动，要求管理团队立刻按照老师所讲的内容进行落地，于是相关的管理就无比迷茫。

组织的改造是系统工程，没有经过整体的规划，依靠阶段性的“打补丁”，不仅效果不大，而且容易劳民伤财。

谁是组织设计的第二责任人呢？各部门的管理者，过去的管理者关注于执行，未来的管理者将要关注于设计。就拿盖一栋房子来举例，业主需要借助于专业的设计院来对房子的地基、环境、功能、材料、结构、安全等方面进行总体规划的设计，其他关系到园林、绿化、内饰、家具、软件等方面就需要有各领域的专业设计师设计并实施。企业中老板重点的设计是战略、价值观、业务组合、分配机制、基本法等方面，各部门的管理者就需要对所管辖的职能进行目标、问题、原因、策略、工具、政策、评估等方面进行设计，并根据标准来获取、培养、保有团队，最终达成组织的战略目标。

改进思想的观点：过去的企业成功靠资源和运气，即依靠

风口让自己飞上天；未来的企业成功要靠组织和能力，要依靠自身的“设计能力”为自己装上强有力的翅膀，遇到风口就逆风飞扬、安全着陆，没有风口也能凭一己之力，当空翱翔。

四 组织的进化

随着业务的发展和组织规模的增大，组织架构也需要进行相应的调整。组织架构好比女孩的外衣，五岁的小女孩穿着小花袄很可爱，但到了二十五岁还穿着那件小花袄就不合时宜了。**伴随着业务经历不同的发展阶段，组织架构大致会走过八个阶段：小组制、团队制、直线制、职能制、直线职能制、事业部制、矩阵制和平台制。**

（一）小组制

在业务的萌芽期，需要打造新业务的原型，核心围绕新业务的概念、业务模式、业务质量控制以及业务的销售方式进行开发工作，这属于典型的创新型的工作，企业需要建立起开发小组作为业务的筹备团队。这个阶段的关键岗位是开发带头人通过阶段性的目标和任务的确认，由开发带头人组建开发小组，按照既定的目标推进并交付任务来获取的。基于创新的业务属性，这个阶段特别强调试错的工作方式，因此在评估绩效时往往缺乏依据，企业可以组建两个以上的小组参与开发同一个项目，采取“赛马不相马”的方式，鼓励小组之间进行良性竞争，促进目标达成的效率。

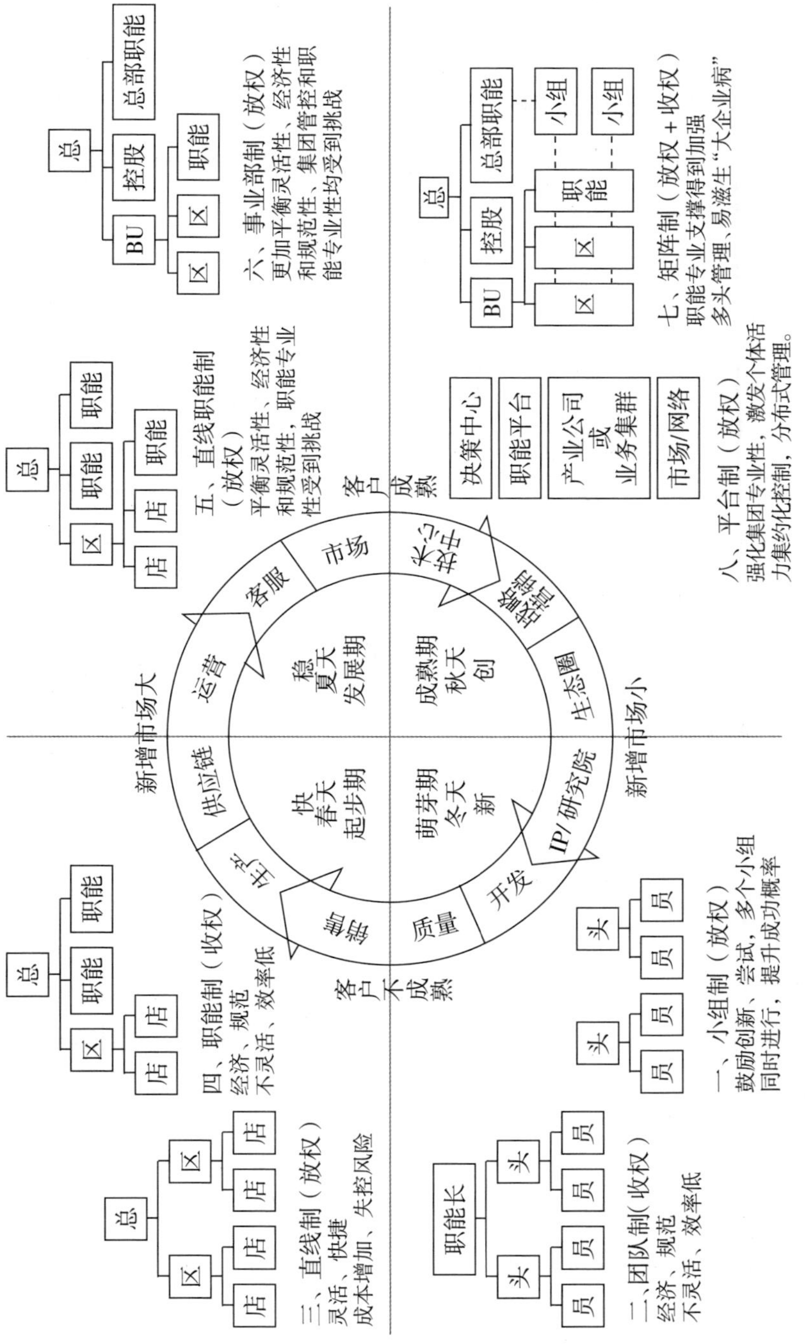
一、小组制（放权）
鼓励创新、尝试，多个小组同时进行，提升成功概率
二、团队制（收权）
经济、规范
不灵活、效率低
三、直线制（放权）
灵活、快捷
成本增加、失控风险
四、职能制（收权）
经济、规范
不灵活、效率低
五、直线职能制（放权）
平衡灵活性、经济性和规范性，职能专业性受到挑战
六、事业部制（放权）
更加平衡灵活性、经济性和规范性，集团管控和职能专业性均受到挑战
七、矩阵制（放权 + 收权）
职能专业支撑得到加强
多头管理，易滋生“大企业病”
八、平台制（放权）
强化集团专业性，激发个体活力集约化控制，分布式管理。
总
职能长
头
员
区
店
职能
控股
BU
总部职能
小组
决策中心
职能平台
产业公司
或
业务集群
市场/网络
新增市场大
新增市场小
客户不成熟
客户成熟
快
春天
起步期
稳
夏天
发展期
成熟期
秋天
创
萌芽期
冬天
新
供应链
运营
客服
市场
全渠道
生态圈
IP/研究院
开发
质量
销售
生产

八种组织结构类型

（二）团队制

随着某个小组率先开发出新业务的关键成果，该小组的负责人可以升级为团队负责人，吸收其他的小组负责人到同一个开发团队中来。在确定了统一的开发概念和技术路线之后，多个小组将形成合力来打造整体的业务原型，在团队长的带领下进行有效的分工，有的小组负责业务模式开发，有的小组负责技术测试，有的小组负责销售方式测试，以合成建立模式、跑通数据为目的的业务原型。在这个阶段，开发团队一方面要把业务开发好，另一方面要建立起销售方式，甚至做好试点用户的销售和交付的测试，这是该业务未来能够快速上规模的关键，否则容易造成开发团队脱离市场、闭门造车的现象。当然，销售测试的责任主体是开发团队，但不影响可以邀请销售团队的同事参与。

（三）直线制

当业务进入“可规模化销售”阶段时，往往建立了“直线制”的组织来推进业务的发展。这个阶段的基本特点是灵活高效，总部快速成立分部，分部快速组建队伍，分部需要各项人、财、物需求直接打报告申请，甚至有些事情特事特办，先办理后申请。各层级之间的信息传递也以会议和通知为主，客户端和市场端的需求能够快速得到满足。这是一个英雄辈出的阶段，大量的新员工被匆匆安排上一些重要的岗位，正是由于能够灵活、快捷处理工作的方式，可以极大地释放员工的潜力，他们的工作热情、积极性大大提升，虽然能力相对稚嫩，但是也能够创造巨大的业绩。然而也会给企业发展带来隐患，比如团队失控、成本增加、信息混乱等，如果不进行调整，这些英雄式的管理者很快就会成为业务发展的障碍，如果调整，组织就会面临团队动荡的风险。

（四）职能制

为了组织的长治久安，直线制的方式必然要过渡到“职能制”，即总部开始加强某些职能工作的建设，比如业务评审、关键人才招聘培养、财务管控、风险管控等措施，并成立一些专业的职能部门对业务的发展进行协同和帮扶的工作。而那些习惯于自由工作状态的分公司负责人就开始感觉不适应了，他们不习惯于凡事要打报告、走流程，不习惯于人员要做计划、搞复盘，不习惯于做预算、给反馈。在这个阶段，大家能够明显感受到效率在下降，一些过去可以灵活处理的事情被遏制。

（五）直线职能制

为了平衡效率和规范性，企业开始推行直线职能制，即一些专业的岗位放在总部的职能部门统一处理，一些事务性岗位可以放权给分子公司自行处理，总部的职能部门负责对分子公司的职能岗位代管并开展专业指导。这样的分工既可以保障总部专业职能的规划、设计和监管，又可以发挥分子公司根据自己的业务特点进行灵活安排、快速行动的优势。很多企业在这个阶段中业务将快速发展起来，随着员工队伍、客户数量和供应商规模的加大，企业管理的复杂度也成倍放大，会造成总部职能的专业性受到挑战，这往往需要逐步引进专业的机构来辅助总部职能建设专业化的体系。

（六）事业部制

随着多条业务线齐头并进的发展，部分业务部门的规模进一步放大，他们能够明显感受到集团的职能开始严重影响到业务的发展。也就是说一些业务发展到一定的时候，该业务需要形成符合自身发展特色的战略、组织、运营体系。总部会采取进一步放权的方式，进入“事业部制”的阶段。各业务部门开始进行独立核算，并逐步拥有属于自己的行政、人事、财务和IT方面的队伍，方便在本事业部中快速调配和部署。总部的职能越来越像专业顾问，一方面为集团的董事会决策提供专业支撑，另一方面会推动发展性的研究和项目。当然，如果各事业部需要，他们就可以随时以专家的身份进行支持。

（七）矩阵制

随着“事业部制”的展开，各业务部门开始围绕各自的战略目标进行业务分解、任务设计和绩效反馈。虽然业务快速发展，但是也带来总部管理的难处：各事业部要么不考虑未来的战略，要么未来的战略不能统一协同，造成总部需要在战略方向进行跨事业部协调；其次，各事业部开始各自为战，资源的流动性遇到障碍，比如人才、资金、客户、信息等方面的共享，这也需要集团进行干预。集团会针对特定的议题，由集团领导牵头、集团职能负责人和业务部负责人参与，成立各专项工作小组，来跨部门、跨专业地解决问题，一旦问题得以解决，该小组即可解散。这样的方式就是“矩阵制”，好处是职能的专业得到加强，但是也带来了多头管理和大企业病的麻烦。

（八）平台制

最终企业将走向平台制，各事业部逐步形成“业务单元（BU）”或“业务集团（BG）”，在集团的战略指导下，各单位自行制订相应的业务战略并分解落实。总部将成立决策中心，各单位将选派代表进入“决策委员会”，通过民主集中制的方式进行一些重大事项的决策。总部将成立共享服务中心（SSC），将行政、人力资源、财务和信息中心整合成可外包的服务平台，和各单位之间形成可买卖服务的商业关系，从而形成聚合效应、提升效率、降低成本。除此之外，有些平台化公司还会整合市场网络，建立综合性的销售和服务中心，以统一的品牌和系统为客户提供整体化解决方案，甚至会将这种基于 IT 系统的销售、服务、采购、物流、金融等进行社会化改造，融入产业外包的趋势中。

3 第三节 管理团队的认知

一 “老板思维”VS“打工思维”

一直以来，我们都有一种认知，认为电视台管理者的能力应该强于电台的管理者，因为从表面上看，电视台的节目更复杂、资源更高端、传播更广泛、设备更精良。直到有一天，我们有机会作为评委参加了广电系统的管理者述职活动，电视台和电台的管理者同台述职之后，多数电视台管理者的述职过程不够优秀，反而电台的管理者无论从战略思路、业绩目标、关键任务，还是从人员状况、部门协同等方面均能表达到位且精准。我们经过了解得知，电视台作为大型项目的集成平台，几乎每个人都是一颗螺丝钉，在统一指挥下做着具体的工作，而电台则几乎是需要一个人撑起一档节目，从节目定位，资源申请，采访、编辑、播报，拉赞助、找广告，组织地推活动等都需要亲力亲为，因此，电台的管理者综合能力更高也就在情理之中了。

我们把这种能够独当一面、承担责任、解决问题、创造成果的状态称为“老板思维”；把被动思考、任务导向、消极应付、拒责于外的状态称为“打工思维”。这两种思维跟是否是老板或经理人没有关系，有些经理人也有“老板思维”，反之，有些老板也会存在“打工思维”。两个刚刚走出校门的学生同时走向工作岗位，他们的起点其实相差不多，其中一个学生具有“老板思维”，另外一个同学是“打工思维”，十年之后，这两种思维往往会导致两人的能力相差甚大。

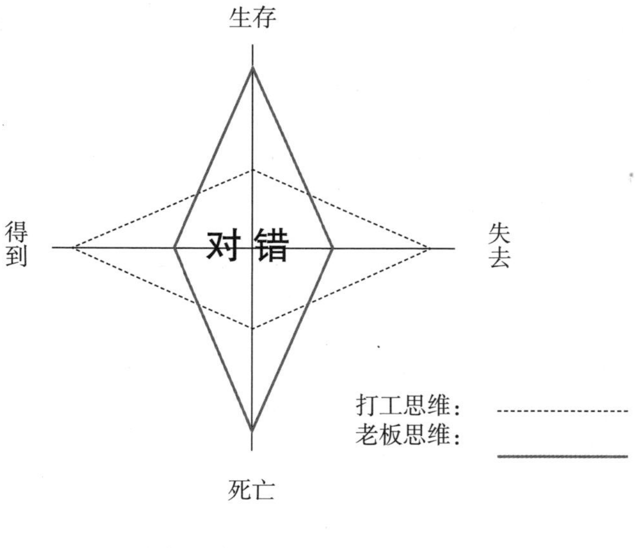

老板思维 VS 打工思维

“老板思维”和“打工思维”到底有什么不同呢？通过上面这张图我们可以清楚地看到，“老板思维”通常站在“生与死的角度”看待对错，而“打工思维”则会站在“得与失的角度”，因此，这两种思维的人经常对同一件事情持有截然不同的观点，从而形成个性鲜明的不同做法。例如经典的“猎狗与兔子”故事：猎狗去追一只已经受伤的兔子，居然无功而返，主人很不开心，就责问猎狗为什么连一只受伤的兔子都追不上，那么多骨头都白吃了？猎狗委屈地说：“我只是为了一块骨头在奔跑，而兔子是为了生命在奔跑啊。”在这个故事中，猎狗抱着“打工思维”，而兔子是“老板思维”。

思维会影响人的成长和发展，成年人的成长往往来自三个方面：高目标、困境和关键人的影响。

所谓“取法乎高得其中，取法乎中得其下”，目标越是高远，越能够带动人成长。从“老板思维”和“打工思维”的角度来看，谁更愿意制订高目标呢？具有“老板思维”的人通常具备以下特征：敢于思考未来、敢于承诺并努力将承诺变成现实。敢于思考未来，是因为他们常常憧憬和规划未来，越规划越对未来有信心，就敢于对未来进行承诺。当他们进行承诺时，多数时候会招来他人的讥笑，比如李书福当年在申请汽车制造许可证时，面对各种嘲讽，他喊出了著名的口号：请给我一个犯错误的机会吧。他的行为印证了电影《唐伯虎点秋香》中的一句经典台词：他人笑我太痴癫，我笑他人看不穿。时至今日，还有谁会认为当年的李书福是疯子呢？

具有“老板思维”的人遇到的困境有时也正来自更高的目标，实现目标的过程往往不会一帆风顺，面对挑战，他们会越挫越勇，直到把自己逼到困境。我们把这种状况总结为“仰望星空的人经常会掉到坑里”，但是很多人“掉在坑里依然坚持仰望星空”，成了真正具有“老板思维”的人。最著名的当属“翻身大魔王”史玉柱，当年巨人大厦彻底拖垮了巨人集团，史玉柱负债多亿，最终再次创业并还清所有债务，传为佳话。孙宏斌原是联想集团的“少帅”，曾因意气用事遭遇困境，后投身房地产，创造了当年的“顺驰神话”。后因为发展过快，导致资金链断裂，果断“断臂求生”，再次创办融创置业。如果说成功可以提升自信，那么困境则可以重塑价值观，很多具有“老板思维”的人正是在一次次的困境中完善、升华人格，为迎接更大的挑战做好充分的心理准备。

每个人在成长过程中都会受到关键人的影响，也许是老师、长辈，或者是曾经的领导，甚至是某个历史人物。在向标杆学习这方面，具有“老板思维”和“打工思维”的人不尽相同，前者经常会自设情景，把自己融入卓越标杆的生活与工作场景中，并和自己的言行举止不断地比较，甚至思考“如果我处于他的那种情况会如何决定”等，在学习标杆的同时不断地立志要超越标杆。而后者往往会以置之度外的态度来看待标杆，他们认同、崇拜甚至恭敬地面对标杆，但似乎从来不敢想象标杆和自己的关系，一直把自己当作看客，不愿意上台成为参与者和竞争者，从而失去在关键步骤上成长的机会。

面对未来，期待更多的人拥有“老板思维”，具有这种思维只为自身的修养和成长。起步时总会有一些不适应，即使装也要装出具有“老板思维”的样子，装得时间久了，也就真的具有了“老板思维”。

二 组织绩效 VS 个人绩效

我们在多年前辅导一家外企时，学员们大多是资深经理人，他们经常会在课外邀请我们一起喝茶聊天，并探讨各种话题。有一天，其中有个学员问道：“老师，我们都是在外企工作多年的管理者，如果现在去一家民营企业做业务总经理，您觉得前景如何？”当时随着全球化格局的变化，不少外企开始逐步将核心投资主体撤回本土，外企的经理人也开始面临“4050 危机”，这个话题引起了很多在场学员的兴趣，大家也期待我们的答案。

我们的答案让他们很难接受：“不太乐观，虽然你们在外企工作多年，但是外企过去二十年在中国的成功多数来自全球化的资源配置、技术产品的先进性和中国经济红利的释放，外企强大的组织能力是成功的关键要素，作为外企的经理人无疑在那个阶段是非常优秀的，特别表现在人才培养、团队配合和执行效率上。如果到了民营企业，所遇到的问题和挑战是完全不一样的，经过多年发展，当前民企到了组织升级和人才发展的关键时期，对管理者的需求从执行转向设计，一方面是外企经理人过去没有太多的机会参与组织设计，另一方面是民企的文化和团队问题也不是短期靠专业能够解决的。”

这个转变的过程就好比一位习惯于在高速上开跑车的优秀驾驶员突然去乡村小道上开拖拉机，不管过去的驾驶技术有多么的优秀，驾驶拖拉机的时候都不能体现出他的专业能力，甚至面临一些突发情况时还不如对开拖拉机很有经验的村民。我们把汽车比作组织绩效，把管理者比作个人绩效，很多个人绩效之所以得以体现，在于把强大的组织绩效作为基础，反之，如果组织绩效不够，那么需要个人绩效进行弥补。

假设让国际赛车手驾驶着拖拉机，一定比不上普通驾驶员开着跑车的速度，只有车辆的性能差距不大的前提下，驾驶员的专业能力才能决定绩效的高低。随着中国企业不断发展，对组织发展和人才发展的需求越来越多，大家逐渐意识到，只有组织绩效强大，才能降低对个人绩效的依赖性，组织绩效不仅是指企业内部的员工绩效，还包括外部的客户绩效和供应商绩效。

许多中国民营企业的发展充满曲折与坎坷，比如当年吉利希望进入汽车制造领域的时候，一是没有汽车制造许可证，得挂靠一家濒临倒闭但有汽车生产许可证的企业；二是没有标准化厂房，都是依靠模仿、东拼西凑攒起来的，更不用说什么组织体系、质量体系、核心人才队伍，硬是依靠意志和决心发展起来的，企业到一定的规模阶段后才对组织发展和人才发展提出新的需求。

如何能够未雨绸缪地提前对组织绩效做好布局？华为成了当仁不让的榜样。1997 年华为刚刚度过起步阶段，任正非就带领核心管理团队去美国企业学习，学习先进的管理理念和方法。在考察了五家企业之后，他们把学习的对象锁定为 IBM，当时 IBM 的总裁路易斯·郭士纳（Louis Gerstner）热情地接待了他们，并系统地介绍了 IBM 的管理体系。任正非当时就邀请 IBM

的顾问团队进驻华为开展咨询项目，对 IBM 的报价任正非没有进行任何的讨价还价，这充分表达了他对建设华为强大组织能力的决心。

在长达十年的时间里，IBM 顾问团队进驻华为。刚开始很多华为管理者并不理解和接受 IBM，咨询项目反而造成了工作的烦琐和复杂，任正非放出狠话：谁不服从顾问的辅导就请谁离开，在老板的高压干预下，项目逐步走向正轨。除此之外，华为还邀请了近二十家国内、外多个专业机构入驻辅导，彻底改造并升级了华为的组织绩效能力。很难想象没有这些前期扎实的基础工作，传统的组织体系如何才能支撑当前华为的业务规模？华为如何抵抗贸易打击？

华为组织能力的强大也带动了个人能力的成长，近两年中国的成长型企业纷纷开始学习华为，前期那些外企经理人面临的困惑，华为的经理人也同样会遇到，参与设计组织的人毕竟是少数的，没有参与设计只做执行的管理者又回到了“驾驶员”的状态，只有那些既参与设计又参与执行并取得组织绩效成果的管理者才能当好组织发展的老师。

改进思想的观点：过去的管理者偏重于业务执行，关注的重点是创造个人的绩效；未来的管理者将偏重于组织设计，关注的重点是创造组织的绩效。在当前宏观环境不断发生变化之时，企业的战略必然需要进行快速调整，战略的升级带来组织转型的需求，需要更多的管理者能够学习并掌握组织设计的原理、工具、方法和逻辑，从而为企业的进一步发展做好基于未来的设计，**我们要相信：这个世界上绝大多数可制造的东西都是设计出来的，包括组织的绩效。**

三 “部门墙”

每次进入企业进行调研，“部门墙”几乎都是在管理中提得最多的一个词，很多人会反映：**企业存在着“部门墙”的现象，部门之间工作协调的难度太大了，导致组织的整体效率极低。**经历多了，我们会惊奇地发现，人员素质越高的组织，部门墙越有可能存在，而且程度更加严重。到底是什么原因导致部门墙的存在？我们将从以下几个方面来探讨。

（一）根深蒂固的“抱怨链”

有一次我们在机场遇到一个管理者，他非常热情地跟我们打招呼：“老师们好，去哪里上课？我五年前上过你们的课程，印象特别深刻。但我们的企业三年前已经倒闭了，我们是销售团队的，其实市场形势非常好，就是生产的产品品质出了两次重大事故，导致客户大面积退货，实在是做不下去了。”从他的表达中我们听得出来，他对老东家很有感情，虽然企业已经倒闭三年了，他依然耿耿于怀。

很多企业存在着一条“抱怨链”，销售抱怨生产，生产抱怨采购，采购抱怨财务，财务抱怨销售。从公司开业的第一天就有“抱怨链”了，一直伴随着企业的发展逐步成长。“抱怨链”是部门墙存在的前提和基础。

（二）碎片化的“专业主义”

著名相声大师马季创作过一个作品叫《五官争功》，说的是一个人脸上的五官为了突出自己的作用，放大了自身的价值，忽略了其他器官的作用，最后导致整张脸不协调，“脑袋成了个大鸭蛋”。这种情况在企业中其实也比比皆是，我们称之为打着“专业主义”的名义破坏了“整体主义”。

高校管理类专业的设置模式也加重了这种倾向，不同的商学院或管理学院的课程设置和教学设计会有所不同，但有一点都是相似的，即课程体系是由不同的专业课程构成的。讲授的老师也具有不同的专业背景，老师之间很少围绕管理思想、专业逻辑和实践案例共同进行课程开发和研讨，每位老师都站在自己的角度讲授专业内容，都在尝试用自己的专业来解读企业发展，这就是著名的“锤子和钉子”的故事：即手中有了一个锤子后，看什么都好像是钉子。

管理是需要出成果的，管理的成果是“多因单果”的过程，即多个专业的学习和实践都只能算是手段，最终的目的还是要产生“效益”。

（三）各自设计的KPI

在设计KPI的时候，应该由企业设计好之后再由各部门来领取，还是由各部门设计好之后再形成企业的指标体系？答案当然是前者，由企业根据业务发展的不同阶段和不同的业务需求来设计不同部门的KPI，然后各个部门根据组织战略目标和业务目标的需求，调整各部门之间的关系（组织设计），再各自领取组织目标需要的KPI（目标分解）。

现实中的情况恰恰相反，多数时候是由各部门自己来确定KPI，再合在一起成为整个企业的指标。就好比在盖房子的过程中没有经过设计师的统一设计，直接找工程队过来，要求他们按照各自的工种来做标准和计划，没有统一规划，没有衔接标准，最后的结果可想而知。

（四）“能者多劳”的组织文化

企业在业务起步时往往要依靠部门的“能人”，这种“能人”文化会随着组织的发展而加强。业务在起步过程中当然需要有“英雄”，主动积极地开创业务，推动业务从0到1的发展，时间长了，这些“英雄”或者“能人”逐渐成为部门中不可缺失的人，成为整个公司中不可缺失的人，他们逐步提升，甚至控制了组织的话语权，在产品开发、人员培养、激励政策上越来越拥有自主权，形成强势“部门墙”。

改进思想的观点：对于企业来说，起步时需要强调“英雄主义”，发展壮大后需要强调“平衡发展”理念，如果不能提前准备和调整，那么初期创造了巨大价值的“英雄”们，反而成了组织进一步发展的“绊脚石”。因此我们可能会理解，宋太祖赵匡胤在获得了稳定的统治地位后为何要“杯酒释兵权”，就是要调整各藩镇的势力，为下一步调整组织和岗位打下基础。

（五）“打补丁式”的组织设计

企业的发展通常是一个“渐变”的过程，并不是等到所有的战略和组织设计完美之后再进行发展，这就给企业负责人升级和优化组织的工作带来了挑战。当企业增加了新业务、新任务时，需要安排相应的人来负责，由于缺乏顶层设计，经常随机地分给当时的“最优人选”，并且相关的“责任、权力和利益”均未能同步说清楚，时间长了，企业就好像打了无数的“补丁”一样。

这些“组织补丁”加重了部门墙的复杂度，随着补丁打得越来越多，每个部门都有巨大的工作量，这些随机增加的工作进一步破坏了部门的边界。事情越来越多，但配套的资源和政策却时常跟不上，造成各部门相互产生“恐惧感”，不知道今天配合其他部门的工作是否会产生长期的工作任务，以后甩都甩不掉了。

改进思想的观点：电脑需要定期格式化来优化硬盘的结构，提升运行效率，同样，企业也需要定期格式化来优化组织的结构，进而匹配企业战略发展的需求。

（六）“心口不一”的沟通方式

彼得•圣吉在《第五项修炼》中提出了“左手栏”和“右手栏”的沟通工具，“右手栏”是我们真正表达出来的话语，而“左手栏”则是在思考却没有说出来的话。管理者在沟通中通常也具有这种“言外之意”或“潜台词”，就是通常说的“我虽然没有说出来，但其实心里是这么想的”，这种沟通方式同样会加大部门间的沟通距离。

在很多企业内部的会议上，会较多地反映这种状况，大家各自都有诉求，在会议现场却把诉求换成了另外一种表达方式，隐藏了自己真实的想法，可又特别希望别人能够理解或者认可自己的想法。这样的做法往往适得其反，使得部门之间的合作变得复杂。

四 奋斗者思维

人与人之间的差别并不大，但随着时间的推移，差别会越来越大。有人说，差别主要取决于脖子以上，即思维的差异。根据我们多年从事管理咨询工作的观察来看，有一种人具有相对独特的思维，他们不管是自己创业还是做经理人，不管是在国企、民企还是在外企，都如鱼得水、快速成长，达到常人所羡慕的状态，我们把这种人称为“奋斗者”，他们天生就具备一种“奋斗者思维”。

我们先来看一看普通的管理者是如何工作的。对于多数管理者而言，工作的过程就是被动地接受目标、接受任务、努力完成任务的过程，他们把自己看作某个领导的代理人，需要在获得领导的明确指令后才能开始工作。他们以交付领导交办的任务为目的，以获得领导的认可为激励，于是他们越来越成为某位领导的“手脚”，思维也逐步变得僵化和固化。他们认为自己在工作中不具备决策权和选择权，成绩的好或不好都不是自己造成的，时间长了就进入一种“凭良心做事”的状态中，看似是明哲保身，实则在自我麻痹。

“奋斗者”不会这样思考，他们的思维通常具有以下三个特质。

1. 敢于思考未来；

2. 敢于超越领导的期望；

3. 能够长期说到做到。

（一）敢于思考未来

“奋斗者”会自带工作的愿景和使命，与普通管理者会随遇而安地接受任务相比，他们会比较早地确定努力的方向和志向，及时形成自己的规划和目标，每一步选择都比较慎重，一旦做出了选择就会投入百分之百的热情。工作上要成为某一领域的专家并不难，难的是长期坚守。不怕慢，就怕换，还没有入门的情形下就快速换工作，很难沉淀出专业的认知和技术。

在训练中我们尝试让更多的管理者做畅想未来的练习，发现大多数管理者不太擅长想象未来，一两年之内的似乎还能说一说，五年以上大家就难以想象了。大家通常会说：“五年后大环境变得如何我们都不知道，怎么能想象呢？”或者是“我们的领导都不考虑未来，我们如何考虑呢？”有的人需要看到才会相信，有的人因为相信所以看到，“奋斗者”很显然属于后者，相信未来的决心会转化成“信念”，这种信念感会支撑他们对未来的憧憬，从而做出选择。

我们是被动地等待着未来，还是主动地拥抱未来，这是我们可以选择的。**“奋斗者”选择相信未来并且为未来做好各种准备，机会总是留给那些有准备的人，“奋斗者”从一开始就已经抢得了先机。**

（二）敢于超越领导的期望

所谓“乱世出英雄”，并不是英雄只出自乱世，无论是不是乱世，英雄已经做好了准备。当困难突然到来，组织需要有人能够站出来力挽狂澜，多数人没有做好准备，面对突然出现的变化手足无措，“奋斗者”能够快速响应，利用他们长期沉淀的“见识”和“胆识”为组织和领导分忧。英雄本来就是英雄，只是在乱世中更容易“突显”。

人总是喜欢和积极乐观的人打交道，不愿意长期受消极悲观的人影响，作为领导也同样如此，积极的人总能找到积极的因素，而消极的人也总能找到消极的理由。“奋斗者”大多是充满积极和乐观情绪的人，他们相信未来是光明的，也知道道路是曲折的，他们明白曲折对成长的意义，不管经历了什么样的挑战，他们总是能够平心静气地接受甚至享受这个过程。

当领导提出一个需要达成的目标时，普通管理者会心生畏难，总希望领导能够降低要求和标准；而“奋斗者”会系统地分析领导的需求，经过评估后他们也许会向领导提出更高的目标。作为普通的管理者会无法理解这种行为，对于“奋斗者”来说这很正常：一方面他们已经做了系统分析，提出的高挑战目标在规划范围之内，并不是遥不可及；另一方面提出了高挑战目标的同时，也容易获得领导的认可和资源的支持。不打无准备之仗的“奋斗者”在目标上总是比较容易和领导达成共识，而普通管理者每次都让领导费尽心思。

（三）能够长期说到做到

管理者的职责就是解决问题、达成目标，而问题是现状和目标之间的偏差。很多管理者缺乏数据意识和概念，喜欢用演绎的方式描述“症状”，把“症状”看作“问题”。“症状”是我们选择某一个行业或专业后必然会遇到的表象，比如作为销售部门，一定会遇到“客户不认可产品”或“竞争对手不按照规则出牌”的表象。透过这些表象，管理者需要用数据来明确团队所遇到的“问题”，通过分析找到方法并有效地执行，去消除这些“问题”的偏差。

很多糊涂的管理者往往说不清楚他们的“问题”，经常回答“没有问题”。有时候“没有问题”恰恰是“最大的问题”，要么是“目标”没有说清楚，要么是“现状”没有说清楚，当管理者都无法精准地描述“问题”时，团队的工作就很容易失去目的性。“奋斗者”的目的性相当明确，他们善于通过数据的分析抓住重点，然后带领团队坚定不移地努力达成目标。目标是明确的，达成目标的手段是可以变化的，“奋斗者”会根据环境的变化不断调整策略和计划，以不变应万变，但万变（策略）不离其宗（目标）。

即使遇到部分没有达成的目标，“奋斗者”也不会去找理由，而是选择愿赌服输，主动地兑现绩效评估和考核的承诺，在团队中选择承担主要责任，并组织团队及时复盘和总结，识别在计划执行中不够完善的地方，为了一次比一次做得更好。

如果一个管理者能够做到“奋斗者思维”的以上三个方面，那么他在组织中能够不断成长并晋升。太多管理者的选择恰恰相反：不敢思考未来，只愿被动地接受短期任务；不敢超越领导的期望，希望做低风险、低压力、低创新的常规工作；承诺的目标不能保证完成，一旦完不成就大量地寻找来自外部的理由，俗称“甩锅大王”。**管理者用“奋斗者思维”来武装自己，自然能够获得成长和发展的机会。**

4 第四节 员工队伍的发展

一 常志 VS 长志

有一天我们到南京参加一个沙龙活动，主办方把活动地点安排在南京秦淮区的隐逸水街，这个地方位于白鹭洲公园一侧，明古城墙脚下，秦淮河穿街而过，游船带着古风乘着微浪荡去。吃完晚饭，我们沿着城墙溜达，看着夜色中的百尺城墙，回想起一段往事。

2005 年，我们从事培训咨询工作差不多七年了，那几年这个行业正处于快速起步阶段，混乱中充满着生机。随着中国加入 WTO，中国经济进入了第一个长达十年的“快车道”，各个行业都展现出新的风貌，对人才的渴望也表现在各大公开课的火爆上。千人大课屡见不鲜，名师名课层出不穷，作为较早入行的人士，我们也算是碰上了那一阶段的风口。

在我们踌躇满志、心比天高之际，一位老师兼挚友给我们来了“当头一棒”：“你们这个行业有什么了不起，根本无法长久。”一开始我们很不服气，认为他在挑刺，没有把他的话当回事。但是没有想到他居然变本加厉地毫不留情、劈头盖脸、如暴风骤雨般地“修理”我们。每次见面皆如此，有段时间我们甚至都躲着他，不想听他唠叨，他通过其他的朋友带话给我们。既然躲不过去就直面吧，于是我们做好了充分的准备后前去找他，开门见山地问：“老师，您认为我们现在这样做不合适，您能告诉我应该怎么做吗？”其实我们想主动出击，如果他说不出个所以然的话，以后也就别找我们的毛病了。没有想到老师轻轻地说了四个字：“企业门诊”。

虽然我们知道他是希望我们能够帮助企业解决实际问题。但是当时我们作为知识中介，甚至都没有自己的课程体系，只能给企业提供一些信息类的培训，最多是些知识类的辅导，怎么帮助企业解决实际问题？另外，当时的很多企业在经营管理上都是“摸着石头过河”，他们自己都不敢肯定能解决问题，我们作为“外来的和尚”，凭什么能帮企业解决实际问题。

老师这次并没有像以往一样“修理”我们，而是给出了具体建议：“出去走走吧，好好地想一想，然后回来再做出决定。”现场他就给我们规划了路线和原则：去华夏民族的发源地陕西走走；轻装简从，立刻出发。简单收拾之后我们就背包出发了，这次旅行注定是我们成长过程中极其重要的环节。

目的地为三个地方：楼观台、法门寺和黄帝陵。当年这三个景区不像如今这么繁华，还没有进行大规模的商业开发。楼观台又名“说经台”，据传说是当年老子西出至此，遇弟子尹喜，留下“五千文”后飘然而去，这就是著名的《道德经》；法门寺地处宝鸡市扶风县，是供奉佛祖舍利的皇家寺院，在地宫中观瞻佛祖舍利的情形令人难忘；第三个地方是黄帝陵，地处延安市黄陵县，据《史记》记载黄帝陵是轩辕黄帝的陵寝。

这三个地方中，令我们印象最为深刻的还是黄帝陵。我们坐着公共汽车来到目的地，首先看到的是轩辕黄帝古庙，院子里生长着两棵相传为黄帝亲手种植的柏树。因为没有请导游，我们就东转转西转转，不知不觉地走进了轩辕黄帝庙后面的一片树林里。满山遍野的柏树啊，每一棵树上都有一块介绍树龄的牌子：有的已经一千多岁，有的已经两千多岁。

记得那天好像是星期一，山上几乎没有什么游人，我们在这些千年古树中来来回回地边走边看，当时不知道这山上有多少棵树，后来看资料才知道千年以上的树有三万多棵。有生以来第一次感受到了“震撼”，在这些连绵不绝的古树中，作为“人”显得是何等渺小啊。千年以前，它们就在这里；千年之后，它们也许还在这里；风雨中，它们守望相助；阳光中，它们比肩共存，茂叶互盖，深根相连，就这样安安静静地走过数千年。

我们在干什么？胸无大志随波逐流，骄傲自满小富即安，往上看没有远大理想缺乏家国情怀，而且无使命无愿景苟且偷生；往下看做事没有远期规划得过且过，并且缺乏根基还自我蒙蔽自得其乐。一刹那，我们终于明白了老师要我们来这里的用心，面对短短数十载的人生，不能再这样，是时候沉下心来做点什么事情了，面对这些千年的柏树进行一次深刻且庄严的自我对话：“我是谁？我要做点什么？为此我准备好了没有？”

那一年我们也明白了旅游不是换个地方看风景，而是换个风景看自己。**人是环境的动物，在旧的环境中待久了，所营造的场域形成了我们的舒适区，一旦进入了舒适区，似乎失去了成长的动力。**日子一天天地像流水一般过着，没有障碍的烦恼，也就没有了沉淀的乐趣，时间一长自然进入了自我麻痹的阶段。“温水中的青蛙”也是因为温暖的水温而自我麻痹的，等到超过一定的水温之后，青蛙想跳也无能为力了。

“条条大路通罗马，道道法门达修身。”工作的意义就在于“修身、齐家、治国、平天下”，所有工作都好像是一面镜子，反映出我们身上的优点和缺点。看过《甘地传》的人很容易被圣雄甘地内心的坚韧所感动，他为了民族的独立、种族的和平承受了常人所不能忍受的苦难和委屈，但从他富有光芒的眼神中能够看到精神的力量和理想的幸福。

通过陕西之行，我们确定了未来努力的方向：做能够解决问题的咨询培训。转型中总要丢掉一些什么，也总会遇到一些什么。虽然传统的项目、产品和收益被逐步放弃，但是我们立志“通过培训改变中国”并联合创办了改进咨询。我们遇到了GPS-IE® 管理改进系统；我们遇到了一群可爱可敬的客户，在我们技术不够成熟的时候无怨无悔地支持着我们；我们遇到了一群不离不弃、苦福同享的同事，大家几乎用无条件的信任互相伴随着一路走来；我们遇到了一群无比认同、相互促进的学友同仁，教学相长、砥砺同行。

世间的因缘总是那么令人好奇，当我们小心翼翼地推开了第一扇门，看到了更多虚掩着的门。好奇心让我们继续努力地开门，有些门虽然没有成功打开，但是不影响我们继续打开更多的门。一路走来，我们已经走上了专业的道路。越来越多的同事、学友、客户在这条路上成长，就像漫山遍野的松柏枝叶相连、守望相助，这种专业的力量还会产生更大、更深远的影响，对自己、对组织甚至对国家均是如此。

二 “空降兵”的融入

随着企业的发展，必然对人才产生更多需求，特别是一些核心的技术和业务人员以及对某些行业熟悉的管理人员。企业是否需要引进“空降兵”还是要看业务特点，**改进思想的观点：通常可复制的成熟业务需要的人才主要依靠内部培养，新开发的创新业务需要的人才要从外部引进。**

企业在引进“空降兵”的过程中会遇到以下几个方面的障碍。

1. 双方的预期和合作后的实际成果之间的落差；
2. 缺乏系统的薪酬方案以平衡新、老同事的需求；
3. 新人个人能力和企业组织能力之间的磨合与配套；
4. 合作不顺导致“后遗症”的产生。

面对需要引进却不知道是否合适的空降对象，企业可以通过以下几个原则来思考，目的是更好地磨合并双赢，降低因合作不顺对彼此的伤害。

（一）充分了解，共同商定阶段性的目标和待遇

很多企业在引进新人时，很容易犯两个错误：一是看到自

认为特别优秀的人才时，将“求才若渴”的心情全部表现出来，单方面向对方介绍很多企业的情况，并给出无数自以为是的条件，将获取某个人才作为自身的一种心理需求而沾沾自喜，却忽略了了解对方并给予对方充分表达的机会，在没有充分了解对方的前提下匆忙引进；二是为了对方能够入职，一味地美化企业情况，或者给予对方过度的承诺，当对方入职后发现差距太大。这两种状况都容易造成双方“闪结闪离”的现象。

面对空降对象，企业需要做到冷静客观。双赢是双方合作的共同愿望，企业提供平台和品牌，经理人提供能力和资源，能否有良好的成果取决于双方的共同努力。企业需要尽量真实地介绍自身的优势和劣势，并精准地回答对方的各种问题和困惑，不夸大、不隐藏、不回避。企业需要对方根据情况来判断两件事情：一是期待的薪酬是多少？二是预计多长时间能够取得个人的收支平衡。

企业通常在薪酬方面没有太多的依据，如果十分看好某一个人，那么在前期尽量不要太看重薪酬的付出；第二件事更加重要，即对方判断需要多长时间能够取得个人的收支平衡，通常的时间为 3–6 个月，越偏业务端时间越短，越偏职能端时间越长，当然一些特殊的技术岗位另当别论。双方通过讨论需要形成约定：在磨合期内会满足对方的薪酬期望，过了磨合期则和绩效成果挂钩。如果对方认同，则可以继续；如果对方不认同，则会暴露对方前后思考逻辑的矛盾。

（二）启动人才发展基金，平衡企业团队心理

“空降兵”的薪酬期望通常高于团队人员的标准，如“空

降兵”需要 3 万元 / 月，但团队平均才 1.5 万元 / 月，引进“空降兵”是否会导致团队的认知失衡呢？是否会因为薪酬不平衡导致老同事不积极配合新同事工作，造成他孤掌难鸣、一事无成呢？很多企业在引进人才时都会有这样的顾虑。

企业老板需要对引进方说明磨合期内的薪酬结构：岗位薪酬 1.5 万元 + 阶段补贴 1.5 万元，前面的 1.5 万元和公司的薪酬结构同步，后面的 1.5 万元作为总经理的“人才发展基金”来作为阶段性的补贴。另外还要向其他同事说明关键人才、特别是创新型的关键人才对企业战略发展的价值，在引进时需要启动“人才发展基金”，公司每个关键岗位人员都有且只有一次机会享有。在过去的企业发展过程中，在老团队成长的过程中花费的费用和资源早就超出了标准，现在引进其他公司培养的“优秀人才”自然需要启用这个基金。

等到磨合期结束，“空降兵”自然用业绩来证明他的价值，如果创造的价值超过约定的目标，那么继续支付 3 万元 / 月就顺理成章，如果创造的业绩低于目标，那么所给予的补贴也将同步降低。当然，如果他不能接受薪酬降低的现实，就需要双方来重新探讨合作模式了。总之，磨合期之后，“空降兵”的薪酬需要融入公司现有的体系中，这不会影响那些能够创造高业绩的“空降兵”，但低业绩的“空降兵”很快就能得到真实的评估并会做出调整，不至于成为公司的负担，影响薪酬结构。

（三）采用高管担保机制，降低新人引入风险

为了降低引进新人的风险，提升新人引入的成功率，需要采用高管担保的机制。公司是否需要引入关键人才，需要有对

口的高管来提议，因为关键人才的引进对该高管实现战略目标具有重要的支撑作用；反之，如果该高管并不认为引进的“空降兵”能支撑他的战略，就说明该人才不是需要紧急引进的人。

既然高管需要引进关键人才，他就需要对该人才的引进进行担保。在磨合期内，该人员每月 3 万元的收入，高管需要对其中的 1.5 万元进行担保，即该员工在磨合期内收入和他创造的价值之间的偏差形成了他的盈利或亏损，所负责的高管需要对他的亏损负有连带责任。基于这样的担保制度，高管需要关注以下两点：一是努力对该员工进行培训和帮扶，并协调好多个部门协同工作，期待他尽快出业绩；二是及时评估该员工的意愿和能力，如果发现对方无法胜任该工作，尽快进行调整止损。

如果高管担保的人员表现优秀，那么可以对相应的高管进行奖励，鼓励他对公司的关键人才培养作出更大的贡献。

在企业引进关键人才的过程中，本着真诚、互助的原则，才能提升彼此磨合的成功率。双方还可以采取通过中介磨合的方式合作，虽然彼此都很满意，但是为了双方的磨合与适应，可以以某个咨询公司的外派顾问的名义介入，通过一段时间的磨合之后双方都能认可，则可向前一步；如果磨合中不够愉快，好聚好散，也无伤大雅。

三 合格的员工

从一定意义上讲，军种犹如工厂，战区是他的客户，军种的主要任务是为战区提供合格的产品，这个产品就是部队。军种组建就是要实现人与武器的有效结合，为战区打造一支“能打仗、打胜仗”的合格部队。

——军事专家赵小卓

从以上军事专家的观点来看，军种组建就是为战区打造合格的部队。企业更是如此，集团的职能部门可以看作军队的军种，业务部门可以看作战区，业务部门要能够“开发业务、交付业务”，职能部门要协助业务部门建设一支合格的团队。

一位即将上市的公司老板曾经跟我们说：“我公司这么多人，到底有多少人在创造价值，其实我并不清楚。有些业务人员没有业绩，我问他们的经理如何处理，能否尽快调整。经理跟我说：‘老板，他马上就会成单了。’我问：‘大概多长时间会成单？’经理说：‘三个月左右。’过了三个月，这个员工还是没有成单，我又去催经理：‘如何处理？’经理说：‘老板，真的快要成单了。’”

这位老板跟我们诉说了他的无力感，看到这种状况，他其实不想管太多，但是当越来越多没有绩效的员工在侵蚀着公司利润的时候，他也不得不去干涉，但结果总是让他很失望。让他困惑的是：什么样的员工才算是“合格员工”？谁应该对“合格员工”的结果负责？是什么原因导致很多不出业绩的员工能够在企业中长期留存？

谁需要“合格员工”？当然是企业老板和业务负责人，为了实现公司的战略目标，自然需要有越来越多的“合格员工”来支撑。**改进思想的观点：如果把“合格员工”看作一个产品，那么公司中就需要有一条负责生产“合格员工”的生产线，招聘部负责原材料的采购，培训部负责生产加工，业务部负责使用和保有，这几个职能配合起来共同对“合格员工”的结果负责。**

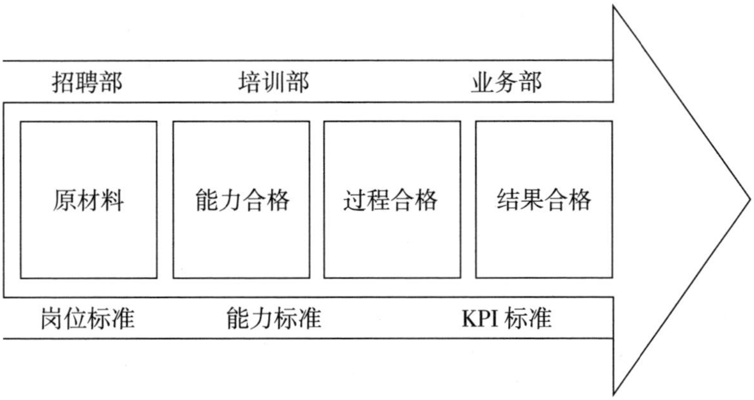

“合格员工”标准图

既然是“合格员工”，就需要对“合格”两个字进行定义。很多公司对这个定义不够清晰，认为只要是留在公司的员工就应该是合格的，不合格的员工应该早就离开公司了。情况果真如此么？离开公司的员工不一定不合格，留在公司的员工也不一定合格。很多业务部门的业绩创造本身就存在“二八现象”，即 20% 的员工创造了 80% 的业绩，另外的 80% 的员工只创造了

20% 的业绩，我们把这样的员工称为“气氛员工”，留在公司里烘托气氛，没有他们吃饭不热闹、拍照不气派、掌声不热烈，但从业绩的角度来看，的确不能算是“合格的员工”。

判断员工是否合格需要建立标准，通常有三个标准。

1. 能力合格；

2. 过程合格；

3. 结果合格。

一家企业会有多个职能和岗位，每个岗位都有标准，员工能够做出岗位标准所需要的行为，就说明能力合格；员工在完成岗位工作过程中，能够产出相应的成果，经过评价通过后可称为过程合格；每个岗位相应的结果产出通常用 KPI 指标表达，如果员工能够顺利地完成结果指标，就说明他达到了结果合格的标准。

企业一旦建立起“合格员工”的标准，就要开始对员工进行人才盘点，经过阶段性的盘点后，自然能够识别出哪些是合格的，哪些是不合格的。业务部门通常希望培训部门能够协助他们将“不合格员工”提升为“合格员工”，这也成了培训部门的机会。培训部门将针对这些“不合格的员工”展开“能力促进项目”，除了培训策略之外，还会有多种策略组合起来进行人员变革：包括组织梳理与设计、流程优化和变革、能力发展、工具革新等多种手段，目的就是要培养更多的“合格员工”。

人力资源部门和业务部门之间会形成分工，通常人力资源部门会对新入职的“合格员工”负责，时间是从招聘到员工通过试用期，这批员工也包括公司内部选拔的需要晋升或转岗的人员，他们更加偏重于“能力合格”；业务部门对上岗后的“合格员工”负责，通过目标设定、目标分解、绩效评价和工作推进等方式，促进上岗员工的“结果合格”。人力资源部和业务部门之间看似划分得很清晰，但随着业务的发展，业务负责人希望HR能创造更多的价值，HR也希望多发挥一些自己的实力，于是双方会约定彼此再前进一步，通常这一步会体现在“过程合格”的指标上。

人力资源部门在招聘和培养新员工时，需要在原有的能力标准基础上，再加入业务过程合格的标准，即人力资源对交付“合格员工”的标准提高了。过去只需要确认员工的能力是否达标，现在则需要让新员工能够深入业务，从完成过程绩效来证明自己已经满足“合格员工”的标准了。另外，业务部门也需要前置化地了解员工未来的发展潜力，要在员工的“过程性指标”上下功夫，鼓励那些“有结果有过程”的员工；对“有结果无过程”的员工，要关注他业绩的持续能力；对“无结果有过程”的员工要重点帮扶，促进他尽快产生业绩成果；对那些“无结果无过程”的员工则需要加以改进，无论是意愿还是能力方面，都需要深度规划、迅速调整。

“过程合格”就好比是接力赛中的“接棒区”，人力资源部门和业务部门需要在这个区间做好“交接棒”工作。人力资源部门要深入到业务部门，协助梳理业务逻辑和业务过程，将业务过程标准作为“过程合格员工”的定语，采取各种手段来保障员工“过程合格”。同时，业务部门的负责人也要在业务过程标准确定之后，将其纳入部门和岗位的绩效考核标准中，并尽量和薪酬挂钩，从而促进“过程评价和考核”的严肃性。通过过程前置化，可以很快地评估出员工是否合格，并尽早进行处理，减少因拖延处理导致公司利润的损失。

管理者除了要开发公司未来发展的业务标准之外，还有一个重要的目的就是培养更多“合格员工”。要强化管理者对这项工作的重视，就需要将管理者的收益和“合格员工”指标紧密地挂钩。如果管理者培养出达到目标的“合格员工”，那么就应该受到奖励；反之，如果管理者的员工多数不合格，那么哪怕该部门的结果指标完成得很漂亮，该管理者仍然是一个“不合格”的管理者，薪酬和奖金都要受到影响。

在越来越追求“人均效益”的当下，我们要关注员工的人均产出。

人均效益 = 公司总效益 / 发工资的人数

通过这个公式，我们能够看到改进增加“人均效益”的两条路径。

1. 提升公司的总效益；

2. 降低公司发工资的人数。

我们要重点研究第二点，即“发工资的人数”，这就意味着未来公司有可能拥有一批不需要发工资但依然可以算得上“合格”的员工，这将会加强公司的竞争能力。

四 成长的路径

经过长时间不同环境的浸染之后，当年意气相投的同学也可能渐行渐远。在工作中同样如此，所谓“士别三日，当刮目相看”，很多人特别羡慕那些很快就取得成就的人，并且经常把这些取得的成就归功于运气好、有贵人相助等。我们不否认有些偶然的因素起到了作用，但更主要的原因还是来自每个人在面临各种选择时所坚持的依据，可以称为“价值观”。

一个人“价值观”的形成往往比较复杂，小时候的生活经历所占的比重较大，俗话说“三岁看小、七岁看老”，说明这是价值观形成的重要阶段。比如张三和李四是发小，但两个家庭的教育理念差别很大，张三的母亲经常灌输的理念是“荒年饿不死手艺人”，强调掌握技能的重要性；而李四的母亲经常灌输的理念是“在家靠父母，出门靠朋友”，强调生存环境中人际关系的重要性。

两个母亲的家训都有其道理，只是转化成孩子心中的“价值观”后，对未来的成长会起到极其重要的作用。张三长大之后容易具有“技术”倾向，也愿意花时间、花钱投入到技术的学习和研究上，自然会走上专业的道路；而李四长大后容易具有“交际”倾向，把更多的时间和精力放在人际关系的构建上，自然会走上组织的道路。

人生中有很多个选择的关键点：上学、工作、找对象等，为什么选择这个而放弃那个，这背后都会有“价值观”在发挥作用。时间长了，这些统一的价值观会转化为“原则”，来指导做出进一步重要且持续的选择。

改进思想的观点：假如一个人没有原则，面对选择时就会左右为难、举步维艰，假如一个组织没有原则，组织成员面对选择时就会畏手畏脚、瞻前顾后，浪费大量的效率。

为了帮助更多年轻的职场人士掌握和理解“原则”，我们给大家介绍一个“职场成就公式”，即**成就＝热情 X 专业 X 资源**。

经过二十多年的观察，我们发现在职场中能够获得显著、快速成就的人往往具备这三个特点，如果按照重要程度排序，依次是“热情 ” “专业”和“资源”。

成就 = 热情 × 专业 × 资源

职场成就公式

为什么我们把“热情”排在第一位？看起来专业能力和丰富的资源对成就来说非常重要，但对于一个刚刚进入职场的年轻人来说，这两个方面都遥不可及。除了年轻，其他方面都没有什么积累，但年轻也会带来最大的优势，就是可以充满“热情”，因此对于年轻的职场人来说，“热情”是取得成就的第一要诀。

并不是所有的年轻人都会表现出对事业充满“热情”。古人称“格物致知”，就是指在做事的过程中完成知识获取和良知形成的过程，只要对做事充满热情，做什么都可以是初入职场的人学习成长的过程。有了“热情”，就愿意参与，做出各种尝试。对于探索的过程来说，有些“热情的投入”会形成成果，有些可能“颗粒无收”。对于真正对工作充满“热情”的人来说，他们根本不会在意“颗粒无收”的过程，而是看作支撑他继续成长的基石。有能力的人会做更多的事情被称为“能者多劳”，做了很多尝试的人自然会增加能力可称为“劳者多能”。

“热情”是专业的前提，有了“热情”，就对工作具备了初始的兴趣；而兴趣是最好的老师，能够引导自我持续学习。热情也带来了“好奇心”，“好奇心”会支撑不断探索的意愿和勇气，从不了解某项工作到成为这方面的专家，通常认为需要经历“一万小时”，这就是“一万小时定律”。有了“热情”就很容易长时间对某项工作不离不弃、持续探索，最终定能培养成这方面的专家。记得我们从“培训中介”转型做“技术研究”的时候，刚开始讲解“管理改进”的方法论时，我们讲解得晕晕乎乎，下面的学员听得也是晕晕乎乎。但“研发技术的热情”支撑着我们决不放弃，两三年之后发现情况大有好转，讲解的时候发现学员仍然听得晕晕乎乎，但我们自己似乎明白了许多。我们明白了一个道理：培训工作的对象并不是学员，而是先要培训好自己。

在探索过程中有人因为看到所以相信未来，有人因为相信未来所以看到，还有人看不到未来但依然相信，他们的身上必能焕发出惊人的热情。当一个人既有极大的工作热情，又基于多年的沉淀形成了专业能力，这样的人能否获得资源的青睐？答案自然不言而喻。一提到资源，大家自然想起人脉资源、资金资源、设备资源、客户资源等。在早期的投资行业中，资本要寻找投资对象往往看重两个方面：一是是否具有核心技术，二是是否有优秀的团队，符合这两个条件的团队往往获得投资的概率会大大提高。

是否具有核心技术跟“专业性”有关，而是否具有优秀的团队则跟创始人“热情”的状态有关。在企业内部同样如此，企业内有限的资源也需要进行分配，那些对工作充满热情、对团队合作充满热情、对创造价值充满热情的人会越来越多地拿到组织资源，而那些被资源边缘化的人要从自身找原因，要么是热情度不够，要么是专业度不够，但归根到底还是“热情度”

不够造成的。

2001 年，足球教练博拉·米卢蒂诺维奇带领中国足球进入世界杯正赛阶段。米卢教练给中国足球队注入“态度决定一切”的理念带来了极大的价值。总之，**热情是专业和资源的前提，这三者构成了成就的三要素。**

改进思想的核心观点

CORE POINT

1. 扁平化的组织产生了三个角色：价值创造者、价值连接者和风险管控者。

2. 行业先进性生产能力和业务数据的沉淀能力是企业平台化的两大前提。

3. 经营价值链包含销售价值链、交付价值链、支撑价值链和发展价值链。

4. 虚拟运营的机制不是薪酬制度，而是组织绩效的评估系统。

5. 好规则能让普通人成为奋斗者，不好的规则会让奋斗者回归普通人。

6. 一切皆“生意”，包括“生财的意义”“生活的意义”和“生命的意义”。

7. 过去的企业成功靠资源和运气，未来的企业成功要靠组织和能力。

8. “老板思维”会站在生与死的角度看对错，“打工思维”会站在得与失的角度看对错。

9. 过去的管理者偏重业务执行，未来的管理者将偏重组

改进思想的核心观点
CORE POINT

织设计。

10. 电脑需要格式化来优化硬盘的结构，提升运行效率，企业也需要定期格式化来优化组织的结构进而匹配企业战略发展的需求。

11. “奋斗者”的三个特质：（1）敢于思考未来；（2）敢于超越领导的期望；（3）能够长期说到做到。

12. 旅游不是换个地方看风景，而是换个风景看自己。

13. 合格员工的标准有三个：（1）能力合格；（2）过程合格；（3）结果合格。

14. 没有原则的人面对选择会左右为难、举步维艰；没有原则的组织面对选择会畏手畏脚、瞻前顾后。

CHAPTER 4

第四章

运营改进的原则

1 第一节 业务变革中的运营优化

一 组织变革的三个阶段

战略是生产力目标，组织是生产关系，生产力决定了生产关系，生产关系也会影响生产力。随着战略环境、战略阶段、战略竞争态势的变化，很多企业的业务战略已经升级了，对于组织变革来说却一直没有清晰的答案。因此，近几年来很多企业老板经常拉着人力资源负责人一起调整组织架构，一会儿添加一个部门，一会儿合并一个职能，但似乎一直没有找到完美的答案，处于持续的纠结中。

组织的调整也具有规律，不能了解并掌握这些规律，我们在组织的设计和调整上就很容易掉进无所适从的“打补丁式”的误区之中。我们将通过组织发展的三个阶段来介绍组织变革的基本原则，希望能为大家的选择提供一些依据。

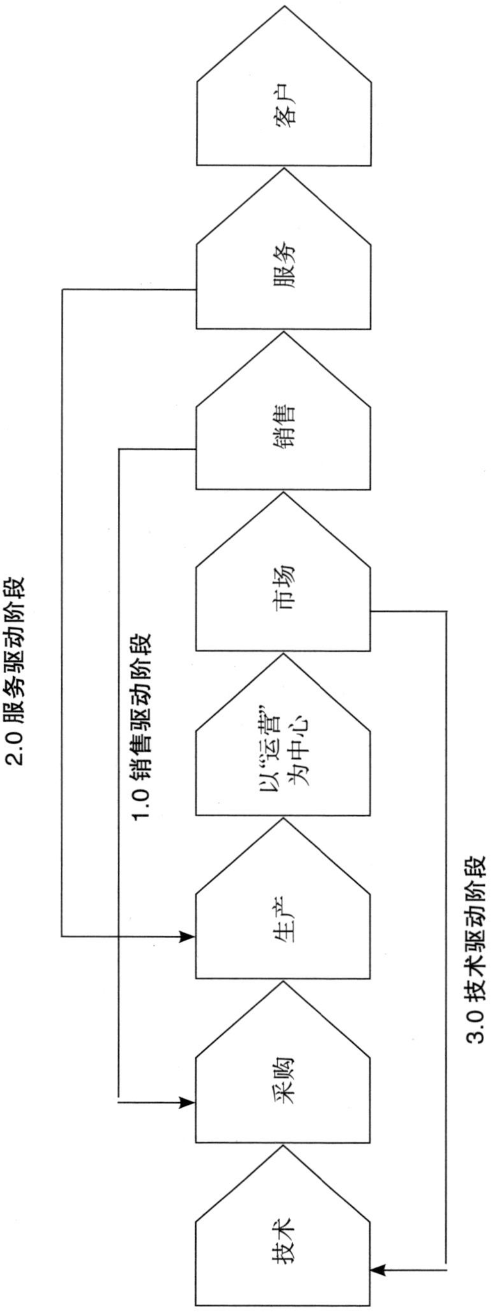

组织变革的三个阶段

首先来看组织的核心价值链。“价值链”的概念是由美国著名管理学家迈克尔·波特教授提出的，他认为每一个企业都是设计、生产、销售、物流等活动的集合体。所有活动可以用一个价值链表示。企业的价值创造通过一系列活动构成，这些活动可以分为基本活动和辅助活动两类。以“运营”为中心，我们把销售、服务和市场三个职能称为“前三驱”，把技术、生产、采购三个职能称为“后三驱”。“驱”就是驱动的意思，好比汽车有前轮驱动、后轮驱动和全四驱一样，企业也同样需要在不同的环境和阶段中建立起不同的驱动关系。

在业务的起步阶段，企业的驱动关系通常是“销售＋采购”的模式，我们称之为“组织模式 1.0”。我国很多企业在起步的时候处于中介公司或贸易公司的状态，老板或创始团队往往是销售出身，拥有一定的客户资源和市场经验，基于某些原因创办了企业。他们会发挥自身的销售优势，迅速地打开市场局面，但往往不具备独立的交付能力，只能通过外部采购或生产外包的方式来解决。这样的组织自身灵活，采取轻资产运营模式，如果市场行情不错，发展速度将非常快，可以快速完成初期的原始积累。

积累一定的资本后，公司开始面临选择，一种是继续以“轻资产方式”将企业做大，另一种是开始转型加强生产端的建设。多数公司会选择后一种模式，主要原因如下：当新客户逐步成为老客户之后，要长期维持客户关系，就需要满足老客户越来越多的要求，比如交货要及时，品质要可控以及价格要稳定等。如果还坚持做贸易型的企业，这些老客户的需求就难以满足，因此自建工厂储备库存就成了自然的选择。我们把这种**满足客**

户需求的方式称为“服务驱动”，企业从而进入了“服务+生产”驱动的“组织模式2.0”的状态。企业开始进入新的发展阶段，也会面临全新的困惑：一方面是原本不需要操心的生产会牵扯大量精力，遇到某些技术属性强的产品时在研发技术端更是会产生风险；另一方面，产能的逐步提升会对销售提升提出更高的要求，此时老员工通常围绕老客户转，新员工被逼着去做新客户，但是获得新客户的难度较大，于是造成老员工没有时间开发新客户，新员工没有能力开发新客户的窘境，公司的业务开始出现停滞的状况，从而影响产能的开工率，降低企业的利润。

随着企业的老客户越来越多，老客户将愿意提前告知企业他们未来的需求和痛点。另外，企业深度融入行业之后，也可以对新客户未来的需求和痛点进行研究，通常负责研究的部门是市场部。当市场部研究清楚之后，会形成需求方案转交给技术或设计部门来进行产品的开发，然后再由市场部统一成市场开发的标准，交给销售或生产等部门来负责执行。我们把这种**“市场+技术（或设计）”的模式称为“组织模式3.0”**。这是当前几乎最为先进的模式。当企业做到这一步时，就能形成对未来比较准确的预测，同时会围绕客户、需求、订单、生产、品质、供应链等形成较为完善的标准，企业将进入更为稳健的发展阶段。

围绕组织发展的三大模式，我们在设计组织结构时需要关注的是驱动关系的构建。驱动主体就是集“责、权、利”为一体的角色，在“组织模式1.0”阶段，销售部承担销售目标的责任，采购部承担交付目标的责任。销售部是最大的责任主体，对公司的业务目标负有最终责任，因此他们理应拥有最大的利益和权力，权力中包括了预算权、评价权和分配权。到了“组织模式 2.0”阶段，服务部和销售部将共同承担销售目标的责任，销售部对开发新客户的结果负责，服务部对保有并升级老客户负责，后端由生产部负责完成交付目标，“责、权、利”主体将逐步完成转移。进入“组织模式 3.0”后，通常由市场部来对业务目标负最终责任。基于对未来的调研和规划，市场部统一制订业务目标和计划，分解到各个部门实施，并按照相应标准进行督导，企业将进入比较可控的发展状态。但是此模式需要有核心技术来保障毛利空间，因为这个阶段的综合运营成本会大大提升，需要有足够的市场份额和毛利来支撑。

二 转型期的组织优化

业务的转型基于外部竞争环境的变化和内部业务阶段的升级，业务需要做相应的调整。战略发生了变化，客户、产品和机制就需要重新定位。

首先来看“客户”的定位。一家服装企业将货发给经销商，经销商把服装发到门店，再由门店负责把服装卖给消费者，请问谁是这个服装企业的客户？有人会认为是经销商，也有人会选择消费者和门店。这家企业的几十位高管在讨论下一年度的市场策略时，很可能会因为对“客户”的定义不一样导致难以达成共识。此时需要有相应的原则来帮助大家达成共识，原则上这几个对象都应该是企业的客户，只不过在不同业务发展阶段需要选择其中一个作为核心的客户。

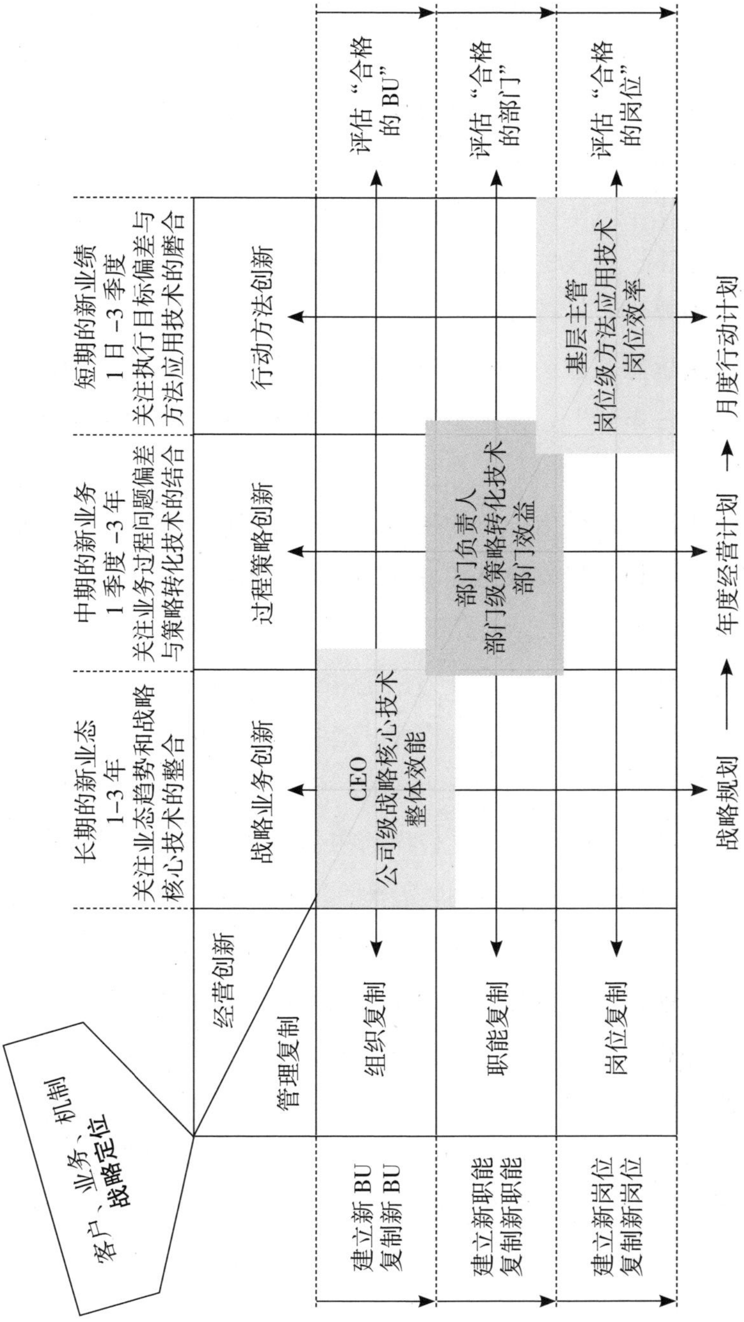
客户、业务、机制
战略定位
经营创新
管理复制
长期的新业态
1–3 年
关注业态趋势和战略核心技术的整合
中期的新业务
1 季度 –3 年
关注业务过程问题偏差与策略转化技术的结合
短期的新业绩
1 日 –3 季度
关注执行目标偏差与方法应用技术的磨合
战略业务创新
过程策略创新
行动方法创新
组织复制
职能复制
岗位复制
建立新 BU
复制新 BU
建立新职能
复制新职能
建立新岗位
复制新岗位
CEO
公司级战略核心技术
整体效能
部门负责人
部门级策略转化技术
部门效益
基层主管
岗位级方法应用技术
岗位效率
评估“合格的 BU”
评估“合格的部门”
评估“合格的岗位”
战略规划 → 年度经营计划 → 月度行动计划

转型期的组织优化图

在业务的起步阶段，企业需要把经销商作为核心客户，仅仅依靠自身的话，缺乏强大的市场开发能力，需要借助于经销商的力量来启动市场。当与经销商的关系趋于稳定后，就需要双方联合起来，共同开发合格的门店，门店就成了最重要的核心客户。当一个区域市场中的门店已经全部布局完成后，消费者就成了下一阶段的核心客户。这三个阶段形成了层层递进的关系，随着业务不同的战略阶段而形成了不同的重点。

改进思想观点：战略重新定义后，就形成了新阶段的组织能力的“三条线”，分别是技术沉淀线、经营创新线和管理复制线。

技术沉淀线作为公司的硬实力，不仅可以开发未来相关的市场潜力，还可以支撑组织发展的运营效率。技术不仅仅是指产品技术和 IT 技术，所有部门和岗位都应该拥有核心技术，都要努力寻找到本专业的最佳方法论和工具，目的是追求解决问题的最佳路径。各部门积极探索核心技术不是因为当前企业活不下去了，而是要考虑假设未来有一天，行业中就剩下两三家公司进行终极 PK 时，是否有我们的企业在其中，以及我们是否能够赢得终极 PK 的胜利。因此，团队是否对技术拥有极致追求的态度，决定了这家公司是否真正具有战略思维。

经营创新线是指各级管理者围绕外部的客户需求和竞争态势进行分析后确定本部门的最佳策略，不断保持本企业在行业中的先进性。经营创新体现在三个层面：战略创新、策略创新和方法创新。如果这三个创新能够保持高度一致且持久，这家公司就具备了“潮水般”的策略体系，相比短期的、表象的、个体的“浪花般”的策略，“潮水般”的策略具有长期性、根本性和整体性的特点，经过长时间积累，就能形成对竞争对手的“碾压优势”。

管理复制线是指各级管理者根据经营创新的价值需求，围绕企业内部员工和合作伙伴的最佳行为进行研究，产出“最佳实践”的价值复制行为。管理复制体现在三个层面：组织复制、职能复制和岗位复制。复制的核心是标准，从设计标准到执行标准再到优化标准，目的就是建立起“可复制”的标准，支撑组织持续扩大规模，从而分摊企业的成本，即使面对竞争压力也能具有较大的利润空间。

转型过程中，企业的CEO作为高管需要对整体效能负责，通常平衡以下四个方面。

1. 关注业态趋势和行业战略核心技术的融合，努力创造出符合未来发展的“新业态”；

2. 持续培养核心的管理人员，形成组织复制的氛围和能力；

3. 通过制订优化三年期的战略，明确组织努力方向；

4. 对需要复制的组织标准和关键岗位进行评价、反馈和改进。

企业的中层需要对部门的效益负责，效益就是指收入最大化，成本最小化，或者效率最大化。形成本部门效益的沉淀需要从以下四个方面来思考并改进。

1. 关注业务过程问题偏差和策略转化技术的结合，努力创造新的业务成果；

2. 不断沉淀业务和职能的标准，提升部门级的组织效率；

3. 通过制订并优化年度的经营计划，确定部门需交付的过程、原因和结果；

4. 持续评价部门努力的价值，并及时采取激励措施，保持团队的良好士气。

基层的主管需要为企业的岗位效率负责，采用岗位层级方法应用技术来持续提升效率。他们从以下四个方面考虑并改进。

1. 紧盯着战略方向和部门过程策略，专注于岗位应用的创新，持续不断地激励岗位员工真干、实干、巧干；

2. 通过动作体系和SOP的梳理，形成可复制的岗位标准；

3. 基于年度目标到月度落地的衔接点，持续研究是否存在更好的岗位策略，并择机进行“小组式”复制；

4. 持续评价并激励岗位员工，共同创造更高效率的工作成果。

改进思想的观点：在战略变革的过程中，高层、中层和基层之间需要进行系统化、有逻辑的联动，上下一致、相互咬合。如果把整个组织看作一台机器，业务部门就是那个最大的齿轮，其他的部门和岗位就成了围绕这个大齿轮的多个具有“咬合关系”的中小齿轮，在大齿轮的统一要求下咬合转动，相互形成“驱动力”，相互协同、变革创新，在新的竞争环境下为客户创造更大的价值。

三 技术、产品和模式

在企业成长的过程中，是技术更重要？产品更重要？还是模式更重要？二十多年前发生的“联想倪柳之争”就是讨论的这个焦点，时至今日，这个争论应该有了比较清晰的答案。**没有模式，企业活不到明天；如果不重视技术，企业走不到后天。**

先用模式保生存，再以技术图发展。相对而言，在中国市场以模式创新找到创业的方向是不难的，要进一步在技术创新上有所作为，难度就要大得多。技术创新好比种植有机蔬菜，对技术、环境、土壤等各项标准要求都很高。

很多企业走到第一步就不再考虑第二步了，这既有年代的特征：我们的市场化时间并不长，对技术的竞争理解并不深刻；也有企业生存的现实需求：没有太多积累，依靠自身做技术探索的动力并不强。“一招鲜，吃遍天”的理念大行其道，能够在策略上领先，就能获得极大的收益。曾经有一段时间，中国营销界“点子满天飞”，只要能够找到一两个好的点子，就能救活一家工厂。

但“点子”所带来的能力和效益是不会持久的，甚至有些就是“饮鸩止渴”。在整体市场环境不规范、行业竞争不够充分的前提下，这些“点子”的确成了某些企业成长的重要里程碑。路遥知马力，日久见人心。我们不仅需要长时间地发挥稳定的价值，还需要研究系统的策略体系。中国企业很快进入了模式创新的阶段，从千禧年前后郑州亚细亚引发的商战开始，一场波澜壮阔的商业革命遍布全国。

过去二十年有两条“线”在推动这场商业革命：一条是线下商业的“升级线”，从小商品批发市场到超市，从传统百货商场到新百货，从国美、苏宁的垂直连锁到 Shopping Mall，线下的商业拉动了品牌商品的价格，进场费、店庆费、人工费等花样百出，这种价格结构客观上也带动了后来的出国购物潮；另一条是线上商业的“升级线”，从 8848 网站的试水到淘宝，从京东到天猫，从聚美优品到拼多多、美团，大家都打着“价格杀手”的名义入场，但最终都回到“流量差价”的盈利模式中，大家越来越觉得线上的生意成本并不比线下小，而且稳定性还差了很多。

大家更加卖力地卖东西，很多企业慢慢地成了被“生产”和“销售”绑架的组织，每天都在忙碌地销售和交付，没有时间、精力、资源、人才来考虑未来可能发生的风险。资本市场的介入又进一步强化了这种现象：快速找到模式、放大规模、上市变现。这种揠苗助长的方式培育出了类似“做假账的上市公司”的“模式怪胎”。大家很少去思考有一天突然没有那么多的需求该怎么办？出现了比我们更能卖、更能生产的竞争对手该怎么办？年轻的员工不愿意加班了该怎么办？

模仿是模式创新最快捷、最实惠的路径，大量的中国企业开始走上模仿之路。当年的搜狐、百度、网易和当当，都能够找到他们的“海外老师”；到了阿里巴巴、京东和腾讯，就能看到他们在“老师”的基础上做出了大量的创新和改造。阿里巴巴用免费打败 eBay，然后构建了数据生态；京东重仓投入物流和仓储，立志要成为线上的沃尔玛；而腾讯敢于自废 QQ，重新组建微信，一举夺得社交之王的流量宝座。后来出现的字节跳动、拼多多、贝壳网等，已经开始运用自身的技术和模式，形成了阶段性不可替代的优势，并且走向海外开始发展。

互联网企业在关注服务内容的同时还关注底层技术体系的持续投入，再加上资本的协助，通过流量换资本，通过资本买流量，并顺便做点技术方面的活。电视类媒体在相当长的一段时间里可以算是中国核心流量的垄断者，于是就产生了“标王”现象，大量的“标王”由于“重销售、轻管理”导致企业“大而不强”，面对危机疲于应付，最终造成经营失控，甚至退出了历史舞台。

在另外一个市场，竞争不仅仅围绕模式和产品，还有核心的技术。

多年来关于战略的思考多是用历史的数据和经验来预估未来，但这样的做法仅适用于外部环境变化缓慢且没有颠覆式的竞争对手。自20世纪60年代，著名的摩尔定律就开始发挥作用了，信息技术的快速进步带动了产业结构的快速变革。1984年苹果公司在美国的经典广告《1984》就以极其叛逆的方式向世界宣告将用一己之力“击碎”IBM。后来的事实证明，苹果公司不仅“击碎”了IBM的PC，还“击碎”了整个PC时代，将世界带进了全新的移动互联网时代。

IBM在个人PC市场全面爆发之后面临巨大挑战，开始进入长达二十年的自我变革与救赎，从硬件转型为软件，从贸易转型为服务。不知不觉中，IBM成长为拥有核心数据的商业咨询和系统集成服务公司。在十多年前IBM基于数据的理念提出了“智慧地球”的概念，他们开始聚焦于以“数据技术”为核心的解决方案，有计划地从前端的模式端和产品端撤退，这才有了联想电脑“蛇吞象”的故事。

联想电脑在策略上不可谓不强，从“贸工技”模式走出来的团队在营销领域与戴尔、IBM以及国产PC品牌展开了“殊死搏斗”，取得了胜利并上演“蛇吞象”的商业大戏。但是这样的优秀企业在跨界时也遇到了极大的困难，但凭借对中国市场、特别是商业模式的敏感，转型投资领域后倒是做得风生水起。

无论从哪个角度来看，华为的出身都算不上“高大上”，但是他们从一开始就具备了技术理念和基因，在产品技术领域，包括在战略发展技术、组织发展技术、产品研发技术、人才发展技术等多领域全面规划并分步实施，以此来保障产品的先进性，从而能够以全球化的视野来设计整体模式。即使从 2B 转型到 2C，也能够厚积薄发。

在国家战略的引领下，更多中国企业将拥有长期主义，回归到打造产品价值本身。以积累核心技术为目的，才能诞生一批真正成为民族脊梁的优秀企业。

四 案例：高提成的困境

在业务的萌芽期、起步期、发展期和成熟期四个阶段当中，哪个阶段应该采取高额提成呢？答案是起步期。在这个阶段，客户对企业甚至行业的业务均不太熟悉，需要企业采取推广、教育、引导、传播等各种手段获得客户的认知、认可并签单。对企业来说，谁能够带来订单，就是对公司最大的贡献，采取高额奖金或提成就成为自然而然的选择。然而，随着业务的发展，这种模式所带来的弊端也显而易见。

组织所做的每一个决策都只有一个目的：让业务能够得到可持续性的发展。本着这个原则，我们要清楚地看到，采取激励方式是手段，业务达到“可持续性的发展”才是目的，当目的不能实现的时候，说明激励的手段需要调整。

在业务的萌芽期，就是通常所说的创新阶段，这个时候的激励方式比较简单：按照任务的成果来兑现，也就是现在比较流行的 OKR 方式。基于创新业务过程无法管控的特征，企业会和责任人确认需要达成的关键目标和关键任务，匹配相应的资源预算，根据业务的任务过程和结果来进行评价。创新阶段企业往往会承担比较大的风险，一是投入没有结果；二是有结果，但时间周期拖得太长，这两种风险都会伤害组织的效益。有些企业会选择围绕一个目标组织多条创新线同时开发，哪条线先实现目标，则将其他线全部合并过来，这样做看起来投入比较大，但是从整体产出的风险可控性而言，更加有效。

当业务进入起步期后，便开始进入“提成制”的模式。举一个例子：假如一家公司推出一项新业务，该业务的市场平均提成为 5%，这家公司为了能够迅速组建团队并提高员工积极性，是否需要在 5% 的提成基础上，加大到 10%？多数企业负责人会选择需要，在业务规模为 500 万的时候老板拿出 50 万养团队没有任何问题，但当业务规模达到一个亿的时候，老板还愿意掏出 1000 万么？这时候就出现了老板希望调整提成比例而员工大面积反对的现象，请问此时可以将业务提成降低到 5% 么？很多公司就是从这个想法开始走向衰退的，因为老员工会认为老板太不讲道理了，过去那么多的付出，现在好不容易开始收获了，老板开始“卸磨杀驴”“过河拆桥”，最后总要以逼走几个特别优秀的员工才能达到降低提成的目的。

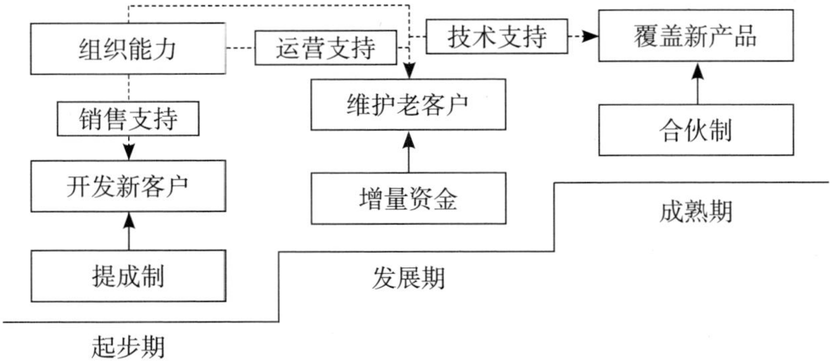

绩效发展路径图

为什么会遇到这种情况？因为没有经过系统化的设计。应该这样调整改进：如果市场平均提成是 5%，企业同样按照 5% 来执行。业务刚刚起步，这个提成标准不能完全支撑销售团队，公司要拿出另外的 5% 来支持销售团队。这 5% 不能称为提成，应该是补贴。既然是补贴，就可以根据业务的发展逐步收回。在业务起步期需要给销售团队补贴，到了业务发展期和成熟期则需要给服务部和技术部补贴，这样才能在不同的阶段发挥不同部门的核心价值。

到了业务发展期，为什么“提成制”不太有效了呢？随着新客户逐步成了老客户，他们会对企业的业务提出新的要求，得不到满足的话，他们会去找业务人员。越是业务好的员工，越需要帮助老客户处理一些事务性的工作，他们开始把更多的时间花在组织内部的协调性工作上，没有时间去开发新客户，公司就会招聘新员工来开发新客户。于是就出现了一个很奇怪的现象：能力强的老员工每天都在忙简单的事务性工作，而能力弱的新员工每天都在忙更难的开发性工作，企业的业务就进入瓶颈期了。由于采取的是高额提成，老员工担心老客户的流失会影响收益，他们就更不会轻易地拒绝老客户的要求。按照这样的方式，客户关系将越来越多地掌握在核心员工手中，老员工流失就很容易造成客户资源的流失。

到了发展期，公司需要建立运营部门，来帮助业务人员解决老客户的服务工作，从而让老员工有更多精力去开发新客户或提升老客户的份额。这个阶段需要逐步调整、改进激励的政策：新客户的开发保持原有的“提成＋补贴”模式，老客户的业务维护只享受提成，而老客户的增量业务享受与开发新客户同等的待遇，这样既能解放出老业务人员，又能由公司运营部接管老客户的服务工作，从而防范客户流失，我们把它称为“增量奖金”模式。

到了业务的成熟期，就可以采取“合伙人”的方式了，业务团队经历了起步期的“提成制”，又经历了发展期的“增量奖金”模式，并且都能通过企业的业务考核，说明是“业务合格、品质可靠”的同事，因此会将老客户未来的发展和这些员工形成“长期利益捆绑”。员工能长期拥有客户资源，公司也从长期的角度提供系统技术和产品支持，为客户创造长期的价值产出，这样才能在成熟期形成企业、客户和员工长期稳定的“金三角”共赢关系。

改进思想的观点：企业的激励政策不能简单粗暴地采用“提成制”这一种方式，而是要根据业务发展的阶段和特征系统规划、组合设计，这样才能辅助业务持续、稳健地发展。

第二节 用数据支撑运营决策

一 KPI 指标的误区

关于关键绩效指标（KPI），从来没有哪个概念在管理者中引起如此巨大的争议。有人说 KPI 是“恶魔”，企业根本就不能用指标来约束人、影响人；有人说 KPI 是“万能药”，企业必须使用；很多员工一提到 KPI 就脸色大变，想到的是扣绩效、罚款、降级等负面激励；领导们想到 KPI 就一脸苦笑，明明知道评价的结果不一定准确，但好像也没有其他更好的方法。

KPI 的方向当然是对的，作为从战略到组织再到岗位的标准方法之一，KPI 已经在很多企业中使用并持续成长。同时，作为从成熟组织中总结出来的标准，被应用到大量不成熟的组织中时，需要因地制宜、因时制宜地调整和优化，否则就会出现“小马拉大车”的不和谐现象。结合多年来我们对管理的理解，我们将从以下四个方面来阐述企业在应用 KPI 时产生的误区。提出问题的目的是解决问题，列出误区的目的也是希望更多企业在未来的应用中能够避免，用好 KPI 指标工具，为企业成长保驾护航。

（一）指标设计“割裂化”

很多企业在设计 KPI 时采取的方式是人力资源部牵头，具体指标内容由各部门设计并上报，然后再整体调整、优化、确认。由于是各部门自行确定，自然会形成“本位主义”的做法：对我有利的、容易达成的我多说，对我无利且交付麻烦的少写些。这样就违背了 KPI 指标的“客户导向”原则，会形成“指标割裂、不成系统”的状态。因此要回到企业的主价值链来思考指标的关系：销售找生产要指标，生产找采购要指标，采购找财务要指标，财务找销售要指标。总之，部门之间要形成“互为客户”的关系。

举个例子，研发部如果给自己设计指标，基本指标会包括如下几点。

1．开发新产品数；

2．技术人员数；

3．获得的新型专利数；

4．开发的成本控制；

5．开发周期缩短。

以上这些指标对于研发部而言不算困难，所以每月、每年的指标分数都不会低。当所有部门都这样时，老板就开始抓狂了：为什么大家的管理分数都这么高，公司的效益还在下滑呢？

因为大家开发的指标缺乏“客户导向”原则，对于研发部来说，他的客户是销售部，那么站在销售部的角度会希望研发部提供什么结果呢？

销售部不关心能开发几个新产品，更关心能开发出几个卖得掉的新产品，新产品凭什么能够卖得上价钱以及能卖高价的产品如何能扛得住竞争对手的模仿和进攻。站在客户的角度看，需求就完全不一样了。因此，各部门在制订 KPI 的时候，需要明确自身的客户并想办法探寻客户的需求，这样指标才有指向性。

（二）指标关系“无算法”

指标就是仪表盘上的数字，能够真实地反映企业的实际状况。正如汽车已经跑到了 140 公里 / 小时，仪表盘上的速度指针就应该准确地指向 140 的刻度。如果显示还不到 100 公里 / 小时，那么表明传感器是不准确的。汽车仪表盘不准确，会造成极大的隐患，轻则耽误时间、影响效率，重则造成事故、伤财害命。

指标不准确的主要原因是指标之间没有形成数学化的公式逻辑。过去大家用得最多的往往是加法，加法表达的是分类的关系。很多企业指标就是从结果到结果的分解，从公司到部门，从部门到个人。这样做只是把数字分解了，并不表示一定能够实现；乘法是驱动的关系，带来了业绩指数级增长的可能性；减法是聚焦的关系，目的是用最少的资源锁定关键问题，从而能产出最大化；除法是优化的关系，最终效果的好坏都要通过“效率和效益”来评估，调整分子与分母的比值来持续优化。

（三）指标价值“短期化”

很多企业在设置KPI时大量使用短期任务，这些“任务类”指标的基本特点是“多、碎、散、细”，即指标多、无重点、碎片化、抠细节，从而导致团队的注意力变得分散。当我们尝试把一个部门多个月份的工作计划放在一个桌面上，就可以看到部门内每月工作重点不一致，部门之间的工作任务也缺乏统一性和关联性，大家都在忙着完成各自的短期任务。但即使这些短期任务全部保质保量地完成了，也不能保证部门结果目标一定会实现，最终形成“没有功劳，还有苦劳”的现象。

任务导向的短期KPI还容易让管理者越来越关注短期的工作，而忽略了长期的、重要的工作。没有长期稳定的规划和方向，短期的任务就会越来越多，越来越不系统。另外，短期的任务类指标的特点是“变化快”，例如一季度的重点任务到了二季度也许就被取消了，二季度新增的某些任务指标可能在一季度就从来没有碰到过。面对这些短期的、创造出不同价值的指标，常常会进行持续的评价，把这些任务都设计成KPI，就形成了大家觉得KPI又多又复杂的印象。

（四）指标结果“滞后化”

当前指标中是“结果性”指标多还是“过程性”指标多？绝大多数能被评价的往往是“结果性”指标。但“结果性”指标带来的最大麻烦是评估时间严重滞后，不具备前置性的可控性管理。比如要评价一个销售团队的结果指标“销售额”，什么时候才能最终确定他们的业绩呢？只要不到年终这一天，团队就会说哪一单有多少可能性会成交。如果真等到最后一天再来进行评估，所有该花的成本都花出去了，即使开总结会也无济于事了。

管理的核心是“管理未来”，管理者需要对未来进行设计，形成标准后提前判断可能性，将所有可能伤害未来业绩的因素进行预先管理，防患于未然。扁鹊三兄弟看病的典故正说明了这一点，他们家大哥才是真正的高手，因为能够帮助患者“看未病”，就是还没有出现症状的病兆。因此，KPI 不能仅仅用结果性指标来评估，更要用过程性指标来评估。当团队能够在每个季度、每个月甚至每周都能出具评估报告时，管理者就能提前看到业务发展的趋势和问题，从而及时进行处理和干预。

企业的发展需要有标准，团队的管理需要有 KPI，KPI 不仅用来评价、奖惩和分配，还能够帮助管理者提前识别问题、持续改进。大海航行靠舵手，舵手操作靠罗盘。没有 KPI 指标的团队就好比没有仪表盘的汽车一样，大家会处于忙乱的工作状态，没有用好 KPI 工具，就要反思管理者是否具备科学设计 KPI 的能力。

改进思想的观点：过去的管理者强调“执行力”，未来的管理者将更强调“设计力”，设计的核心就是从“目标”到“标准”，KPI 是关键绩效指标，什么是“指标”？即指引的标准。

二 驱动要素

当确定了一个结果目标后，通过做些什么来实现这个目标呢？多数管理者会先将目标分解，从公司到部门，从部门到个人，然后推动大家制订计划，希望通过计划的完成来实现目标。计划又如何制订呢？通常来自三个方面。

1. 领导给予的指示；
2. 同事提出的要求；
3. 客户给出的需求。

这三个方面的计划来源都有一个特点：被动地接受。当大家把所有被动接受的计划全部做完，能确保结果目标一定实现么？答案是不能保证，因为这些被动的计划和目标之间往往缺乏必然的逻辑关系。

大家在分析结果目标为什么实现不了的时候，会大量地分析“影响要素”。影响要素是来自外部的不可控因素，比如某公司分析销售额为什么完不成，大家认为是由于“市场环境比较低迷”“客户的要求越来越高”“竞争对手采取了不正当的手段”“自己的产品不具备价格优势”等原因。虽然这些看起来似乎都有道理，但是对“销售额提升”这个问题并不能带来直接有效的结果。

今天我们将引进一个新的概念：**驱动要素。驱动要素是从组织内部出发、站在自己可控的角度来思考达成业绩目标的路**

径。这种“掌控在我”的理念从开始就体现了解决问题的信心和决心。在企业中，可以将“驱动要素”理解成“支点”。阿基米德曾经说过：“给我一个支点，我就能撬动起地球。”**驱动要素就是各个部门能够撬动自己目标的支点，也可以称为“抓手”。**

为了帮助大家理解什么是驱动要素，我们先来看一个案例：张三在一个高档住宅小区中开了一间200平方米的小卖部，经过一年左右的经营，随着小区的入住率达到80%，他的年营业额也做到了100万元左右，除去房租、水电、损耗等，净利润在8万元左右，接下来他怎么做才能达到连续三年收益翻番？如果作为张三的朋友或是顾问，您会给出什么样的建议和意见呢？

经过多次调研，通常能够得到以下答案：增加高附加值的商品、推广会员制、举办活动、送货上门、提供接送孩子的服务、延长营业时间、加强对营业人员的培训、开展异业合作、增加品类吸引客户、调整货品结构等。当我们继续追问：如果张三真的按照你们的建议认真去做，你们能确保张三的业绩逐年翻番么？大家开始频频摆手表示不能保证。

这种状况在平时工作中是否会出现？当领导提出一个问题时，每个人都会热烈地参与讨论，并且给出不少自认为很有价值的意见，但几乎每个人都表示不会对结果负责任，把决策的“锅”甩给了领导。我们把这种只管建议却不负责的行为称为“语文式思维”，即用一堆文字来表达自己的看法和想法，却没有统一的标准答案。而数学可以有标准答案，因为数学有公理、定律、算法、逻辑、公式等。因此，未来只要我们讨论和数字结果有关的问题，就必须立刻转化自己的思维：从语文式的表达思维转化成数学式的计算思维，经营就是从“算账”开始的。

我们可以帮小卖部设计一个如下的数学公式。

销售额 = 成交客户数 × 客均消费次数 × 次均消费额

当这三个数据得到了全面提升，小卖部的销售额就一定会提升。我们把这个数学公式称为“驱动公式”，所形成的要素称为“驱动要素”。驱动要素具备四个特点，简称SCRM，S指“稳定性”，即在相当长的时间里，要素可以不变；C指“可控制性”，即要素通过自身努力能够提升；R指“结果性”，即只要这些要素提升了，必然会带来结果数据的变化；M是“可衡量性”，即这些要素都能够用数据来测量、统计和评估。

根据以上的公式及驱动要素，我们可以对小卖部的发展展开系列的分析。

第一年，虽然小区的入住率达到80%，但多数业主对张三的小卖部不熟悉，此时应该算是小卖部的“起步期”。“起步期”强调销售驱动，这个阶段的重点工作是增加人气，即解决“成交客户数”的问题，因此应该采取赠送优惠券、建立档案、低价引流、举办小区活动等方法，目的是提升商店的人气。

进入了第二年，虽然小区的业主对张三的小卖部越来越熟悉了，但是不会将所有的消费活动全部放在张三的小卖部，会被其他的小卖部或商店分流掉。在争夺消费者的市场份额中，该小卖部进入了“发展期”阶段。“发展期”强调的是员工能力驱动，需要解决“客均消费次数”的问题，因此建议加大服务投入，向消费者承诺延长营业时间，送货上门，网络点单，开通水、气、电缴费服务等，目的是将“客均消费次数”进行提升。

进入第三年，小区的业主已经对张三的小卖部完全熟悉了，经过了“服务竞争”阶段，张三几乎将其他的小卖部、小超市全部击垮了，几乎垄断了这个小区的服务和商业，从而顺利地进入“成熟期”阶段。这个阶段强调技术驱动，核心是回到“产品驱动”阶段，目的是提升“次均消费额”，建议调整货品结构、开通高档货区、设计家庭套餐、为其他商家导流等。

按照数学公式对张三的生意进行分析，和用“语文式思维”来提建议有什么不同呢？大家明显能够看出，语文式的分析缺乏逻辑工具和准确的答案；数学式的分析能给我们提供框架、逻辑、思维结构、判断依据等。驱动公式提供了“驱动要素”，分解了结果指标，形成了基于过程性指标的目的。通过数据测量，能够及时发现管理中的目的偏差和目的短板，然后匹配合适的策略手段来实现目的。

管理中不仅要管理目的，还要管理实现目的的标准。如果要给这个小卖部建立 KPI，过去通常是考核“销售额”加几个任务类指标，比如要做好客户信息收集、现场管理要规范等；建立驱动要素后，可以形成以下四个 KPI：销售额、成交客户数、客均消费次数和次均消费额。规避了上文中提到的“割裂化”“无算法”“短期化”和“滞后化”四大误区，从而形成了“系统化”“逻辑化”“持续化”和“结果化”的指标体系。

根据这四个指标，张三每月、每周都要查看数据，哪个数据的偏差较大就重点解决哪个，驱动要素形成了评价标准：无标准、不评估，无评估、不管理。管理者果没有形成标准的话，不应该具有管理的资格。作为管理者，没有标准时就应该设计标准，形成标准就应该执行标准，驱动要素正是设计和执行标准的方法论，不仅能应用在业务部门，还同样适用于其他职能部门。

三 管理仪表盘

如果你需要租辆车进行长途旅行，结果别人给你推荐的是没有仪表盘的汽车和一位没有驾驶证的司机，你应该不会接受这样的安排。短途可以依靠经验和感觉，但要跑长途，经验和感觉就没用了。

经营一家企业同样如此，作为老板需要聘请一群管理者（司机）来驾驭不同的部门（车）达成目标，不仅需要完成年度目标，还需要实现战略目标，相当于要跑一个“长途”。请问，我们请的这些司机都有驾照吗？我们开的汽车都有仪表盘吗？

首先看我们的管理者都是如何成长起来的。通常他们是曾经在某个专业岗位上做得不错的人，加上工作态度积极，一旦遇到某个管理岗位空缺的机会，就很容易被领导选为管理者。很多人从员工到管理者就是领导一句话的事。很多人第一反应是开心和兴奋，除了薪酬有所变化之外，还得到了晋升成长的机会。

但是，这种“人逢喜事精神爽”的状态不会维持太久，很快他们就会经历管理者的烦恼了。过去自己在基层岗位时，往往面对“任务导向”的工作，现在要带领一个团队，如何制订目标？如何分解目标？如何激励团队？如何评价员工？如何协调资源？如何汇报工作？这些工作都不是仅仅依靠个人的努力就能做好的，更需要专业的工具和能力，其中一个重要的能力就是要学会制做部门的“管理仪表盘”。

既然管理者需要带领团队围绕公司战略目标“跑长途”，就需要有“仪表盘”来指引过程中的决策行为。好比开汽车需要看着仪表盘来决定是否踩刹车、踩油门、调水温、防故障，管理者也需要根据“管理仪表盘”来配资源、找策略、订计划、做评估等。我们现在有“管理仪表盘”么？我们看到大多数公司的管理者是没有的，有人说财务报表可以算是，其实财务报表是事后统计的报表，相当于飞机上的黑匣子，是在事情做完之后用来评估和反思的，不能指导当下的决策，更不能做前置式的设计。很多企业已经开始广泛推广 KPI 的考核体系，KPI 有“仪表盘”的功能，只是现在大量的 KPI 是结果指标，和财务指标非常接近，无法完整体现出“仪表盘”的功能。

要想做出合格的“管理仪表盘”，不能仅仅依靠结果性指标，还需要过程性指标，甚至行为性指标。既要知道“去哪里”，又要知道经过哪几个关键的“里程碑”，还要说清楚每一步应该“做什么”，**只有设计出清晰的“管理仪表盘”，管理者才能在战略目标的引领下，精准地界定问题、分解问题、解决问题并获得结果。**

没有“管理仪表盘”，大多数管理者会停留在依靠“经验”和“感觉”进行管理的阶段。拥有多年行业经验和感觉的管理者被称为“专家”，因为他们对行业、客户、竞争、产品、价格、环境、政策等方面都比较了解，所以把他们定义为“内容专家”。

俗话说“老革命会遇到新问题”，一旦环境发生变化，或是企业需要开展创新型的业务时，这些“内容专家”就会无所适从，过去的经验和感觉无法支撑新的工作需要。

于是“过程专家”的角色就应运而生。所谓“过程专家”，就是指那些面对新业务、服务新客户、带领新团队、开发新市场时不需要依靠固有经验就能有效地达到目标的管理者。“过程专家”更多地依靠过程原则、过程工具和过程方法。不管是不是“内容专家”，他们遇到问题的时候，都能够回到“过程的逻辑”上来思考，不断在思考什么是正确的过程行为。因此，面对不确定的未来，“过程专家”显得越来越重要。

人力资源部门的管理者要想成为真正的 HRBP（业务合作伙伴），就需要从重视人力资源专业的“内容”，逐步走向关注业务逻辑的“过程”。一旦成为业务的“过程专家”，人力资源的同仁就能理解达成业务绩效才是真正的目的，并协助业务部门设计“管理仪表盘”，然后通过诊断分析确定业务部门的关键问题。作为人力资源工作的从业者，如不能清晰地说清楚目的，就很容易掉进“为了手段而手段”的陷阱，公司的老板和业务负责人也不愿意长期为没有结果的“手段”去买单。

改进思想的观点：无论是业务还是职能的管理者，都需要通过“管理仪表盘”来让自己的管理更加专业化、职业化，用最小的投入为组织创造最大的价值。

四 案例：业务转型的结构

前文中多次介绍到，随着企业战略的变化，业务的发展阶段也会随之变化。从萌芽期到起步期，从发展期到成熟期，业务发展阶段的升级会影响业务逻辑的调整，从而对业务的过程管理标准、个人能力标准、绩效评价标准、关键工作方向等都带来了一系列的变化。应该如何变化？变化的基本规律是什么？多数时候是说不清楚的，带来的管理后果要么是长时间没有变化，错失业务变革的最佳时机，要么是没有章法地变化，导致业务发展违背规律而降低变革的效率。

在变革过程中，驱动关系决定了业务结构，业务结构又会影响驱动关系。首先从关系上来看，起步期强调销售驱动，靠激发新客户的需求来提升业绩；发展期强调服务驱动，依靠老员工的能力发展来满足和维护老客户的需要以提升业绩；成熟期强调技术驱动，依靠底层技术的升级来丰富产品的类别以提升业绩。在业务发展的不同阶段，提升业绩的驱动关系是不一样的，如果企业一直以销售驱动来推动业务发展，越往后销售能力所带来的边际效应就越低，投入产出比就越不划算。

驱动关系变了，驱动结构就要跟着变化。打仗时需要根据形势的不同来排兵布阵，有进攻型，有防守型，也有对峙型。各兵种要根据旗语的指令及时做出变化，一旦阵型变了，各兵种的职能、职责和任务都要发生相应的变化。在业务转型过程中同样如此，当业务的发展阶段变了，各部门职能、职责和任务的结构也要发生相应的变化。接下来我们将通过一个案例来理解这些变化。

一家五星级酒店从筹备、开业到运营，通常需要 5~8 年的时间。除了筹备的萌芽期之外，还需要经历起步期、发展期和成熟期三个阶段。作为开发、维护和运营客户的关键部门，销售部门在业务发展的不同阶段，是否需要进行相应的变化呢？

酒店开业的前两年，周边五公里范围内的企、事业单位对该酒店还不熟悉，但对会议、宴会、客房和餐饮的业务需求很大。同时，销售部的团队刚刚组建，人员的综合能力不强。此时业务处于典型的起步期阶段，销售部的职能以“开发新客户”为主，设计销售部的驱动公式如下。

销售额 = 潜在客户数 × 一次成交率 × 客均额

此时的销售部是“销售型的销售部”，重点工作是开发新客户和成交新合同。

当酒店运行 4~5 年时，周边的企、事业单位对酒店越来越熟悉，老客户占比越来越高。同时，随着老员工越来越多，销售团队的综合能力逐步提升。老客户在持续合作和消费的过程中，对酒店各项服务的要求和个性化需求也越来越多，酒店需要更多优秀老员工的支撑，否则满足不了老客户的持续需求。此时酒店开始进入发展期，销售部的职能开始以“培养老员工”和“维护老客户”为主，销售部的驱动公式将改为如下内容。

销售额 = 合格的员工数 × 人均合同量 × 合同均额

销售部开始转型为“服务型的销售部”，工作重点是老员工的培养和老客户的续单率。

当酒店运营超过5年，周边的企、事业单位对酒店更加熟悉，老客户占比超过90%，老客户每年的基本活动都能提前掌握。随着周边新酒店的开业和新业态的发展，该酒店面临着较大的竞争。如何把握新、老客户准确的需求并进行合理排单，从而为酒店创造更高的收益率成了酒店最重要的目标。此时酒店进入了成熟期，销售部的职能开始以“开发更多具有竞争力的方案”和“推动方案的覆盖和销售”为主，销售部的驱动公式将改为如下内容。

销售额 = 合格的方案数 × 均成交客数 × 客均额

销售部将转型为“技术型的销售部”，工作重点是合格的方案数和方案的爆款量。

阶段	定位	主要职能	公式
起步期	销售型销售部	开发新客户	会议成交客户数 × 一次成交率 × 客次消费额
发展期	服务型销售部	服务老客户	合格员工数 × 人均合同量 × 合同均额
成熟期	技术型销售部	运营产品组合	合格方案数 × 均成交客量 × 客均额

转型业务的驱动公式

通过销售部不同驱动公式的调整，我们可以清楚地看到驱动公式在业务升级过程中发挥的作用，即保障组织进行结构性调整。结构性调整和非结构性调整有巨大的区别，结构性调整更加系统、稳定、完整。要想建设一幢房子，核心的结构在于根基、大梁和支柱，而砖瓦、门窗、装饰等都是非结构物体，只有把核心结构建起来，整幢房子才能是稳定的。

在达成结果性目标的过程中，基于驱动公式的驱动要素是结构，为了解决驱动性问题所采取的任务无法形成结构。在解决问题的过程中，多数管理者只看到了“任务”，却没有看到任务背后的“结构”，导致缺乏稳定的体系，很容易被短期的任务所误导。为了任务而任务，虽然看起来做了很多事情，但是不能保障完成目标。

结构随着业务发展的阶段发生改变，对人的要求和标准也会同步发生变化。在起步期，作为“销售型销售”的管理者，销售部负责人要成为“特种兵”，带领团队获取新客户的信息，分析、筛选达标的客户，和关键人有效接触，获得客户认可，签订首次协议和督导首次交付等，需要匹配的是开发新客户的能力；到了发展期，作为“服务型销售”的管理者，就需要将工作重心转移到关键人才的培养工作上，包括建立合格员工标准，评估员工合格率，确定不合格员工指标和行为，促进员工的意愿，推动员工改进，激励员工、团队等活动，需要匹配的是人才发展的能力；到了成熟期，作为“技术型销售”的管理者，需要围绕产品的升级和推广开展工作，包括参与开发技术方案，发布方案，推动方案销售，评估方案的价值度，优化调整方案，提升方案的价值等活动，更加偏重于项目技术的发展能力。

如果当前业务正处于起步期，培训部门需要为业务部门提供什么样的培训？是匹配起步期的能力培养？还是匹配发展期的能力培养？很多人会认为应该提供起步期的能力培养，因为大家会觉得为“当前正在做的事情”提供培训是天经地义的。这样的答案是不对的，应该提供发展期的能力培养。当前是“起步期”，所有人员应该在业务“起步期”到来之前，就完成“起步期”的能力储备要求，这样才能满足“起步期”的上岗资格。

为什么多数人会选择做“起步期”的培训？原因有以下两个方面。

1．过去欠债太多，在业务“起步期”到来之前，我们并没有将“起步期”中所有工作所需能力全部准备好，在实际工作中产生了很多的困惑和困难，于是就要围绕“起步期”进行修补型培训；

2．我们不理解也不清楚业务发展的过程逻辑，业务部门、组织发展部门和人才发展部门都不能对业务未来的发展做出准确判断，并不能做“前置性”的准备。

既然是“组织发展”和“人才的发展”，只要是跟“发展”有关的事情，就一定指向未来的价值。

改进思想的观点：组织发展和人才发展的工作必须具备前置性，不同阶段的驱动要素提供了业务前置性思考的逻辑和工具，从而帮助业务部门创造未来转型的价值。

3 第三节 从目标到运营成果

一 目标的制订

“如何制订年度的目标”几乎成了摆在每一位管理者面前的难题，年度的目标到底定多少合适？如何和团队达成共识？如何获得领导的认可？定下的目标如何尽量地达成？作为身处其中的管理者应该如何面对呢？

会游泳的人都知道，水浅的时候对技术要求不高，趟过去、划过去、走过去都可以；但水的深度远远超过人的身高时，只能依靠游泳技术和工具了。中国的改革开放已经进入了“深水区”，全球的经济竞合也开始进入“深水区”，企业的经营管理也随之进入“深水区”，大家所面对的竞争对手不是来自全球的外企，就是历经摔打逐步成熟的国企和民企。当战略解码、OKR、组织设计、绩效改进等工具越来越多地走进企业的时候，管理团队还在用“拍脑袋”的方式制订目标，也许真的要输在起跑线上了。

用“拍脑袋”的方式制订目标会遇到以下两个大麻烦。

1. 没有数据支撑导致不知道“拍多少合适”，领导们基于对未来的愿景往往会“往多的方向拍”，员工们基于当下的困难往往会“往少的方向拍”，虽然最后能够达成共识，但是依旧没有解决“无数据、无依据支撑”的现实；

2. 定出来的目标不具备严肃性，领导认为员工能够完成80%就可以了，嘴上会要求大家往100%努力。员工也不管领导说什么，自己该干什么还干什么，造成目标和计划“两张皮”的现象。

没有数据的积累就会导致定的目标缺乏依据，不够严肃的状态导致大家视目标制订的过程如儿戏。大家都听过“取法乎上得其中，取法乎中得其下”这句话。这是指整个团队在全力以赴达成目标的过程中，按照高标准来开展目标、策略和计划，至少能获得一个不错的成绩。如果从目标制订开始就全线放低标准，那么会导致策略没有定力，计划缺乏追踪，完成后没有及时奖励，未完成也没有及时处罚，时间一长就进入了“滑丝”的状态。

（一）目标的咬合设计

面对新一年的目标制订，各个部门之间要形成统一的逻辑关系，不能各自闭门造车，那样很容易形成“想建别墅却做出鸡窝”的现象。千斤重担人人挑，个个头上有指标，这个指标不是由每个人设计好后组合在一起的，而应该是先整体设计好，再分解给不同的部门来承担。整体设计再分步实施的好处在于部门之间能够形成“相互咬合”的组织关系，可以清楚地知道自己全年工作的目的及服务的对象。

一家企业去年完成了一个亿的收入目标，接下来要思考新一年的目标，此时要讨论数据的目标，更重要的是讨论完成这个目标的可能性或路径。例如除了把老业务持续卖给老客户之外，还是否需要卖给新客户？是否需要在老客户中推广新业务？是否需要将新业务卖给新客户？在实现老客户销售的方向中，自然会关联到采购部、生产部和售后服务部分别围绕老客户的需求要做出什么结果；在实现新客户开发的方向中，自然会关联到市场部、技术开发部、生产部需要围绕新客户的需求做出什么结果，以及财务部、人力资源部、信息中心、行政部分别要完成什么关键结果和关键任务。

改进咨询开发的“战略解码工作坊”课程就解决这个问题，需要在企业领导的统一参与下，各个部门的负责人带领核心团队共同围绕企业的愿景、战略和环境进行分析，共同讨论各自的结果目标。过程中大家要不断地讨论、争论，是非不辩不明，目标不争不清。当部门在一些关键点上难以达成共识的时候，领导将给出他期望的建议，并且现场阐述建议背后的认知和逻辑。

（二）业务目标的分析

分析各业务目标时，需要看老客户业务逻辑中的“老客户数”“保有率”“客均收入”三个驱动要素，并在新的一年里重点推动这些要素。另外，新客户的业务逻辑中“潜在客户数”“一次成交率”“客均采购次”和“次均额”将重点推动。测算目标时，需要分析这些过程驱动要素的“潜力值”“实际值”和“目标值”。比如新客户开发中，市场潜力值有8000，但实际值只有不到2000，制订的目标一定是在2000–8000之间的数值。

员工往往对保有老客户更有兴趣，普遍对开发新客户具有畏难情绪，他们的常规表达是：领导，现在老客户已经很多了，能够维护好老客户已经相当不错了。潜台词是：老客户更容易维护，投入少收益高，而开发新客户风险大，投入大收益小。但对于企业来说，不能进入“啃老”的状态，必须要坚持开发新客户。“问渠哪得清如许，为有源头活水来”。不能持续地开发新客户，老客户的黏性也会受到挑战。

围绕新、老客户的开发目标需要多方进行谈判，包括领导、员工和供应商。如果大家认同更高的目标，就需要承诺各自投入的资源、精力和政策。员工的担心点通常有以下几点。

1. 怕没有太多的精力来开发新客户，希望公司投入更多的资源来支持；

2. 开发新客户的投入大，但短期收益小，希望公司在政策上能有所倾斜；

3. 今年完成的目标高，明年的基础任务目标是否会更高，公司能否将基数锁定，三年一调整。

如果公司和供应商能在这些方面给予更好的支持，那么员工并不反对提高目标，毕竟他们也希望收入更高些。

（三）早动手则早收益

当各个部门都能在目标上形成共识，建议大家围绕下一年的目标早点动手。以前大家往往习惯于在年底作总结、作报告，组织客户答谢会、员工旅游等活动，再加上过年放假，等到正式上班已经接近 2 月底。这时组织大家澄清目标、制订计划、测试策略等，一晃 3 月份也基本过去了，正式干活要等到 4 月份了。所以就形成了如下的状态："欢欢乐乐一季度，晕晕乎乎二季度，金九银十三季度，年终冲刺四季度。"好不容易刚完成了目标，又进入了下一个被动且低效的目标循环。

一年之计在于春，下一年的目标一旦确定后，各部门需要像一台机器一样，快速地转动起来。根据我们多年来的观察，凡是那些能够在第一季度组织完善的企业和团队，这一年的目标就很容易完成。为此，我们建议企业将财年从自然年改为上一年的 4 月 1 日到下一年的 3 月 31 日，以应对年度工作衔接的问题。

改进思想的观点：我们不仅要制订目标，还要说清楚目标达成的可能性；不仅要让各部门形成目标，还要让各部门说清楚各自目标之间的关系，这样的目标体系才具有系统性和可落地性。

二 原因的分析

确定了问题后，就要开始进行原因分析。只有找到真正的原因，才能有效地解决问题。原因分析几乎是近年来很多企业最为核心的培训内容，企业为了表示所做的培训以“解决问题”“追求业务绩效”为核心目的，培训项目中都会包含原因分析这个板块，包括教练技术、行动学习、绩效改进、复盘技术等。这个板块也是难度较大的，当问大家在寻找问题原因过程中会遇到哪些困惑时，多数反馈是很难找到真正的原因，包括一些优秀的日资企业，虽然他们一直强调要熟练使用PDCA、精益体系、WHY-WHY等分析工具，但是一旦离开了生产场景，在其他的职能中就很难进行精准的原因分析。

GPS-IE® 管理改进系统强调：问题的描述须按照“主语+谓语+宾语+补语”的结构，其中和原因分析有关的是“补语”，强调描述的是问题的“边界”，围绕这个“有边界的名词”进行原因分析。

我们将从以下几个方面进行阐述。

（一）聚焦问题

聚焦问题的核心就是确定问题名词的“边界”。我们曾经问过一位卖大米的人：“你们的客户是谁？”他幽幽地回答：“人类。”看起来这个回答没有毛病，人都要吃大米，但是他偷换了一个概念，的确只要是“人”就可能要吃大米，但不一定会吃“他卖的大米”。他需要对他的客户进行边界的描述，市场影响的最大范围以及能够获得信息反馈的最大边界构成了他的客户描述。

再比如我们要问大家一个问题并希望能获得相关的原因分析：为什么今年的温度比去年同期要高？很多人回答：因为今年的温度比较高；因为厄尔尼诺现象；因为汽车的尾气排放较多；因为冰山的融化等。大家的答案看似回答了问题，但难以找到真正的原因。关键的一点是大家没有对问题的名词进行聚焦：我们到底想问的是哪里的温度？温度的“定语”不一样，需要分析的原因自然就不一样。

（二）寻找原因

在分析原因中，不管采取什么方式，核心都是“头脑风暴”。即邀请一群人对需要分析的问题进行集体思考、分类表达、团队共创，最终找到原因，其中的核心原则是“数量多、创意新”。在主持人的带领下，很多条原因的描述会被满满地写在大白纸上。有时为了板书好看，还会对研讨的教具提出更高的要求。形式固然重要，但更重要的是内容，关键是能否找到“真正的原因”。

举个例子，当大家在分析“为什么某汽车 4S 店的到店客户数不够”的原因时，一般会出现以下几个答案。

1．位置比较偏僻；

2．产品价格没有优势；

3．员工能力较差；

4. 政策不灵活；

5. 接待环境跟不上。

看起来这些原因分析得很有道理，当我们把这个问题改成“为什么某汽车 4S 店的成交转化率低下”时，看看以上这几个原因是否还同样匹配？它们似乎也能说得通，说明这些原因分析统统都是“狗皮膏药式”的分析，贴到哪个问题上都能说得通，但是对问题的分析都不精准。

原因分析中要关注以下三点。

1. 需要根据客户的“画像”进行调研，站在客户的角度来收集问题产生的原因；

2. 对采集的原因进行分类，通常采用“4W 模型”，即 World（世界的、宏观的）；Workplace（工作场所的）；Work（工作本身的）；Worker（人员方面的）。

3. 通过数据来验证某个原因可能会对问题带来“可测量的收益”或“可测量的损失”。

4. 最后通过这些收益和损失的排序，来找到相对重要的原因。

（三）澄清转化

找到重要的原因之后，需要对原因进行转化和澄清。首先需要转化的是“因为别人的某原因而造成了……”，需要把这个原因转化为“因为我们的某原因而造成了……”。当问题的责任人把更多的原因用自己的角度来描述时，就能找到后续可控策略的可能性。其次，大家习惯说“过去的某原因造成了……”。同样需要转化为“未来某原因会造成……”，基于分析并解决未来问题的前提，在分析原因时同样要关注未来的趋势。

第三，需要将原因澄清到事实和数据的层面。在调研某个问题的原因时，员工有时候会轻描淡写地进行反馈，我们需要追问“得出这个结论的依据”是什么，“眼见为实、耳听为虚”。在这个环节一定要“打破砂锅问到底，不达目的不罢休”，坚持连续问出三个以上的“为什么”或“凭什么”，对方就会认真思考并给出“跟数据有关”的真实答案。

对于某些相对复杂的问题，员工在参与讨论原因之前需要进行 1~2 轮的调研。没有调查就没有发言权，员工要渐渐养成做市场调研的习惯，只要多问几个为什么，多记录几个关键数据，这些员工就能逐步具备理性分析的能力，能透过问题的表象确定接近本质的原因。

（四）确定根因

当大家找到一系列的原因描述后，需要找到其中的根本原因。根本原因不是对结果影响最大原因，而是原因背后的原因。就好像要找到一把大铁锁的钥匙一样，“钥匙”本身的体量、重量都不是最大的，但对于大铁锁来讲，“钥匙”比大铁锤要重要得多。只有找到根本原因，才能够“四两拨千斤”，事半功倍。找到根本原因，就能产生“多米诺骨牌效应”，一系列的问题都能得以解决。

如何确定根本原因呢？鱼骨图分析法、因果环路图分析法、因果关联表分析法等均可使用。在这里重点介绍一下“因果归纳法”，它是将讨论出来的原因进行“因果比对”，从而获得“根本原因”的方法，基本步骤如下。

1. 描述需要解决的问题。

2. 将问题的原因写在独立的卡片上。

3. 将原因进行分类。

4. 将每一类原因进行比对，将“果”下移，将“因”上移。

5. 如果没有因果关系，则另起一列。

6. 最后处于上端的原因确定为“根本原因”。

在分析和解决问题的过程中，原因分析是最重要也是最能体现技术的环节，之所以在生产制造领域应用得相对成熟，一方面是因为生产制造领域的场景相对稳定、固化，经过多年的实践，多数已经形成标准；另一方面，生产制造领域的原因容易测量，数据的精准采集可以更容易找到关键原因。进入销售、市场、技术、采购、人力资源等其他领域后，原因的关联性和稳定性就受到了挑战，只要我们具有稳定的分析结构和数据化的分析意识，就可以有效地找到关键原因。

三 创新的策略

策略对于企业的经营发展来说非常重要，管理者的天职是发现问题、分析问题和解决问题，既然要解决问题就需要有相应策略。自古以来，那些创造辉煌时代的明君往往有名臣相辅，参与各种问题的研究和讨论，并提出各种建设性的意见和建议。比如三国时期的诸葛亮为汉室鞠躬尽瘁，他通过观察、计算，设计了一个又一个锦囊妙计，其本质就是提供了策略的创新。

时代发展到今天，很多企业对策略远远不够重视，多数管理者在确定了问题之后往往马上制订计划，至于利用什么样的策略和路径来完成，则依靠个人的经验和感觉。面对策略，企业通常存在以下两大困惑。

1. 企业在某个行业中经营多年，但是对于某些司空见惯的问题，如“潜在客户数”或“转化率”并没有清晰的策略库，导致大家都在不断地重复探索，总是摸着石头过河；

2. 随着环境和竞争态势的变化，企业会发现原有的策略已经难以发挥效用了，但似乎又找不到创新的策略。

我们将从以下三个方面来进行阐述如何找到创新的策略。

（一）高挑战的目标可以倒逼创新策略

当我们询问一个身高为 1.75 米的先生的摸高高度目标时，大家通常给出的答案为 2.3~2.8 米，最多 3 米。在思考这个问题的时候，大家基本处于“现状导向”的思考状态。而不是“目标导向”的状态，大家的心理活动如下：作为一个身高 1.75 米的男生，举起单臂可摸到的高度是 2 米左右，如果再用力跳一跳，应该在 2.3~2.8 米之间。

这是常规的思考，自然带来了常规的策略思维。如果换一种处理方式，我们来看效果如何。作为管理者，我们会强行要求大家将原来制订的目标翻一倍，直接提升到 5 米，至于如何完成 5 米的摸高目标，由各位自己去想办法，完不成自然会有严厉的考核方法。

当被逼到没有退路之时，大家会从舒适区中走出来，一旦大家的创新思维开动起来，就可以想到更多的可能性：借助梯子、撑竿跳、绳索、大型机械设备等。这些方法都超越了“跳一跳”的思维，能够帮助大家从更多的角度来进行思考，从而找到创新的办法。

（二）重新构建关系能够带来创新策略

创新策略的另外一种路径来自系统思考。系统思考关注全貌而不是局部，关注整体而不是部分，关注事物之间的关系而不仅仅是事物本身，从而帮助我们看到新的趋势和模式，这种新的判断往往会带来创新策略的源泉。

创新就是重新构建关系：重新构建时间、空间、物料和人的关系。我们用酒店行业的创新来举例：在二十年前，要么是五星级酒店占据着高端政务或商务接待的出行需求，那时为数不多的五星级酒店的生意还很不错；要么是低星级酒店或招待所。随着中国经济逐步繁荣，带动了商务出行活动快速增长，于是出现了如“锦江之星”“如家”“格林豪泰”“全季酒店”“和颐酒店”“桔子酒店”等商务连锁酒店。

这些酒店的客户定位首先发生了变化，不再面对高端政务和高端商务，而是面对中、低端的商务出行旅客。这个群体的特点是人数庞大、价格敏感度高、消费频次高，对于功能性的消费更加看重。基于“高性价比”的需求，这些酒店在空间方面去掉了豪华的大厅、咖啡吧、标准化餐厅、包厢、接待台、高级内饰等，这些都不够实用且加大运营成本；在时间方面去掉了查房程序，快速退房并延后退房时间，通过会员系统直接办理入住等，这些措施都在最大程度地考虑客户的需求；物料上去掉五星级酒店标准配置的浴缸、房间高级装饰、窗帘、地毯、家具等，取而代之的是简单的内饰，成本较低且方便维护。同时加大了商务客户关注的核心物料的投入，如零压力床垫、超大电视机、浴室花洒、毛巾等，品质甚至超过五星级酒店，这些良好的体验都加大了这些商务酒店旅客的忠诚度。

（三）跨界学习和实践可促进创新策略

创新策略的第三种方式就是跨界的学习和整合。小罐茶的创始人杜国楹是这方面的代表人物。他的经营套路基本来自跨界融合，如“孩子的身形矫正需求”+“英姿带”成就了背背佳；“孩子学习英语的需求”+“电子学习本”成就了好记星；“中年人做笔记的需求”+“电子学习本”成就了E人E本；“八大名茶”+“小罐包装的礼品”成就了小罐茶系列。杜国楹通过跨界学习和整合形成了创新的产品和策略，做成了多个让消费者印象深刻的品牌。

过去的二十年也是中国互联网创新的阶段，新的互联网应用产品层出不穷，仔细观察能够看到这些产品跨界创新的影子。“互联网”+“报纸”成就了新浪；“互联网”+“游戏厅”成就了盛大网络；“互联网”+“电影院”成就了爱奇艺；“互联网”+“商店”成就了淘宝、天猫和京东；“互联网”+“大字报”成就了微博；“互联网”+“茶楼会所”成就了微信；“互联网”+“出租车公司”成就了滴滴打车。

这些具有极强创业精神的互联网企业通过不断地跨界创新和整合，如今都成了各个领域的巨头。能力越大责任越大，意味着他们要进入更高的领域，寻找更强大的竞争对手，做更有价值和意义的创新探索。“以营销为导向”的流量思维仍然占据着中国商业的主导地位，本质上是短期功利主义和短期成功定义惹的祸。随着消费逐步升级，会有更多的企业聚焦于长期使命。坚持出优品、出精品，创新就能在基础技术研究领域发挥更大的价值。

改进思想的观点：组织发展需要创新策略。只要调整思维，跳出行业看行业，跳出企业看企业，跳出部门看部门，管理者就能够获得源源不断的创新灵感，再通过结构化的方法和工具转化成可执行的创新策略，来为组织增效，为团队赋能。

四 计划和预算

确定了各部门的年度目标之后，大家就需要着手制订计划和预算了，各部门领到任务之后会怎么做呢？关于计划，多数人会在参考上一年相关做法的基础上，根据下一年的工作重点对计划进行部分调整。至于预算，财务部门也会参考上一年的预算进行适度调整。

制订计划和预算是手段，达成年度的经营目标才是目的。按照上述方式做的计划和预算很容易形成“两张皮”，计划是计划，目标是目标。因此在每个季度复盘述职时都会遇到多个部门完不成既定目标的情况。当部门负责人开始汇报具体情况时，老练的领导通常不会插话，因为汇报人会清楚地表达他们的诉求：本年度的目标能否降一些？本年度的预算能否多给一些？对于领导来说，在上半年通常不会对年度目标做任何让步，但在预算上可能会多给一点。

部门负责人能够多获得点预算资源已经心满意足，但麻烦的是到了第二季度，部门负责人会再次提到达成目标的不容易及目标值能否降低等。到了年中，面对这样的形势，有时候领导也会扛不住，于是年初经过反复测算的年度目标不再严肃，逐步被侵蚀。

是什么导致这种局面一而再、再而三地发生？如果不从根本上梳理清楚，那么目标的制订会越来越不严肃，计划的执行会越来越不严格。发生这种状况的关键原因是没有系统地建立起计划和预算的前提，计划和预算就变成了一场可有可无的绩效游戏，认真做也不一定能达成目标，不认真做也不会差到哪里，仍然是“两张皮”的状态。

战略决定目标，目标界定问题，问题影响原因，原因匹配策略，策略决定计划，计划产生预算。在预算和计划的前面还有好几个前提。团队每年确定好组织战略和各自的目标之后，需要对“问题”“原因”和“策略”进行系统的分析，然后才能匹配合适的行动计划和预算。

举一个例子：一个企业上一年的销售收入为一个亿，下一年希望完成一点五个亿，之前的战略方向一直是围绕老业务服务于老客户，现在需要将老业务卖给新客户，以迅速地提升增量。企业的业务战略发生了变化，从而给销售部门带来了新的业务目标：销售部需要把新客户的回款额提升到 3000 万，这就是销售部的结果性目标。

销售部将围绕 3000 万的目标开始分解二级问题。

销售额 = 开发潜在客户数 × 一次成交率 × 次均消费额

通过数据的设计，该销售部围绕新客户的开发业务会形成以下不同的选择。

1. 以“低端客户为导向”的公式。

3000 万 = 开发潜在客户数 1000 人 × 一次成交率 30%× 次均消费额 10 万元

2. 以“高客单价”的优质服务为主。

3000 万 =500 人 ×30%×20 万元

通过对比，我们可以看到两个不同的实现结果价值的路径。为了实现 3000 万的目标，会形成两个不同的问题：前一个可能以“开发新客户数”为主，而后一个可能以“提升次均额”为主。

我们把“开发新客户”的路径称为 A，把“提升次均额”的路径称为 B。A 通过分析发现潜在客户的信息很多，但是这些客户对他们的产品、性能、政策不够了解，同时开发新客户的新员工能力不够，老员工精力跟不上，无法满足新客户开发的需求。最终他们决定采用“新客户技术沙龙”的会销模式，所有的员工将工作重点放在新客户的活动邀约上。活动现场不仅有公司的高级销售顾问、专家来介绍产品和政策，还邀请了多位资深老客户做客户见证，通过这样的活动来推动“新客户数”的目标达成。

B 则和 A 不同，他们聚焦于重点大客户，采用“稳、准、狠”的原则来影响这些资深客户。他们通过分析发现这些大客户的高层和采购部门基本都认可他们的产品、质量和服务，大多数客户也都签署了入围协议并已经发货。但客户往往不只采用一家供应商的产品，在采购过程中，最终决定各家销量的不是企业高管和采购部门，而是客户操作现场的工程师们。他们对各家产品形成的认知决定了各家的发货量。经过调研发现，B的产品质量、价格都属于前列，但在操作工艺上比竞争对手多了两道工序，不仅增加了工程师的工作量，还使品质稳定性受到了挑战。为此大家讨论后决定采用赠送服务的方式，在客户现场安装配套模具来减少工程师的工作量，并提升品质稳定性。

很显然，A和B的不同策略带来了不同的行动计划，A围绕举办“会销”的策略，要制订选场地、定策划方案、邀约客户、约请嘉宾、疏通政府关系、策划活动目的、筛选活动资源等一系列应对策略。为了把客户邀约的质量做好，A要围绕活动本身设计预算。领导要围绕活动的目的、过程设计、结果评估等开展工作，紧盯“增加新客户某个”的目标，时刻关注团队活动设计和执行过程是否匹配。

B将采取现场提供工艺服务的策略，要与客户沟通需求、确定方案、设计设备、现场调试、验收通过、培训客户等。之后客户要确定预算，B要紧盯设备的采购、工艺的优化、返工返修的流程等，目的就是将服务流程优化后向外输出，促进更多业务相对成熟的地区采用类似的方式来扩大动销的力量。

A和B的结果指标是一样的，都需要完成3000万的新业务目标。但双方实现目标的路径不一样，带来的问题、原因和策略分析也不一样，因此执行的计划和预算完全不一样。只有清楚地描述这些关系，计划和预算的确认才会具有前提。

改进思想的核心观点

CORE POINT

1. 经营是研究客户和竞争者的最佳策略创新；管理是研究员工和合作伙伴的最佳行为复制；技术是研究工具和方法论的最佳案例沉淀。

2. 核心技术、产品矩阵和商业模式构成了企业业务发展的三要素。

3. 绩效的算法：加法是分类的关系，乘法是驱动的关系，减法是聚焦的关系，除法是优化的关系。

4. 管理的重点是“管目的”，然后是“管标准”。无标准，不评估；无评估，不管理。

5. 面对不确定的未来，企业要成为掌握过程逻辑、过程原则、过程方法的“过程专家”。

6. 组织发展和人才发展的工作要具备前置性，以帮助业务部门创造未来转型的价值。

7. 制订目标不仅需要确定数字，还要找到达成这个数字的可能性。

8. 创新就是重新构建关系，即重新构建时间、空间、物料和人的关系。

改进思想的核心观点
CORE POINT

9. 把创新灵感通过结构化的方法和工具转化成可执行的创新策略，来为组织增效，为团队赋能。

10. 战略决定目标，目标界定问题，问题影响原因，原因匹配策略，策略决定计划，计划产生预算。

5

CHAPTER

第五章

客户改进的原则

第一节 客户需求的升级

一 从“需求侧”到“供给侧”

经营的核心就是经营“人”，经营“人”的核心就是经营“人心”，“人心”决定了一个组织走向红火还是走向衰败。

一个企业通常有六大利益相关者：客户、供应商、股东、员工、政府部门和银行，他们会站在不同的角度为企业的成长提供价值。优秀的企业会想办法获得这些利益相关者的长期支持，并给予发自内心的感激。很多优秀的企业家都不会忘记对曾经提供支持和帮助的人表示感恩。

改进思想的观点：企业不仅需要强大的技术体系和产品组合，还需要通过经营和管理设计来建立强大的组织体系。组织会随着战略的不同发展阶段进行调整和升级，随着组织的能力越来越成熟，会“反哺”企业业务持续升级。在业务与组织相

互支撑并发展的过程中，企业会从“需求侧”逐步走向“供给侧”。

很多企业都是从需求侧开始起步的，根据客户的需要提供产品和服务。早期我国的很多企业都是“三来一补”的企业形态，即“来料加工”“来件装配”“来样加工”和“补偿贸易”。企业虽然看起来很像个工厂，有厂房、设备、员工、仓库、车辆等，但从根本上来说还是一个贸易公司，核心还是看订单。在这个阶段，大家都特别重视客户的短期需求。

这种贸易型的状态帮助很多企业完成了原始积累，但也留下了一些“后遗症”。

1. 很多企业形成对销售的长期依赖，造成“重销售轻技术”的经营惯性；

2. 获取客户的竞争手段过于简单，主要依靠人际关系。一方面团队难以成长，另一方面为规范化管理的高要求埋下隐患；

3. 随着市场逐步成熟，一些行业开始进入“价格战”的竞争阶段，销售依赖型的公司开始逐步萎缩，直到退出市场为止。

更重要的是，一旦选择需求依赖型的业务模式，企业往往会进入难以自主发展的尴尬局面，因为需要满足客户的需求，但客户的需求又经常发生变化，所以企业也需要跟着变化，长此以往将无法形成核心竞争能力。就好比缺乏独立思考能力的人，总是跟着别人的思维转动，时间一长，这个人很难成为可以独当一面的人才。企业的成长和人一样，都需要长时间的沉淀。

近几年来，国家提出了“供给侧改革”思路，目的是改变我国的产业结构，从生产加工型逐步调整到自主创新型，通过高质量地发展来加大产品的竞争力和附加值，从而改变过去在国际市场上只能赚取微薄差价的局面，为此也进行了“工业

2025”“互联网+”“亚投行”“人民币国际化”等一系列政策举措来协同。这样调整无疑是正确的，因为国际环境发生了变化，过去依靠人口红利、土地红利和环保红利支撑的低成本模式已经不再具有优势。

相对于“需求侧”，企业建立起“供给侧”的能力将具有更大的话语权，包括客户的选择、价格的制定、规则的修改、节奏的把握等，然后按照自己的想法，持续地开发、设计、推进、执行，优化企业发展战略，从而把企业发展的命运牢牢地掌握在自己的手中。要想具备“供给侧”的能力也不是一件简单的事情，需要不断自我发问：怎么获得客户？怎样让客户持续地选择我？怎么让客户接受更高的价格？怎么保持长期的竞争优势？

要想进入“供给侧”的状态，就需要具备“长期主义”和“产品思维”，需要有长期坚守某种价值观、长期攻克某个技术难题、长期摸索某个经营模式的决心。从“短期思维者”的角度来看，这种“长期主义者”的想法和做法无疑是在犯傻。而“长期主义者”具备与生俱来的“信念感”，他们相信“产品质量最终决定一切”“只要方向对了就不怕路远”“投入必然有回报”等。他们要承受各种短期的压力和误解，不断祈祷着“光明”尽快到来。

经过长期的努力和煎熬，“长期主义者”会“开花结果”，他们自然能分享到成熟的“果实”。很多人会用“黑马”和“幸运儿”等字样来形容他们，似乎他们的成功充满了偶然性。他们不需要向他人解释什么，只会默默地将眼光投向下一个长期目标，从而在某个领域长期保持领跑的姿态。

从“需求侧”到“供给侧”，多数时候我们只会看到业务的发展和成熟，却没有看到幕后的努力和挣扎，这样的过程也许比业务的阶段成功更加宝贵，只有经历了苦难，才能坦然地面对辉煌。

二 创造客户的三阶段

德鲁克说过：“管理就是创造顾客。”那么在业务发展的不同阶段，如何用不同的方式来创造客户呢？今天我们将通过业务发展的三个阶段来分析创造客户的不同路径。

业务具有自身的生长周期，由小到大，由弱到强。在起步期，行业需求刚刚起步，客户对该业务不太熟悉，竞争对手纷纷参与进来。但由于实力都较弱，相互之间没有产生太大的竞争，各自生存，相安无事。到了发展期，行业需求快速发展，客户对该业务越来越熟悉，经过多次购买，已经对该业务具有一定的判断能力。竞争对手纷纷扩大势力范围，竞争开始加剧，实力开始分化，有的进入第一阵营形成全方位竞争，有的退居二三线耕耘细分市场，这个阶段的竞争形势变得复杂。到了成熟期，老客户占据绝大多数份额，大家越来越专业且理性，需求也更加综合化、细分化。实力弱小的竞争对手逐步退出竞争，市场逐步集中，买家的话语权越来越大，剩下数量不多的企业尝试以结盟的方式抱团取暖，或者考虑转型升级。

对应这三个阶段，创造客户的路径会有所不同。

在起步期需要以“性价比”的方式获得客户。这个时期客户对业务不熟悉、不专业，“尝试性”消费过程中“性价比高”的业务往往会受到欢迎。**到了发展期则需要以“满意度”的方式争取客户。**客户经过多次尝试，已经对业务越来越了解，消费时就更加小心，也会提出更多要求。谁能对他们提出的要求进行承诺，谁就能获得更多的客户。**到了成熟期则需要以“差异化”的方式来获得客户。**进入成熟期，客户的话语权越来越高，他们会产生不同的需求，有人重视品质，有人重视效率，有人重视性价比，有人重视品牌匹配性。这个时候需要差异化的服务，要么通过产品升级切割高端市场，要么通过高性价比切割大众市场，要么通过技术创新满足小众需求。

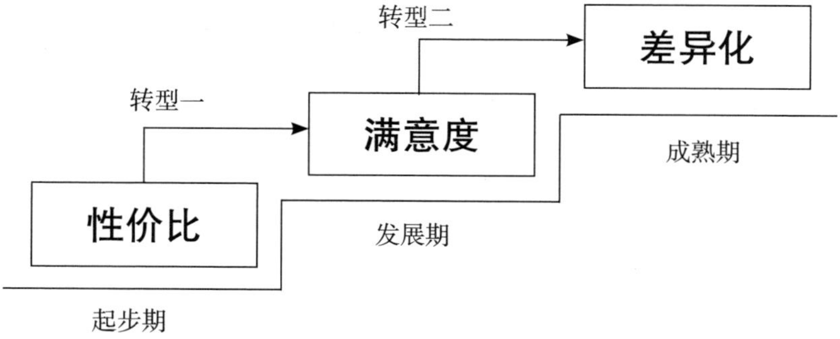

创造客户的三阶段

我们将通过餐饮和装饰行业的例子来说明这个观点。

从2000年左右，火锅开始流行于大江南北，那个时候的火锅消费注重于“性价比”，吃火锅不是一件“高大上”的行为。很快，以海底捞为代表的火锅品牌开始强势成长，他们秉承“服务”的理念和标准获得了客户的认可。服务的本质是承诺，他们承诺食材的新鲜度，承诺上菜的时效性，承诺不满意立即回应，承诺等待时免费小吃、免费修甲等。最近几年，随着火锅消费进入成熟期，一些区域市场中的品牌开始以“差异化”的方式来蚕食连锁品牌的市场。巴奴火锅打出的口号为“服务不是我们的特色，毛肚才是”，切中了部分消费者对食材偏好的关键，提出“产品主义”，重点发力于毛肚的技术升级，从而在“红海”中获得一批忠实的客户。

装饰行业同样如此，随着房地产行业的发展，装饰行业同样得到快速发展。2010 年左右是行业分水岭，之前客户大多是购买首套房的消费者，他们对装修没有太多的概念，包括风格、质量、效率、环境、材料等，重要的是高性价比。2010 年之后，大多数客户都是第二、三套房的消费者，他们对装修的要求也越来越高，因此决定消费者是否购买的要素从销售改为了设计，设计是装饰中最重要的价值环节。在这个阶段通过打价格战来获客的装饰公司开始走向萧条，而重视“设计团队建设”且逐步涨价的装饰公司进入了新的竞争阶段。现在的装饰公司已经进入了成熟期，供应链成为重要的要素，消费者开始接受“全屋定制”的概念，产品升级和技术升级将会成为装饰行业下一个竞争的关键点。

总之，大家需要建立获得客户的基本思路，看看你们当前的业务处于什么阶段？应该重点打造什么价值来获得客户？

三 服务的本质

现在各个行业都开始重视服务，什么才是真正的服务呢？某通信运营商为了表明自身对服务的重视，在一个城市组建数百人的VIP客户服务中心，大量招聘基本素质比较高的年轻人，经过系统训练后，他们每天的主要任务就是接听各种咨询和投诉电话，并且用很规范的话术进行沟通和应对。经过调研发现，多数客户反映客户服务团队的态度非常好，就是不能解决问题。

这里还有另外一个故事：一家以“优质服务”闻名天下的家电企业，有一次接到某个消费者的投诉，反映产品质量有问题。售后服务团队多次上门提供服务，客服人员均能保持专业、热情、耐心的态度为消费者提供服务。消费者甚是感动，打电话到公司要求大力表扬客服人员。宣传部的同事也很兴奋，认为找到了一个值得宣传的“典型”，很快就写好了文章，到领导那里审批时被臭骂一顿：你这是典型的负面报道，就是告诉大众我们的质量太差了。

这两个例子都说明了一点：**服务的本质不是我们为客户做了什么、付出了什么，而是要站在客户的角度来回答，客户真正需要的是什么。**对于通信运营商的客户来说，提供了多少人来接电话跟我一点关系都没有，我关心的是提出某个需求时，能够快速及时地解决；对于家电的客户来说，服务好固然很重要，但是我要的是产品本身质量就高，不需要上门服务的价值度最高。因此，**服务的本质就是“可承诺”，不站在客户角度进行“承诺”的服务往往都是假服务。**

既然就服务对客户进行承诺，就需要对这项承诺进行配套：如果做不到，就需要对客户做出对等的赔偿。为什么要这样做?当市场竞争越来越激烈时，老客户有可能同时面对多家供应商的服务邀约和报价，在这种情形下，要想不被竞争对手拖进“价格战”的泥潭，就需要企业迅速转型变革，用“可承诺”的服务来调整获得客户认可的竞争优势。“可承诺”需要整合的不仅仅是销售部门，还需要整合公司“供应链”的交付体系。

为什么需要承诺“赔偿”？一方面，敢于做出“赔偿”的承诺就是表明服务的基本态度，没有一家公司推出一项服务是为了赔偿的。既然企业不希望赔偿，就一定会想办法把产品和服务做好；另一方面，如果没有“赔偿”的承诺，很多客户的反馈会被看作投诉。企业对投诉往往会有一套流程，与客户沟通的目的就是尽量地减少损失，一旦纳入“赔偿”的承诺，就需要有人负责，才能持续改进和优化。

处理客户投诉的目的是通过和客户友好协商，最大化减少企业短期损失。强化服务“可赔偿”是通过客户倒逼交付流程呈现短板，最大化改善交付能力来提升企业长期收益为目的。从这个角度来说，企业与其在客户投诉上投入太多，还不如借助投诉来提升交付的“防投诉”能力。解决投诉不是目的，持续优化服务能力、提升客户体验度才是真正的目的。

服务 = 可承诺 + 赔偿政策

服务的本质

消费者购买自动安全电子密码锁的目的是希望提升家庭的安全级别，防止财产的损失。因此，商家销售的不是密码锁，而是以密码锁为载体的“家庭财产安全解决方案”。如果商家能够承诺安装本锁几年之内，如果产生偷盗事件，业主将获得一定额度的赔偿，自然能够吸引更多消费者。对于商家而言，他们除了要通过技术手段来提升密码锁的功能之外，还要将保险公司的财产保险方案集成进来，形成整体的解决方案。

在线上购物的初始阶段，消费者会冲着“性价比”去网购。2010 年之前的网购客单价都比较低，消费者不敢在线上购买价格较高的商品，担心会买到假货。京东商城为了应对这样的趋势，提前布局物流和仓储的建设，重资产的投入也一度让京东的财务状况处于亏损的状态。京东通过自建物流和仓储的模式能很好地控制流通端，一方面向消费者承诺送货的效率；另一方面承诺产品的品质。通过长期投入交付端的优化，京东的客单价逐步上升，敢于在京东商城上购买品牌类产品的消费者越来越多。

以上几个案例都是在各个行业业务模式升级的情况下，通过服务的“可承诺”来获得客户的认可和关注。**没有“承诺”的服务就是“假服务”，不用自欺欺人、掩耳盗铃。**

四 案例：如何提升客户的满意度

很多企业经常把“客户满意度”作为一个重要的客户指标进行评价，“客户满意度”应该如何评价呢？

我们先来看一个旅游行业的案例。旅游业务的满意度普遍偏低，究其根源还是要从旅游行业的基本结构说起。旅游行业分为组团社和地接社两个类别，组团社负责新、老客户的开发和维护工作，地接社立足于本地旅游资源，从事接待和交付工作。随着竞争加剧，行业很容易进入价格战的状态，消费者更看重“价格”。组团社价格做不上去，就开始选择便宜的地接社；地接社为了能够有利润，在后端服务中通过推动购物或替换标准来获利，容易引起消费者不满，将情绪发泄到组团社身上，影响了下次合作。

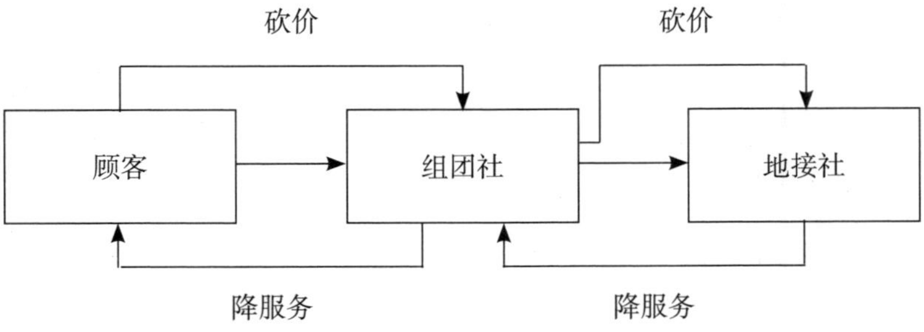

客户的满意度

新型冠状病毒肺炎疫情对旅游行业影响非常大，无论有没有这次疫情，很多旅行服务企业的产品和模式都遇到了极大挑战，长期以来缺乏核心竞争力。多年来形成的行业惯性又使这些旅行企业短期内难以转型，规模看似在增长，遇到的挑战也与日俱增。从这个角度来说，新型冠状病毒肺炎疫情会在客观上倒逼这些企业重新思考、重塑价值、重启愿景，如果能够抓住机会，那么等到行业回暖之际，企业就能完成凤凰涅槃的过程。这个过程中最重要的因素是“客户满意度”，为了达到降低客户在“不满意度”的目标，要做到以下几点。

（一）建立产品的交付标准，并敢于对消费者进行“不满意即赔付”的承诺

在行业的起步阶段，由于消费者对业务不熟悉，往往会追求“性价比”，在这个阶段企业通过“性价比”的方式能获得一定数量的客户。但随着市场不断成熟，有多次消费经验的消费者越来越多，他们对业务越来越了解，需求也开始分化，有的习惯于消费“高性价比”的业务，有的逐步走向“高品质”的需求。

“高品质”需要更多地体现在“交付的高品质”上，而不是“销售的高品质”上。有些企业在销售上过度承诺，不能完全兑现客户的需求，导致销售和交付脱离。很多人去饭店吃饭，经常遇到点好的菜品迟迟上不了的现象，于是就去找服务人员。服务人员往往态度非常好，不断表示歉意并回答“马上来”，但是菜品还是上不了，导致客人不满意甚至投诉。

酒店需要采取措施来应对这样的现象，要和后堂的厨师团队讨论每一道菜品的流程。从消费者点单开始，一直到菜品上桌，形成每道菜品的时间标准，并承诺如果不能按时上菜将提供打折甚至免单的赔付，当然后堂厨师团队也负有责任。通过和交付团队确认，服务人员能给消费者一个准确的答复，有的饭店直接采用沙漏或秒表计时的方式来强化承诺的仪式感，往往能获得客户的高度认可。

（二）提高价格来筛选优质消费者群体

公司一旦形成以交付改造为核心的“可承诺”体系，就可以适度地提升产品或服务的价格了。我们曾经做过一个调查：一个旅游产品的报价是 1980 元，但不做任何承诺；另一个旅游产品的报价是 2560 元，发布了十多条服务标准，并承诺达不到就直接赔偿。你会选择便宜无承诺的服务还是稍贵但有承诺的服务？绝大多数调研对象选择了第二种。

消费者不是不能多付钱，而是需要一个多付钱的理由，生活中这样的现象比比皆是：有人愿意多付钱加价购买汽车，就是为了早点拿到心仪已久的爱车；有人愿意多付钱指定理发师剪发，就是为了获得一个好心情；有人愿意多付钱购买演唱会 VIP 门票，就是为了亲近一下自己的偶像。

“可承诺”的服务会形成一定的门槛。首先，敢于承诺就表明了“以客户为中心”的经营理念和决心，不是所有经营者都具有这样的决心；其次，承诺如果不能兑现就会伤害自身的信誉；最后，坚持兑现承诺会对系统能力提出要求，没有长期的战略定力的人往往不会这样选择，不能坚持就会搬起石头砸自己的脚。因为这样的“可承诺”服务自然会增加企业运营成本，所以适度提价的行为也能获得消费者的理解和认可。

（三）给交付团队（地接社）提高分配额，提高其按标准服务的积极性

企业通过“可承诺”的服务提升了价格，可以获取更多利润，但企业不能完全将利润据为己有，而是要考虑价值链中的分配：除了销售渠道，还要给交付团队更大的收益，只有向交付团队提供更好的价格支持，他们才能心无旁骛地进行服务。正如上面提到的地接社团队，只有让地接社获得更大的收益，他们才能全力以赴地践行组团社给消费者提供的承诺，从而提升客户的满意度。

通过组团社和地接社的合作，消费者能够获得与众不同的体验，高满意度会影响更多人对企业认可和信任，他们会对企业品牌产生依赖性，从而为其他业务的销售打下基础。**凡是不能对客户进行“承诺”的服务，都不是真正的“好服务”。**

2 第二节 建立外部客户满意模式

一 销售部的生意模式

一直以来，大家都明白销售部对于企业发展的意义。销售是“龙头”，其他部门都要围绕销售部来展开工作。正是因为销售非常重要，一家企业的兴衰和销售部门有着极大的关系。**销售部门要做好以下三件事：找到准确的客户、把产品卖出去、把钱收回来。**

一家汽车公司的销售团队面临销量下滑的局面，他们在开会讨论并分析工作情况时，通常会提出如下几点看法。

1. 当前汽车行业整体下滑；
2. 我们车型的更新效果不如竞争对手；
3. 我们汽车的价格比同级别的竞品高；
4. 我们汽车的金融政策不吸引人；

5. 我们汽车的质量不稳定，经常被投诉。

我们可以看到，销售团队都在围绕“汽车”讨论，但“汽车”是销售部的“产品”么？如果用“外包思维”来看待，销售部应该是一个什么样的公司呢？应该对谁负责呢？他们提供的核心价值是什么呢？他们交付的标准应该是什么呢？销售部应该是一家销售代理公司，产品是本部门能够独立创造的价值载体。汽车是生产部或技术部独立创造的价值载体，因此销售部的产品不是“汽车”，而是“销售方案”，汽车只是销售方案的原材料。销售部围绕“汽车”分析讨论市场是没有价值的，应该跳出“汽车”本身来思考整体的解决方案。

“销售方案”由三个因素构成：原材料、交付工艺和服务。

首先看“销售方案”的原材料有哪些？除了“汽车”之外，人力资源部提供的人、财务部提供的财务资源和财务政策、企业的各种社会关系等都可以算作“销售方案”的原材料。销售部需要针对不同客户的需求，将这些原材料整合成具有不同价值的销售方案，使客户接触、认可、买单并回款，从而为企业创造收入和利润的结果价值。

其次看交付工艺，交付工艺是指销售部门从销售方案的设计开发到销售行为完成的过程中，为了满足客户的独特需求，销售部设计的具有独特价值的行为标准。比如在大客户营销项目中，客户往往需要通过招、投标的方式来合作，需要经历探询需求、建立关系、设计方案、参与投标、中标进场等过程。其他同行通常的做法为：上门简单调研、通过熟人介绍关系、形成 word 文本、安排专人现场讲标等。销售工艺可优化为：通过专家现场研讨会确定客户需求、通过前置式咨询服务建立高管团队关系、设计出 word/ppt/ 视频文件等一系列过程文本、组建小组以分工协作的方式现场呈现标书。相比较而言，哪个工艺过程更能获得客户的信任和认可呢？

最后看服务，服务是指在工艺相似的前提下围绕售前、售中和售后形成以消除客户痛点的可承诺的做法。客户在进行采购的过程中，必然会产生大量的担忧，我们要借助自身的行业经验和项目积累，提前确认客户团队对哪些方面担心，以及对哪些方面的价值创造更感兴趣，通过方案的优化和调整，全力以赴地满足他们的兴趣，千方百计规避他们的担忧，并且在销售方案中形成可承诺、可管控、可兑现的行动措施，优化销售工艺可以大大提升项目中标的概率。

销售模式不同，销售方案也会有所不同。大客户销售、门店销售、渠道销售、互联网销售等模式中，原材料、交付工艺和服务均存在巨大差别。大客户销售的交付工艺以“根据需求设计方案”为主；门店销售以“对上门客户接待、介绍和试用确认”为主；渠道销售以“协助代理商铺货和动销”为主；互联网销售以“在互联网平台上发布、运营、销售和发货”为主。在推动销售的过程中，不同的部门需要沉淀不同销售模式的数据库、策略库和案例库，从而为未来销售打下好的基础。

除了销售的生意模式之外，销售部还要有另外一个生意模式：为了未来的战略发展，帮助企业规模化地培养人。这个生意模式的外包角色是“销售人员培训中心”，客户是“企业的领导者”，产品是“合格的销售人员”。企业需要长治久安，一方面要源源不断地开发新技术、新产品，另一方面要持续不断地培养新员工来支持新客户的开发。但在现实中，我们看到很多销售管理者没有把培养人当作重要的工作内容，而是干着业务人员的具体工作，给企业造成了以下几个方面的困惑。

1. 销售管理者是重要的业务员，他们不愿意带新人、培养人；

2. 新人成了销售管理者的销售助理，但他们没有创造应有的组织价值；

3. 客户资源大多集中在销售管理者手中，一旦他们离职或产生变动，该板块的业务就无法支撑，甚至会造成大量老客户资源流失的后果；

4. 新员工迟迟无法独立开展业务，缺乏资源和能力，造成公司业务进入“啃老”的状态，业务增值乏力，甚至会持续下滑。

在人员培养方面，员工变成了核心的原材料。企业内、外部的各种培训资源，包括销售制度、销售流程、销售标准、SOP、课程体系、师资队伍、教学场地、知识点和辅助课题等都会成为“培养人才”的原材料。销售管理者需要整合这些原材料，在人力资源部的协助下系统地构建人才培养的“过程工艺”。新员工从入职开始，需要进行人才评价和能力测试，进行制度流程方面的培训，通过“师徒制”来见习、实习，正式上岗后通过行为评价、过程评估和结果反馈等方式，逐步成长为可以独当一面的销售高手。

同时，销售部门也需要建立“人才培养”的服务体系，要对人才的成长路径进行规划和承诺。有些人员对销售专业感兴趣，立志成为公司甚至行业的销售标杆，公司要为他们建立“专业成长通道”计划；有些人员对销售管理感兴趣，希望成为公司未来的优秀管理者，公司要为他们建立“管理发展通道”计划；有些人员对培训专业感兴趣，期待成为公司甚至行业的顶尖培训师，公司要为他们建立“培训师发展通道”计划。

有人会问，上面这些不应该是人力资源部负责的吗？为什么需要销售部来负责人员培养这项工作？这正是很多企业在业务人员培养方面没有做好的原因。人力资源部是职能部门，他们的主要任务是做好基于企业战略发展的人力资源规划，整体推动企业人力资源管理和人力资源发展。推动发展不代表所有的工作都由他们来做，以人才发展工作为例，招聘并培养合格的新员工可以由人力资源部负责，但新员工转正后，原则上就应该由销售部接管并负责了，人力资源部可以协助业务部参与培养，但责任主体应该是销售部门。

“责任、权力和利益”的统一是做好工作的原则，销售部经理将接管转正后的员工，包括使用权、评价权、奖惩权、解雇权等。这些员工所创造的价值也归销售部经理，无论是过程性价值还是结果性价值，都在为销售部门创造价值。因此，培养转正员工也应该由销售部门负责。如果把员工管理的权力和利益放在销售部，把培养员工的责任放在人力资源部，那么就无法做到“责、权、利”统一了。

另外，转正之后的人员培养已经超出了人力资源部的专业覆盖范围，“HRBP”也是舍近求远的做法，还不如让销售部负责人员培养，人力资源部做辅助性的组织工作即可。当下流行的“训战结合”也符合这个原则，训练是手段，打“胜仗”是目的，要想让团队具备打“胜仗”的能力，就需要在“战争”中学会“战争”，在过程中获得持续打“胜仗”的能力。

二 市场部的生意模式

随着销售工作的深入，新业务逐步转化成老业务，新客户也成了老客户。一方面，老客户再次购买时往往会带着新的需求、标准和想法，满足需求就能保有老客户，否则可能会流失；另一方面，越来越多的竞争对手也参与到业务中来，他们可能会干扰业务的发展，向新、老客户提出他们的新概念、新服务和新承诺。同时，这些竞争对手也有可能在员工方面展开竞争，他们设计出很有竞争力的薪酬标准和福利体系来吸引老员工的加入。某些开展业务得较早的公司形成了“先发劣势”，自然会面临多方面产生的威胁。

市场部将在新、老客户和竞争对手的研究方面开展工作，通常老客户愿意提供未来的需求，以便供应商提供更加精准的服务。找准关键人的话，新客户也会愿意提供他们未来的想法，他们也不愿意过分地依赖原有的供应体系。通过调研，市场部会形成阶段性的市场报告或策略建议等，为新产品的开发、新策略的设计、新政策的制订提供依据。同时，面对竞争对手的动向，市场部也需要进行相关的调研活动，知己知彼，方能百战不殆。

市场部形成了两个生意模式，一是帮助销售部开发业务，二是帮助企业领导优化销售团队。前一个是“经营型”的生意模式，后一个是“管理型”的生意模式。

（一）“经营型”生意模式

如果把市场部的销售支撑看作一家独立的公司，那么应该是什么样的公司呢？大家通常会认为市场部主要做的工作如下。

1. 设计开发市场的策略和方案，并推动销售部门执行；

2. 关注公司的品牌建设，设计公关的合作模式，开展系列推广活动，包括媒体合作等；

3. 建立舆情管理系统，预防并消除负面事件；

4. 开展市场调研活动，形成调研报告，为销售部的决策提供依据等。

如果市场部做好以上四点，销售部会对市场部的工作满意吗？市场部和销售部之间比较难界定的是“独立创造价值”的边界，市场部所做的各项工作最终都需要通过销售部的“收入”指标来体现，很多企业往往会把市场部和销售部看作“捆在一根绳上的蚂蚱”，对双方都进行“收入指标”的考核。当收入结果好的时候，皆大欢喜，没有人提出什么意见；一旦收入大幅度下滑，这个责任应该由谁负责呢？

市场部需要形成“独立创造价值”的生意模式，从经营的角度来说，“销售部”应该是市场部的客户。在实现过程中，销售部到底希望市场部提供什么样的结果价值呢？对于销售部来说，他们需要对收入的结果负责，收入 = 潜在客户数 × 成交率 × 客单价，销售部可以对“成交率”和“客单价”负责，“潜在客户数”则由市场部负责。市场部所做的工作对于销售部而言都不是目的，只是手段，提供更多“合格的潜在客户数”才是真正的目的。

市场部要清楚设计市场策略方案。推动品牌公关活动消除品牌公关影响和开展市场调研活动的最终目的都是“获取更多的客户的需求”。市场部紧盯着“增加潜在客户的需求”这个核心目标之后，就具有了“独立创造价值的载体”。当整体收入下滑，就能判断市场部和销售部之间的责任。“潜在客户数”下滑，市场部自然要承担责任，但如果“潜在客户数”超额完成了，销售部需要承担主要的责任。

在这个生意模式中，所调研的各种数据报告、公司的财务政策、客户关系政策以及各利益相关者均为原材料。交付工艺是指市场部通过整合这些原材料来设计、开发出各种可操作的方案以促进“潜在客户数增加”的过程。服务是指市场部需要对“潜在客户”的质量进行承诺。在销售部门的参与下，市场部对“潜在客户”的标准进行约定并形成共识，比如获取关键客户的需求和信息、经过初步的沟通形成约定、能够协助销售部顺利交流的客户数等，销售部会根据标准对市场部进行季度或年度的评价和反馈。

（二）“管理型”生意模式

有些公司会赋予市场部管理的职能，从而形成“管理型”的生意模式，通常是在某些业务越来越成熟的前提下：该业务的客户画像比较稳定，销售模式相对固化，销售团队的发展已经找到了稳定的模式，业务进入全面上规模的阶段等。进入这个阶段后，企业领导希望市场部能代表自己对业务的发展进行全面评估和反馈，以便更好地支撑销售团队健康、持续地发展。

在这个生意模式中，客户变成了公司的“领导”，产品成了“合格的销售团队”，交付的标准是“销售团队的业绩结果和过程的合格率”，需要交付的结果是“有多少销售团队达成了合格标准”。要做好这个模式，市场部首先要和公司领导一起设计“销售团队”的合格标准，包括结果标准、过程标准和行为活动标准。其次市场部要对所有的销售团队开展评价和盘点工作，目的是要找出过程和结果不达标的销售团队。之后通过各种手段，包括制度优化、方法创新、策略调整、装备升级、人员培养等来改变“不达标团队”的业绩。最后对参与改进的销售团队进行评估，看哪些团队能够符合公司的标准。

不成熟的业务团队尽量不要采用这种生意模式，因为不成熟的业务还没有形成标准，需要依靠销售部门帮助企业打开局面。每个销售团队的指标都要由销售负责人来扛，这时采取市场部“管理型”生意模式，就很容易形成两个决策主体的状况，正如前文中提到的销售部和市场部相互冲突的情形。如果业务相对成熟，那么市场部就能承担该业务的目标责任，强化该业务的前期规划、技术研发设计、商品企划、过程运营控制、交付过程推进等流程，形成统一标准后再由各个部门按标准执行。

只有进入这个阶段，业务发展的驱动主体才会转移到“市场部”，市场部和技术部共同推动业务进入“产品驱动”阶段，主要的市场目标是打造“爆款产品矩阵”。一个爆款产品的产生，过去往往更依靠运气，因为在“销售驱动”阶段，商品和销售的规划是分离的，能否形成爆款是不可控的。当市场部能统领商品规划、运营、销售甚至生产的全流程时，就能对商品进行分级管控，对可能形成爆款的商品进行“差异化培育”，整体提升“爆款率”，市场部也能对该业务的目标结果负责，从而拥有对其他部门的评价权和改进权。

改进思想的观点：市场部执行哪种生意模式是由业务的发展阶段决定的，在业务不成熟的前提下，建议市场采用“经营型”生意模式，帮助销售部开发更多“合格的潜在客户数”；当业务进入相对成熟的阶段后，建议市场部采用“管理型”生意模式，建立各团队的标准并进行评估、识别、改善、优化等工作，代表公司领导对“合格的销售团队”负责。

三 质量部的生意模式

企业达到一定规模后，需要成立质量管理部，通过对生产、工程等交付职能的过程管理提升交付质量，减少业务的风险和损失。对于制造业而言这个部门叫质量管理部，软件行业叫测试部，金融行业叫风险控制部，项目制行业统称为项目经理部。这些部门由于自身的职责所在，往往和生产部门的关系都比较紧张，容易成为矛盾的焦点。比如在银行资产类业务发展中，讨论“为什么业绩难以达成”的话题时，风控的影响总是绕不过去；在制造业企业里，生产部门和质量部门玩“猫捉老鼠”的游戏屡见不鲜，作为“猫”的质量管理部逮了不少的“老鼠”，也并没有获得业绩增长的愉悦感。

为什么这些部门在组织中的角色有点尴尬？归根结底还是由于自身的生意模式偏离。很多企业的质量管理部整天端着各种检查设备等待其他生产部门流程的到来，按照自己的标准进行检查，不合格的“扣分”“打回”“上报”。有些老板还会强化他们的角色和职能，将他们找到的“问题”折算成业绩进行奖励，这种做法客观上加大了他们和其他部门之间的对立情绪和矛盾。

质量管理部的生意模式要从以下两个场景进行分析。

1. 如何评价质量管理部的年度绩效？

2. 质量管理部依据什么来增加部门的薪酬预算？

这两条其实也可以放在一起讨论，老板为该部门增加多少薪酬预算，要看这个部门在本年度创造了多少绩效。很多质量管理部会认为公司产品的质量提升是他们的第一目标，经常将指标定义为“提升产品和服务的质量”，或者反向描述为“降低产品次品率和服务的投诉率”等。

当质量管理部通过“增加产品和服务的合格率”的角度和老板谈增加薪酬的事情时，老板会立刻同意吗？多数时候不会，因为老板通常会认为这是他们本来就应该做的事情，会进一步问他们增加薪酬的理由。

老板为什么不认为“提升质量合格率”是质量管理部的绩效？因为“质量合格率”的提升并不是质量管理部独立创造的价值，还和生产部、采购部、技术部甚至人力资源部等部门都有关系。既然都有关系，为什么要单独给质量管理部增加薪酬预算，不患寡而患不均，这样的决策老板不会轻易确定的。事实上质量是生产出来的，不是检查出来的，所以在“产品质量合格率提升”方面，生产部作出的贡献比质量管理部更大。

那么质量管理部到底创造了什么价值？依据什么增加部门的薪酬预算呢？质量管理部之所以在组织中的位置有些尴尬，

是因为混淆了“管理的职能”和“服务的职能”，这两个职能形成了不同的生意模式，从而带来了“客户”和“产品”定义的不同。质量管理部将“管理的职能”描述为帮助老板评价各部门当下的损失多少，客户是“老板”，产品是“损失额达标的部门”；质量管理部将“服务的职能”描述为协助各部门预防各种隐患来降低未来的损失，“客户”是各部门，产品是“隐患处理方案”。

“对事不对人”的心态在面对实际工作时很容易成为“掩耳盗铃”的笑话。如果没有梳理清楚事情之间的关系，“对事不对人”就成了“自欺欺人”的装饰。产品的质量是企业发展的生命线，各部门需要对产品质量负责，老板会委派质量管理部评价当前的质量情况，目的是为了识别问题、分析问题并解决问题。各部门为了更好地完成未来的质量目标，于是聘请更加专业的质量管理部为他们提供“前置式的隐患处理标准”，从而将过去的“救火模式”转化为“防火模式”，减少未来生产中的事故数和损失额。

“产品合格率”的责任主体是各生产部门负责人，他们也有对可能造成产品不合格的“隐患”干预的权力。“产品合格”带来的绩效奖励和“产品不合格”带来的绩效惩罚也同样算在他们头上。**质量管理部“专业职能”的形象体现在以下两个方面。**

1. 准确地帮助老板评价各生产部门在“产品合格率”中的数据；

2. 专业地帮助生产部门建立起“隐患清单”“隐患处理流程”“事故处理标准”“质量专员的工作守则”等质量管理系统，帮助他们降低未来的质量损失额。

质量管理部的薪酬如何增加？

1. 随着企业产能的增加，需要帮助老板测量更多的生产部门，或提高测量的专业度，以此提出增加“基础薪酬”；

2. 各生产部门在质量管理方面的专业度要求越来越高，依靠他们自身的质量意识和能力已经满足不了客户和老板对“产品质量合格率”的要求，他们会主动来聘请质量管理部作为“绩效改进顾问”参与到部门的“质量提升项目”中，在降低“质量损失额”的过程中形成的奖金会抽出一部分作为质量管理部的“绩效薪酬”。

只有建立这样的组织关系，质量管理部才能发挥“专业的价值”：帮助各部门建立“隐患清单”；培养各部门识别隐患和清除隐患的“质量专员”；建立隐患和事故处理的流程和标准；强化生产部门负责人“质量第一责任人”的形象；建立起质量管理的激励制度；代表老板进行阶段性的评价；对于质量管理意识和能力较弱的部门及时进行培训和辅导，从而帮助企业构建起全面的“质量管理体系”，一劳永逸，持续改进。

专业的人做专业的事情，到任何时候都应该是企业管理的核心原则。

改进思想的观点：质量管理部应该是一个专业的部门，他们需要掌握质量管理方面的专业知识和专业能力，只有坚守自己作为第三方的评价角色和顾问角色，才能理顺和其他部门之间的“责、权、利”关系。

四 售后服务部的生意模式

很多企业都设有售后服务部门，产品交付给消费者后可能会出现故障，消费者会根据售后条款打电话给厂家报修，售后服务部门接到报修单后会安排相应人员进行售后服务。随着企业业务量的增加，售后服务的队伍会越来越庞大，不仅会产生巨大的管理成本，还会带来以下两大管理难题。

1. 庞大的售后成本应该由谁来承担？很多人回答是“企业”，“企业”中具体的责任人是谁？是老板吗？还是有其他责任人？

2. 售后服务部的人员越来越多，部门负责人需要争取更多的预算，一方面支撑人员费用，另一方面团队也需要激励。请问售后服务部负责人如何和企业领导交流才能获得更多的预算？

大家通常会认为售后服务部应该和领导讨论服务满意度的价值，而满意度主要反映在“投诉率”上，于是售后服务部的经理表达在“降低投诉率”上取得的成绩，希望以此来获得领导的预算支持。

领导会拒绝这个请求。首先，“投诉率”的降低只是一个过程性指标，并不能证明给公司的财务带来了什么价值；其次，“投诉率”的降低不能证明是售后服务部门独立创造的价值，也有可能和生产部、采购部、技术部、物流部等都有关系，因此凭“投诉率”的降低就给售后服务部门单独增加预算不太合理。

企业的责任人通常会关心以下两个方面。

1. 直接与财务有关的价值，要么增加了多少收入，要么降低了多少成本。

2. 创造了增量的价值，在存量中分配会表现出不公平，而增量中分配不会带来太多管理麻烦。

根据“一切皆生意”的理念，售后服务部需要找到他们的生意模式，确定客户、产品和交付标准，从而获得自身的收益来源。**售后服务部至少有三个职能：售后维修、售后管理和辅助销售。**每个职能都会带来不同的客户和产品，并形成各自的收益模式。

（一）售后维修

售后维修就是围绕“保修单”交付的职能，随着产量和出货量增加，“保修单”也同比增加。这些因为“保修单”增加的费用应该由谁来承担呢？答案是“生产部”。因为售后中产生的维修订单是由生产部生产的产品品质造成的，所以生产部每出一批货，都需要留下一定的绩效作为质保金。如果出厂的产品在保修期内出现问题需要维修，所形成的成本都从质保金中扣除；如果没有出现报修，那么可以将质保金当作奖金发给生产部，从而要求他们在生产过程中严格关注产品质量。

售后维修生意中的客户就是“生产部”，对于因产量提升而自然增长的维修量，可以要求增加相应的预算。对于生产部门来说，可以认同因数量增加而为售后服务部增加预算，但不愿认同由于售后服务部自己的原因造成的多次维修成本。因此，他们会向售后服务部提出“一次维修率”必须达到一定目标的要求，从而提升售后服务部维修的品质和效率，一方面可以控制成本，另一方面可以提升客户的满意度。

（二）售后管理

售后服务部的第二个职能是售后管理。产品出厂后形成的“维修单”对于企业来说是一种损失，对于消费者来说也是一种麻烦，会影响客户的满意度。作为企业的总经理当然希望这样的事情越少越好，总经理要对企业未来的业绩负责。他希望售后服务部在处理工单的过程中，能同时研究一下工单形成的原因是什么？是由哪些职能部门造成的？如何有效预防？我们把这些称为“隐患报告”，总经理只有拿着这些“隐患报告”对各职能部门进行前置性的管理，才能降低类似事件的发生率。

对于售后服务部来说，设计“隐患清单”是一项新的“生意”，他们需要掌握新的知识和能力，也需要付出额外的精力。因此，他们可以向总经理申请新的预算，总经理可以在发展类的预算中给售后服务部提供支持。

（三）辅助销售

售后服务部的第三个职能是辅助销售。在为消费者提供售后维修的过程中，售后服务部有很多机会深度接触客户，通过对消费者生活场景的观察以及对消费者需求的探询，适时推荐相关的产品和服务。在这个过程中，售后服务部所做的相当于销售部的售前工作，能为销售部带来意向需求。这个“生意”的客户是“销售部”，产品是“合格的线索数”，售后服务部通过为销售部创造价值而获得相应的费用和预算。

基于售后服务部人员众多，覆盖客户数量庞大且有机会和消费者深度接触的特点，销售部当然愿意和售后服务部合作，获得这批“无需底薪”的兼职业务人员。为了获得更好效果，销售部需要给售后服务部进行挖掘相关需求的培训及提供相关的工具资料，建立相互合作的流程和可及时兑现的政策等，激发售后服务部的辅助销售意愿和能力。

改进思想的观点：售后服务部可以通过这三种生意模式来创造价值。为生产部提供“售后维修”业务，评价标准是“一次维修通过”的工单数；为总经理提供“售后管理”业务，评价标准是“合格的隐患报告数”；为销售部提供“辅助销售”业务，评价标准是“可成交的项目线索数”。除此之外，针对已过保修期的产品，售后服务部也可以提供收费的增值服务，通过“零部件为核心”的销售解决方案，售后服务部可以大规模推广零部件业务，从而在多条业务线上进行价值创造，增加团队的士气。

3 第三节 建立内部客户满意模式

一 人力资源部的生意模式

人是企业发展中最活跃和最重要的因素，管理理论的发展也是不断界定“人”在企业中的地位和价值的过程。人们最早认为人是生产资料之一，用工具的思维对人进行管理；后来把人看作一项资源，需要持续地开发和维护；现在的理念强调人是会呼吸的“资本”，具有持续增值的属性。在引进和吸收先进管理思想和工具的过程中，人力资源一直都是其中极其重要的分支，大家都在努力学习如何处理好和“人”有关的问题。

人力资源工作者面临较大困惑，许多年轻人希望进入人力资源的岗位，从事后却显得无所适从。如果说在企业内部“质量管理部”是冲突最多的部门，那么人力资源部就可能是最尴尬的部门。有人调侃人力资源的速写“HR”既是“好人”的简称，也是“坏人”的简称，甚至还是“忽悠人”的简称，这反映了很多企业的人力资源部既要唱红脸，又要唱白脸，还要经常想办法调整大家的工作情绪。关于人力资源部本身的绩效更是尴尬，因为业务的业绩好都是业务部门的功劳，一旦业务的业绩不好可能人力资源部就很容易成为甩锅的对象。

在企业众多的部门中，人力资源部是最“合群”的。每个城市都有众多人力资源从业者组建的社交群，大家积极地参与聚会、交流、沟通信息、相互吐槽，客观上对人力资源的专业提升提供了很好的环境；另外，人力资源也是最愿意参与“团队学习”的部门，社会上和人力资源有关的认证项目向来比较火爆也说明了这一点，这也反映了从业者心中的某种焦虑。

多年来，人力资源工作者一直在“专业性工作”和“事务性工作”之间徘徊，也一直在“服务的职能”和“管理的职能”中纠结。很多公司老板和业务负责人会简单地认为只要是跟“人”有关的事情，人力资源部就应该负责任，在这样的企业中，人力资源部似乎成了“三头六臂”的孙大圣，无所不能。

我们还是要回到“一切皆生意”的基本理念来看待人力资源部门的工作。在企业的战略发展过程中，人力资源部到底能创造什么价值？如何评估价值？创造的价值如何分配？过分地放大或减小人力资源部的功能都不利于整个组织的发展，我们几乎可以毫无疑问的断定：**作为企业的一个组成部分，人力资源部是一个专业性部门，以创造“专业性价值”为主旨，为企业未来的发展提供组织和人才保障。**

从生意模式的角度来说，人力资源部要交付以下三大“生意”。

1. 人力资源的开发和规划，回答“未来的组织和业务需要什么样的人”；

2. 人力资源的保障和发展，回答“如何获取当下组织和业务需要的人”；

3. 人力资源的管理和评价，回答“各业务部门如何更好地促进关键人才创造绩效”。

（一）人力资源的开发和规划

企业的混乱，主要乱在“关系”上，而“人和人”的关系最为复杂，是因为“人与人”的关系取决于“人和事”的关系和“事与事”的关系的变化，任何离开“事情的变化”来谈“人的调整”的做法都不切合实际。“事情”的核心是业务，随着企业的发展，业务战略、业务阶段、业务组合、业务模式、业务过程、业务竞争等都会发生变化，人力资源部要根据变化开展组织设计和人力资源规划，来满足不断发展的业务需求。

在这个生意模式中，企业领导是“客户”，交付的“产品”是未来业务所需求的“组织与人的规划方案”。这个生意模式对人力资源来说，最大的挑战在于对业务未来发展的“洞见性”和“前瞻性”，这也正是人力资源作为“专业部门”所能呈现的关键价值。一直以来，大家都容易把人力资源和业务部门对立起来看待，形成了认知的误区，事实上两者之间的融合会成为重要的趋势。

战场上的伙夫如果不了解战争的规律，是难以为战士们提供好服务的，打过仗的伙夫更容易成为好伙夫。同样，**组织中的 HRD 只有经历业务的洗礼，才能理解和融入业务，跳出和引**

领业务。这样的要求看似很高，却是组织发展中必须要有的。作为公司战略发展的支撑者，HRD以“未来组织和人有效融合”为目的，达成推动组织可持续发展的成果。

（二）人力资源的保障和发展

“如何找到企业当下业务所需要的人”是人力资源部要交付的第二个生意。“客户”是老板和业务负责人，交付的“产品”是试用“合格的管理者”和“合格的员工”。对于企业老板和业务负责人而言，要实现企业的战略目标和年度经营目标，都需要有“合格的人”来支撑，这些“合格的人”从哪里来？招聘部门负责“原材料的采购”，即获取人员信息、促进面试、推动到岗等；培训部负责“生产加工”，通过培训、辅导、模拟演练、观察评价等方式促进新员工试用合格，从而移交给业务部门使用。

这个生意中的关键是描述清楚“合格的人”中“合格”的标准。人力资源部要提前和老板、业务负责人讨论清楚关于“人的标准”。“人的标准”主要来自岗位的胜任标准，即一个人要完成某件事情所需要的行为标准、过程标准和阶段性的结果标准。关于这些标准，在第一个生意模式中就应该产出标准框架，再针对每年具体的业务目标进行优化和细化，成为人力资源部门为业务部交付价值的评价依据。

为什么很多业务部门对人力资源部的服务不够满意？因为双方没有就“合格的人”达成高度的共识。业务部门没有对照业务形成“人的标准”，于是人力资源部不断地帮业务部门找人。对于业务部门来说，员工学不学习不重要，重要的是能够胜任工作并创造相应的绩效成果。招聘和培训部门要想与业务部门形成“咬合式”的工作状态，就必须以交付能够满足岗位标准的“合格的人”为目的。

（三）人力资源的管理和评价

在实现业务目标过程中，谁是对员工绩效进行管理和评价的主体？是老板？是人力资源部？还是业务负责人？过了试用期之后，跟员工有关的绩效管理和人才培养的工作责任主体就转移到业务负责人身上了。业务部需要交付年度经营目标，他们在实现目标过程中需要整合多个资源形成整体解决方案和策略，而“人”是其中一个重要的资源，这时人力资源部就成了业务部门的“供应商”，从专业的角度来协助企业领导和业务部门开展工作。

到了这个阶段，“合格的员工”成了业务负责人的“产品”。人力资源部一方面会协助企业领导对各部门的绩效进行评价，目的是找到“绩效不达标的部门”，然后开展绩效改进的规划和实施；另一方面协助业务部门设计业务过程绩效和结果绩效的标准，帮助他们提升员工评价盘点、培训开发、绩效面谈、奖惩兑现和员工关系的能力，促进他们开展相应的工作，产出“绩效合格的员工”。

改进思想的观点：在员工试用期结束之前，人力资源部对“新员工的合格”负主要责任；当员工转正之后，责任就转移到业务部门了，这个责、权、利的边界如果不说清楚，会导致失控。

二 财务部的生意模式

财务部是企业公司化的主要特征，是反映企业经营质量的关键部门。管理者需要懂一些财务，因为财务是管理的方向和核心。**所有管理指标最终都指向财务指标，没有财务指标的产出，其他的指标就没有意义。**多数管理者对财务又爱又恨，爱的是财务数据能够给自己带来动力和快乐；恨的是财务体系实在是太烦琐了，并不希望在财务上花费太多的时间和精力。

财务部和业务部门产生的冲突主要表现为以下几个方面。

1. 财务的预算和决算的控制被业务部门理解为被捆住了手脚，加上业务环境瞬息万变，业务部门希望财务部能根据业务变化进行调整，而后者希望相对稳定；

2. 关于费用报销，业务部门似乎永远都跟不上财务的报销标准，很多费用不能及时地处理引起了业务部门的抱怨，财务部也认为业务部门不重视他们的要求；

3. 在财务的风险管控方面，财务部似乎永远跟不上老板的要求，财务部往往把自己看作风险的提示者，起到的是“摇铃警示”的作用，而老板希望财务部对风险要一跟到底，对结果负责。财务部认为自己的“责、权、利”无法匹配老板的要求，双方为此产生不少冲突。

我们需要梳理一下财务部的生意模式，不同的业务发展阶段需要匹配不同的财务职能，形成不同的生意模式。不同的生意模式需要匹配不同的能力要求、目标产出、资源权力、评价标准、激励政策等，同样都叫“财务部”，不同企业的“财务部”的工作内涵却有着天壤之别。总体来说，**财务部有三大职能：核算、资金和财务管理。**

（一）核算的生意模式

核算是财务部最核心的职能，如果把这个职能看作独立的外部公司，那么财务部就成了一家代记账公司。客户是企业管理者和各业务部门的负责人，产品是“财务报表”或“财务报告”。其中，财务报表主要为了反映企业的真实运行状况，用于给政府主管部门如税务、工商提供备案数据，主要由资产负债表、损益表和现金流量表组成；财务报告则是由财务部根据企业领导和业务部门负责人的需求，形成的基于财务数据比对分析并具有专业结论的报告，多用于辅助管理者进行决策。

在这个生意模式中，“报表”的原材料主要为导向各业务部门的数据。交付工艺是指从业务端的数据采集到财务报表或报告的生成，再到业务部门应用这些数据的过程中，财务部需要设计专业且系统的流程，以保证数据即报告的及时性、准确性和增值性。作为服务方，财务部也需要对业务部提供“服务承诺”，核心是在“看得懂”的基础上能够“用得上”“用得好”。

财务部要想在核算的生意上获得更大绩效，需要伴随着企业的业务发展和转型，也要不断地主动开发“新产品”，比如新业务的财务报表、从财务报表走向业务报表、从业务报表走向管理报表、用“杜邦分析法”来提供业务战略决策报告等。

如果这些“新产品”的价值能够获得企业领导或业务负责人的认可，那么就可以获得更多财务预算，从而形成更广泛的产品组合与更能深入业务的财务能力。

（二）资金管理的生意模式

现金流对于企业来说就好比“血液对于人体”，不可缺少但也无须过多。**资金管理需要对现金流的调节负责，**把这个职能看作外包公司，则其角色就是“内部银行”，客户是企业领导和业务负责人，产品是“资金”，创造的成果是在保障公司业务现金供应的前提下，努力地提升资金收益。

从融资的角度来说，财务部需要不断地设计和开发企业内部可融资的项目，如固定资产的担保项目、股权融资项目、贸易融资项目、技术融资项目等，发掘企业内、外部可融资的潜力项目，提前准备好素材和数据，需要时能够及时提供；财务部还要开发融资供应商，包括银行、保险、担保公司、基金公司甚至政府部门，他们都会在中央的指引下，出台相关的“引导或扶持资金”政策，符合标准的企业就会获得相应的资金支持，这也成为很多企业，特别是高新科技企业的资金来源。

如果企业资金比较富余，那么在保障主业发展的前提下，可以通过“投资”的方式为企业增值，财务部门需要借助专业的财务顾问，为企业设计系统的投资业务组合。激进的投资策略往往容易给企业带来风险，“短融长投”或“投机性投资”都容易形成巨坑，造成本息无归的损失。

（三）财务管理的生意模式

财务部的第三个职能是财务管理。把它看作外包公司就应该是“财务管理公司”，和质量管理部相似，既要代表公司领导来评估各业务部门在财务管理上的合格率，又要协助各业务部门提升财务管理的能力和成果，目的是降低企业管理中产生的“财务损失额”，包括超预算支出、投资损失、坏账和死账、非正常现金外流、管理漏洞形成的罚款等。

在业务不够成熟的情况下，财务部需要配合业务部开发设计财务标准；当业务逐渐成熟后，财务部需要推动业务部执行财务标准，然后在具体的实施过程中根据业务的变化和调整持续地优化财务标准。总之，核心要围绕“标准”展开，包括预算决算标准、财务隐患清单、财务隐患识别流程、财务隐患整改流程、财务事故处理标准、财务绩效管理制度等。这些标准需要和“人”进行融合，不仅财务部的专业人员需要掌握，各业务部的人员也需要了解和掌握。财务部需要推动“财务能力合格的员工数”指标的发展，通过培训和考试的手段提高企业“非财务人员的财务能力”。

各部门对各自的财务结果负责，财务部通过输出自身的专业能力和专业工具来协助各部门提升财务绩效，却不能代替各部门提升财务绩效。财务部的“管理职能”是代表企业领导对各部门财务目标、财务能力、财务过程和财务结果进行评价，财务部的“经营职能”是帮助那些财务绩效不达标的部门识别问题、分析问题和解决问题。

改进思想的观点：财务部门作为“被邀请的专家”参与到

各部门的绩效达成工作中，发挥自身的专业作用，将有利于部门的合作和业绩的提升。

根据以上的生意模式，我们可以把财务部分为“记账型财务部”“保障型财务部”和“运营型财务部”。在业务的不同发展阶段需要匹配不同类型的财务部，对财务负责人和团队的能力要求也是一样。

三 研发部的生意模式

随着市场逐步成熟，业务之间的竞争从销售驱动转向服务驱动，最终走向产品驱动。产品之间的竞争取决于研发部的竞争，决定了企业在未来竞争中所处的地位。决定企业竞争力的两个关键指标是“研发投入比”和“所取得的专利数”。与人才培养和组织发展相似，研发投入也是长期主义者的选择，这需要大多数决策者具备足够的勇气和信心。缺乏长期愿景和使命的企业往往不会在研发上长期投入，会造成企业后力不足的现象。

从现实的角度考虑，多数企业会选择“重销售轻研发”，也就是“贸工技”，企业首先要考虑活下来，这样的选择无可厚非。当企业完成了原始资本积累后，进一步转型做研发时发现并不容易，组织已经形成了依赖“贸易型”的路径，战略惯性、组织沉淀、人才储备和文化特征都打上了销售型组织的烙印，重新改造的难度非常大。

等有了钱再做研发？还是没有钱也要坚持做研发？这本身

就是战略选择，选择的背后反映了决策者的价值观：短期盈利更重要还是短期做出好产品更重要？选择其实并不困难，当年华为去 IBM 学习获得的第一条“真经”就是：做企业永远依靠产品领先。有钱容易出好产品？还是没有钱时更容易出好产品？根据我们的观察，成长型的中小企业往往属于后者，好产品的概念往往都是在服务客户中找到灵感的，为生存而战的企业比衣食无忧的企业更具有创新能力。

即使业务刚刚起步，企业也需要具备“研发的思维”，形成“研发型”组织的基因，为未来规模化投入保留好研发团队的“种子”。在这个过程中有两个重要的目的。

1. 探索未来技术研发的方向；

2. 寻找未来研发核心技术的带头人。

很多成长型企业容易犯的错误就是还没准备好这两点，就开始大规模组建研发团队，销售可以采用人海战术，但在研发领域，千军易得，一将难求，这也应该成为企业领导的核心工作之一。

研发部的核心职能有两个：研究和应用。围绕这两个职能，形成了研发部的两大生意模式。

1. 研究的生意模式，为企业长期发展提供持续的技术动力，价值主要体现在未来，形成组织的“技术护城河”；

2. 应用的生意模式，为企业短期成长获得客观的经营效益，价值主要体现在当下，支持业务部门的生存和发展。

如果从“外包思维”的角度来看研究型的职能，研发部就是一家研究院，客户是公司的领导团队，产品就是“研发的成果”，原材料是技术人才、产业研究报告、相关基础理论、实验环境、技术原材料等。交付工艺是指从需求方向到概念，再到定义、论证报告、测试、专利申请直到获得通过的过程。服务是对领导团队在研发质量、效率和成本方面的承诺。

有人说研究型的研发是“三分努力、七分运气”，说明研发工作具备“偶然性”和“复杂性”，如果没有长期规划和持续投入，那么研发工作的风险往往比较大。**按照风险等级来看，研究型的研发会经历以下三个阶段。**

1. **模仿性创新，**又称为“逆向研发”，通过对竞争对手成熟产品的拆解和研究，找到其运行原理，实现自身产品功能。虽然这样的研发风险较小，但是很容易被指控“抄袭”；

2. **集成性创新，**通过跨界学习和研究，不断吸收、消化多领域的知识和原则，确定本领域的基本假设后通过实验验证，形成不同于甚至超越原有标杆的基本原理，实现自有产品独特功能的过程；

3. **原发性创新，**基于未来的应用需求提出基础性假设，通过基础学科的研究和储备，形成可替代或可颠覆过去技术路线的理论路径和原则，能支持行业或产品迭代变革、效率升级的技术体系。

研发的投入模式决定了研发的组织形式。成长型企业在刚起步时可以通过直接购买技术成果的方式来开展研发工作，很多高校或研究机构都有类似的“技术成果转化平台”，这种购买方式比较实用；进一步定向研发时，企业可以邀请兼职的技术专家，通过赞助研究的方式进行联合开发；具有实力的企业可以在同一方向上建立多个研发团队，用“赛马不相马”的方式形成竞争氛围，以解决创新型工作无法进行过程测量和评价的困惑，率先获得成果的团队将拥有全部研发资源，前提是企业资源充足且研发方向足够坚定。

研发部的第二个生意是“应用的生意”。客户是业务部门，产品是“可上架的产品”，在既有的研究成果基础上，为业务部门开发出可应用、可量产、需求大、能销售的产品。如果说研究型的职能更看重“技术”和“功能”，从自身的角度来做“内部价值”，那么应用型的职能更看重“需求”和“卖点”，从客户和竞争对手的角度来找“外部价值”。因此，从研究型转到应用型的难点不在于技术本身，而在于客户思维和竞争思维。

“客户思维”表达的是客户认知和购买的理由。比如有些客户关注产品的“性价比”，比对的是“可感受到的性能”和“可接受的价格”，而不是研发人员认为的“理性的性能”和“应该的价格”。不能仅就产品的功能属性来说，而要站在客户体验的角度，从产品的包装、文化、情感等方面为市场部留下更多的增值空间。“竞争思维”是指市场竞争中的差异化对客户形成的认知影响，好产品不一定卖得好，因为客户不会站在研发人员的角度看待一款产品，而是基于多种因素如品牌定位、传播路径、口碑影响、购买习惯等。

应用型的研发需要从业务概念的定义开始，如果确定了“性价比”属性定义的业务，那么后端技术开发、产品开发的重点就要匹配未来生产的规模化和低成本；如果确定了“满意度”属性定义的业务，那么在后端的设计中就要重点思考业务的供应链、工艺稳定性、服务便利性等需求；如果确定了“精准化”的属性定义的业务，那么要考虑后端柔性设计、小规模生产、个性化供应链搭建等特点。

产品开发之后，研发部不能只以内部交付为节点，还需要经过外部市场的检验和测试，因此建议把“可上货架”的标准定义为“可销售”。很多企业没有这样的标准，研发部只管设计和开发产品，做好之后直接形成业务的 KPI 压给销售部门，销售部门卖不出去就会反馈大量的产品问题，研发部反过来认为销售部能力不够。研发部除了要对产品的技术、功能、模式进行测试，还需要对市场和销售进行测试，选择符合画像的客户，完整地测试新产品的卖点、价格、渠道等要素，并根据客户的反馈对产品进行优化。只有通过了销售测试的产品才能真正完成“上货架”的程序，销售部来承担 KPI 也就顺理成章了。

研发部可以请销售部参与测试，如果销售部没有相应的资源，也可以邀请外部专业机构参与测试。销售测试的主体责任在研发部，这样做的好处是研发部从产品开发就以“可销售”为目标，避免“闭门造车”的研发模式。

改进思想的观点：研发部是企业持续发展的保障，一只手要抓“技术成果”，构建组织长期健康、持续发展的“护城河”；另一只手要抓“可上架的产品”，协助业务部门更好地开发市场、获得收入。“爆款”产生于研发部，表现在市场和销售部，一旦产生了“爆款”，研发部门就应该获得相应的奖励。

四 运营部的生意模式

经济危机的本质是结构性失衡导致发展速度降低甚至倒退，需要国家进行宏观调控才能找到新的平衡点。**企业发展同样会遇到“大病”，业务发展看似越来越好，企业内、外部的矛盾也开始越来越多，主要症状如下。**

1. 人员越来越多，效率却越来越低；

2. 业务越来越多，利润并没有同步增长；

3. 销售部门显得越来越疲软，意愿和能力似乎都大不如前；

4. 销量越来越多，库存和浪费也越来越多；

5. 客户的投诉和反馈越来越激烈；

6. 核心员工在流失，关键岗位面临人员短缺，优秀的员工却不容易融入团队。

为什么会形成这样的状态？企业度过生存阶段后，就开始面临发展的需求，自然就会遇到更大的压力和挑战。生存阶段的关键点是找到关键客户、开发关键产品、团结优秀员工、策划关键活动。进入发展阶段后，企业需要持续地开发新客户并保有老客户，持续地开发有竞争力的产品，持续地获取并培养优秀员工，持续地优化品牌和客户关系等。当这种“持续的”“平衡的”发展能力建立不起来时，这家企业就很有可能成了“长不大的小老人”。

如果以上的症状有三条以上和企业相似，如何改进呢？就说明这家企业需要成立运营部了。**运营部是企业成长中的关键部门，也是企业走向成熟的里程碑。**企业有销售价值链、交付价值链、支撑价值链和发展价值链，运营部就是连接并促进这四条价值链融合的中枢部门，既要为未来的战略发展做好组织变革的准备，又要预防当下的业务成长“失衡”。由此带来了运营部的以下两大生意模式。

1. 推动企业的变革升级；
2. 协助业务平稳过渡。

在组织变革的生意中，客户是“企业领导”，产品是“未来的合格组织”，组织由团队构成，团队由人构成。**运营部需要站在战略发展的高度和组织设计的角度来规划未来的组织变革。**比如在业务起步期，销售部是驱动业绩发展的“龙头”，随着业务的发展和行业成熟度的提升，客户的购买需求和员工的工作状态都开始发生变化。客户从过去追求“性价比”逐步转为追求“有保障”，老员工只愿意服务老客户却不愿意开发新客户，此时业绩增长的天平从“销售端”开始向“交付端”倾斜，需要交付部门承担更大的责任时，就需要对组织的结构进行相应调整。

组织的调整和军队的排兵布阵是一样的，将军需要随时对战争的形势做出判断并及时调兵遣将，调整军队的阵型，所谓“兵无常势、水无常形”，就是强调组织及时变革的重要性。这种调整并不是简单地换几个岗位就行，需要建立在以“结构化配合”为底层逻辑的设计基础上，强调“阵型变、关系变，关系变、职责变，职责变、任务变，任务变、能力变”的原则。

改进思想的观点：组织变革从关系梳理开始，到能力设计

结束，是一个系统工程。

关系的调整主要围绕“产销关系”展开，即是“以销定产”还是“以产定销”。不同的关系决定不同的“责、权、利”主体，在实现业务目标的过程中，需要回答“谁为主、谁为辅”。“为主”的部门将对业务的目标负责，同时会拥有业务发展中的决定权，如商品选择权、政策制订权、绩效评价权、奖惩执行权等；辅助性的部门需要全力配合主要部门来开展工作，根据运营部规划好的职能、职责、任务做好本职工作，促进组织业绩的最大化。

这种调整在组织中并不容易，各部门通常会夸大自身创造的价值，并希望在某些方面获得主导权。于是大家都在尝试着“主张”自己的观点，就好像一个乐队，每一个乐器都希望自己的声音最大化，不关注乐队指挥的安排，傻傻地吹出自己的最强音，这个乐队就成了制造噪音的糟糕的乐队，虽然每个人的发心看起来都是“好的”。军队将军的命令比较容易执行，是因为军队中有“军人的天职是服从命令”的文化和制度基础，但在企业中更要关注的是“彼此的共识”，关系的调整就显得无比复杂。

要想调整好这样的组织变革关系，就要站在“系统思考”的角度，综合考虑组织发展需求和个人利益诉求。如果在变革中考虑不系统，那么必然会伤害到某些人的利益，如果配合变革的人持续被伤害，那么这些人会站到对立面。反之，如果组织变革能够给更多人带来好处和未来可想象的愿景，支持变革的人就会越来越多。

运营部开展组织变革是为未来的“责、权、利”进行优化，从而为战略目标的实现打下基础。这本身就充满了挑战，仅仅依靠一两个部门是难以推动的，因此需要成立“组织变革小组”联合各部门的负责人共同参与。组长应由公司副总级别甚至总经理亲自担任，核心原则、结构、流程、标准确定之后，再交由运营部负责。

运营部的第二个生意模式是“协助业务平稳过渡”。这个生意的客户同样是“企业领导”，产品是“目标和现实的偏差”。运营部要代表老板来协助各部门识别问题、分析问题并解决问题，一方面要沉淀、梳理、优化组织的策略体系；另一方面要不断地关注跨部门的流程设计、开发和固化。从这个角度来说，运营部将成为多个专业职能部门的统领，将人力资源、财务、IT、行政甚至技术支持等部门协同起来，统一为业务部门提供专业化的服务。

运营部的主要工作是“会议”，通过组织“年度目标制订会”来推动各部门形成“相互咬合”“彼此关联”的目标推动大家“心往一处想”；通过组织“季度经营分析会”来帮助各部门界定问题、分析原因、设计策略，形成组织统一的策略，推动大家“劲往一处使”；通过每月推动部门“计划分解与复盘会”，促进各部门将问题下沉、计划下达，实现企业的策略意图，达成部门的阶段性目标。

运营部是企业发展的“大管家”，能够保障发展中的“长治久安”；运营部是足球比赛中的“中场”，能够保障“控球时间”，从而更好地创造进攻机会；运营部是排球比赛中的“二传手”，是衔接发球和得分的关键角色；运营部是人体中的“腰椎”，既是站立、行走的支撑，又是神经系统的枢纽。从这些关键词中都能看出运营部的重要性。很多企业之所以长期难以突破，主要原因是运营体系不够给力造成的。

“理性消费主义”的抬头催生了各行业进一步走向成熟，销售再也不是企业发展的唯一发动机，在企业从“销售为王”走向“交付为王”的转型过程中，运营部将要承载极其重要的使命。

改进思想的观点：在不久的未来，建设运营部将成为不少企业的重要工作，“活着”可以依靠“销售部”，“活好”则要依靠“运营部”。

改进思想的核心观点

CORE POINT

1. 经营的核心是经营“人”，经营“人”的核心是经营“人心”，“人心”决定了生意是走向红火还是逐渐衰败。

2. 为了获得商业的尊严，企业需要从“需求侧”逐步转向“供给侧”。

3. “长期主义者”具备与生俱来的“信念感”，他们相信“产品质量最终决定一切”。

4. 企业获客的三个路径：起步期的“性价比”、发展期的“满意度”和成熟期的“差异化”。

5. 销售部的产品不是“汽车”，而是“销售方案”，“汽车”只是“销售方案”的原材料之一。

6. 市场部的两个生意：一是帮助销售部开发业务，二是帮助企业领导优化销售团队。

7. 在“猫捉老鼠”的游戏中，作为“猫”的质量部逮了不少“老鼠”，却没有获得业绩增长的愉悦感。

8. 企业领导通常会关心两个方面：第一，财务的价值；第二，增量的财务价值。

改进思想的核心观点
CORE POINT

9. 没有定力却爱到处听课，什么都学，没有建立起系统逻辑的老总最爱惹麻烦。

10. 运营部不成熟，会导致企业容易成为“长不大的小老人”。

CONCLUSION

总　结

五项管理动作

经理人在管理中需要面临三大问题：管理自己、管理他人和管理业务。“管理自己”是起点，“管理业务”是终点，不管做什么管理，最终目的都是为了促进业务的可持续发展。为了更好地掌握管理的逻辑，我们提出了“管理者五大管理改进动作”的概念，即“想、说、写、做、要”，具体内容如下。

一 想清楚关系

很多人从员工走向管理者时都没有弄明白两者之间最大的区别是什么。员工的工作状态相对简单，能把自己的任务完成好就是对团队最大的贡献；而管理者要通过他人完成任务，自己做得好并不代表能带领他人做得好。所谓“兵熊熊一个，将熊熊一窝”就是指管理者面临的决策环境更加复杂，更需要从多角度来想清楚关系，从而整体规划、分步实施、阶段评估、持续改进。

首先，要确定和领导之间的关系。领导是重要的客户和资源支持者，管理者需要和领导反复研讨需求，包括短期和长期的需求，只有准确把握领导的需求，才能尽量地将事情一次性做对，并且获得领导的持续支持。

其次，要确定和员工之间的关系。员工是管理者重要的产品输出，管理者是“合格员工”的第一责任人。要想让员工达到业绩、过程和能力的合格并很好地融入组织，还是主要依靠直属管理者。

第三，要明白和绩效标准的关系。绩效标准是公司基于业务逻辑设计的绩效评价工具，是提供给管理者的重要装备，如果没有这些评价体系，管理者无法对员工进行科学的评估和赋能。不能进行公平、公正、公开评估的管理者很难建立起威信。

第四，要说清楚工作与自身成长的关系。管理者应该正确面对工作中的各种挑战和委屈，它们就像镜子一样，不断地反馈自己对外部环境和自身能力的认知，只要愿意改进，就能不断地成长。

二 说清楚事实

表达有两种状态：一是演绎的表达，即用洋洋洒洒的文字表达自己的主张和想法；二是事实的表达，即通过深度观察和研究，能够用“摆事实、讲道理”的方式来描述事情的过程。对于管理者来说，前者可以增加渲染氛围的魅力，后者更能突显自己的专业能力。

比如需要观察一家酒店的生意如何，演绎的表达会这样说：这家酒店的生意太好了，每天客人络绎不绝，收入肯定不少；事实的表达会这样说：根据我们的观察，每天在吃饭时间从门前走过的人，50% 以上都进入了这家酒店，客人进门后一分钟内能拿到菜单，五分钟内能够上 60% 的菜品，中午的翻台率能到 200%，晚上可以到 300%，由于菜品比较稳定，产品毛利不会低于 60%，因此每天的收入应该是隔壁酒店的 2 倍，利润可以达到 2.5 倍。

以上两种表达中，演绎的表达虽然能够表明自己的观点，但是难以令人信服；而事实的表达更能获得他人的认可。管理者需要养成用事实和数据来思考的习惯，没有事实和数据支撑的观点只是一个假设，需要通过事实和数据验证。

三 写清楚计划

凡事预则立，不预则废，工作的计划性决定了后端的执行性。大家都明白计划的重要性，在写计划时，却很容易落入“炒冷饭”的俗套，即容易根据原有的经验和做法，重复原有的计划，所以在很多人的计划中，能够看到“同上”“同上个月”的字样。重复的事务性工作并不需要计划，只需要按照 SOP（标准操作手册）执行即可。

管理计划不应该是重复的事务性工作，在目标实现的过程中，不同阶段表现出的重点问题是不一样的。因为问题决定关键原因和关键策略，从而带来关键计划和任务，所以才需要有不同的人力和物力预算支持计划的完成。在管理者的计划中，经过系统且严格的分析，每个阶段的计划都是个性的、独特的，需要管理者做出决策且形成可执行的计划。

另外，计划也需要前后一致、保持逻辑。计划的目的是实现战略和年度目标，自然需要制订年度经营计划。月度经营计划至少在数据结构上需要和年度计划保持一致，这样才能形成稳定的管理“地盘”。管理者通过年度、月度和周计划的设计和反馈，不断地识别问题、分析问题、解决问题、积累数据、萃取实践经验，从而让计划越来越精准。

四 做清楚过程

管理者既要对工作的结果负责，又要对工作的过程负责。太多管理者误解了“过程管理”，以为“过程管理”是管理任务，因此花更多的时间去查看并解读“工作日志”，殊不知查看“工作日志”只是过程管理中的一小部分，除了需要完成计划中的任务，还要看这些任务是如何思考并做进工作计划的。

能否将过程做清楚取决于计划的清晰性，要做到目标精准、任务清晰、责任分明、推进有力。员工之所以有强大的“执行力”，是因为他已经清楚地看到任务单以及完成任务的标准说明，明白做任务可以带来的价值和后果。当员工能够发挥自身的主观积极性，并拥有准确的任务绩效标准时，会责无旁贷地推进任务的完成。

同时，管理者也要不断地观察员工在执行过程中遇到的障碍，通过设计和优化流程、标准和工具来提升员工推动任务的能力；通过各种资源的支持，增强员工的信心；通过数据和信息的及时反馈，保持员工推动任务完成的热情。

五 要清楚结果

作为管理者，需要获得什么结果呢？

首先，管理者是组织的管理者，协助组织达成目标是第一责任，包括组织的战略目标和阶段性目标。为了达成目标，管理者需要将战略目标分解成阶段性目标，并能有效地分工，形成系统性、逻辑性、持续性和结果性的计划，督促团队成员分步骤地完成。在完成短期任务的过程中，管理者还需要关注未来业务的发展，提前规划并设计业务发展和人才培养的标准，为业务的发展做好准备。

其次，管理者需要通过他人来完成目标，培养他人成为管理者的重要的工作。管理者的责任在于能够发现并培养好人才。多数管理者遇到他人无法按照自己的标准实施时，往往会选择自己来做，从而失去培养他人的机会。

另外，管理需要优秀的组织能力，面对战略发展需要，组织同样需要转型和升级。打造组织能力的目的是业务的可持续发展，组织能力强，就会降低对个人的依赖。当管理者离开原有的管理岗位时，如果能够留下一个特别强大且自律的团队时，更能说明该管理者的非凡卓越的成就。

改进思想的核心观点

CORE POINT

以上的五个动作中，“想清楚关系”是最重要的，“想不清楚”就会“说不明白”，从而无法“写清楚”，就难以“做清楚过程”，最后那个“结果”就变得不可控。长期反复训练这五个动作，就能成为优秀的管理者。

IMPROVEMENT

改进咨询
Improvement Consulting

改进咨询（全称：上海改进管理咨询有限公司），由丁晖先生和顾立民先生共同创建。改进咨询基于中国本土管理实践、吸纳国际原则、历经十年研发出具有系统性、逻辑性、结果导向性和可持续发展性为特点的落地创新管理方法论——**“GPS-IE® 管理改进系统”**。该方法论曾帮助 30 多个行业的 300 多家企业提升组织效益，并提升管理者个人的系统管理能力。因“GPS-IE® 管理改进系统”对国际绩效改进领域的卓越贡献，2018 年国际绩效改进协会 (ISPI) 正式发布了以此方法论为基础的管理能力和绩效改进国际认证：国际绩效改进师（IPP，初中高级），以及培训专业技术认证：国际课程设计师（CID，初中高级）。

改进咨询专注企业管理创新技术（含绩效改进）的研究与实战应用。在组织绩效方面，基于企业发展阶段和实际需求，以“一切均生意”为核心原则，帮助企业回归管理的数学算法和逻辑设计，助力企业数字化转型，帮助组织成长、转型与变革；并通过系统诊断、课程培训、项目咨询、辅导认证等，为企业提供从新战略解码到组织设计，从效益提升到人才培养的系统性解决方案服务。个人成长方面，以企业需求为出发点，以个人职业发展为目标，为个人或企业管理团队提供通过 IPP 初、中、高级学习、辅导和项目实践，或为企业提供绩效改进服务，从而为企业创造价值的能力成长系统性解决方案。

CONSULTING

精品课程与咨询项目

改进咨询提供的产品与服务

一、组织优化服务

基于组织绩效改进的解决方案

1.《基业长青三板斧》

2.《战略绩效方案班》

3. 战略落地辅导案（IPP Team™）

二、个人成长服务

1. 管理者能力成长解决方案

——国际绩效改进师™（IPP™）认证

2. 国际认证课程设计师™（CID™）认证

3. 国际培训大咖 50 谈

三、团队成长服务

1. 绩效改进学习项目

2. 国际团队学习型组织（CID Team™）